AF355692

La
Division du Dragon

Général de Division GAUCHER et Capitaine LAPORTE

La Division du Dragon

(164ᵉ)

Novembre 1916 — Janvier 1919

Préface du Général BUAT

CHARLES-LAVAUZELLE & Cⁱᴱ

Éditeurs militaires

PARIS, Boulevard Saint-Germain, 124

LIMOGES, 62, Avenue Baudin | 53, Rue Stanislas, NANCY

1924

PRÉFACE

L'histoire d'une division de la Grande Guerre rencontre des narrateurs de différentes sortes. Des uns, le récit n'est qu'une énumération de faits, débarrassés de tout commentaire ; des actes, des lieux ; des numéros d'unités, des chiffres de pertes et des listes de trophées, rien de plus ! Leur historique n'est que de la copie, sinon le résumé d'un document, précieux sans doute, mais à qui manque toute vie : le « Journal des marches et opérations ». Les autres, sans être moins véridiques, sacrifient volontiers les nombreuses périodes que toute division vécut dans des secteurs peu connus du « communiqué », où, si l'on n'y manquait pas de mérite, on acquérait peu de gloire. Ils s'étendent, au contraire, sur les grandes batailles, dépeignant en détail les actions d'éclat dont ils furent acteurs, justifiant avec abondance les témoignages de reconnaissance et de satisfaction accordés par le haut commandement aux unités et même aux individus. Il est certain que la lecture de ces situations, souvent dramatiques, émeut profondément, mais elle ne donne pas une idée exacte de l'histoire d'une division. Durant quatre longues années, les esprits et les cœurs ne s'y sont pas maintenus à un diapason aussi élevé ; à la guerre, l'homme n'est pas et ne peut pas être en permanent état d'héroïsme !

Le général Gaucher s'est gardé de l'un et l'autre de ces écueils. En nous contant ce que fit la 164ᵉ division depuis le jour de sa fondation jusqu'à l'heure de sa dissolution, il en a réellement écrit, lui qui la connut bien puisqu'il en fut le seul chef, la complète histoire. A tout moment, nous savons où était la division, comment elle était disposée, dans quel milieu elle opérait, quelle mission elle assumait, sous quelle forme et dans quel état moral elle se trouvait, quels obstacles s'opposaient à ses fins, par quels moyens — les siens propres et ceux que le commandement supérieur lui confiait momentanément — elle comptait les surmonter, quels ordres elle reçut et comment elle les exécuta, quelles pertes elle subit et quels lauriers elle cueillit. Tout cela constitue de la bonne et sûre documentation.

Mais tout cela n'est pas exclusif d'une description souvent passionnante, d'actions plus importantes que les autres. De larges horizons nous sont ouverts sur certaines batailles devenues célèbres. La 164ᵉ division connut de grands succès et des circonstances moins heureuses ; jamais elle ne compta ses sacrifices ; à certains moments, son histoire atteint au pathétique. Il faut lire, en particulier, la narration de ses combats au Chemin des Dames dans la dernière quinzaine de mai 1917 ; de la conquête de la grotte du Dragon en juin de la même année (1); de la riposte à l'attaque allemande sur Craonne en juillet; de la défense du secteur de Bezonvaux, à Verdun, en novembre et décembre; des efforts dépensés, à la fin de mai et au début de juin 1918, dans la région au nord de Château-Thierry, pour s'opposer à l'invasion des Allemands, déjà maîtres du Chemin des Dames et de l'Aisne et descendant vers la Marne.

Enfin, c'est la grande offensive libératrice ! Le 18 juillet, la 164ᵉ division participe à l'attaque grandiose de la Xᵉ armée : « A 4 h. 35, sans un coup de canon préalable, sans une destruction, sans une neutralisation, d'un bout à l'autre de la ligne, ces hommes qui, tant de fois, se sont brisés sur des réseaux, écrasés sous des barrages, ces hommes se lèvent, en vagues alignées comme à la manœuvre, et courent sus à l'ennemi avec un tel entrain qu'ils laissent en un moment derrière eux le barrage de 75. Couverts par un tir d'obus fumigènes, ils tombent sur les Boches endormis, prennent ou tuent ceux qui se défendent... Ils marchent toujours plus vite, ivres de la joie de reprendre à grands pas ce terrain qu'ils ont dû lâcher si douloureusement pied à pied, il y a six semaines. »

« Direction : le Soleil ! — s'écrie le capitaine Coquery du 133ᵉ — et en avant ! ! ! »

Dans ces quelques lignes, quelle vision d'épopée !

Après s'être avancée jusqu'à l'Aisne dans un superbe élan, la 164ᵉ division est transportée dans les Flandres. Dépassant, le 30 septembre, la première position ennemie de l'Yser, elle se heurte, pendant quelque temps, aux plus graves difficultés

---

(1) C'est en souvenir de ce fait d'armes que la 164ᵉ division prit le nom de « division du Dragon ».

de ravitaillement à travers la zone dévastée des précédentes batailles et les surmonte ; elle continue à se battre pendant la première semaine d'octobre, conquiert encore la deuxième position allemande, recommence à attaquer le 18 et, deux jours plus tard, arrive à la Lys. Elle franchit cette rivière de vive force et entame la poursuite « dans un terrain marécageux, coupé de fossés et de clôtures en ronces artificielles, semé de maisons, de bouquets d'arbres et de buissons » derrière lesquels sont embusquées d'innombrables mitrailleuses. Malgré sa fatigue et ses pertes, qui ont réduit ses compagnies à 40 ou 50 combattants, elle se fraie, au milieu de tous ces obstacles, un victorieux chemin.

On voit que, si la division du Dragon fut une des dernières à s'inscrire sur la longue liste des unités de même importance, elle n'est pas la moins glorieuse.

Il était juste, moral et édifiant que les générations futures connussent ses hauts faits, que ses survivants conservassent le livre de leurs gloires et de leurs misères avec le souvenir de ceux de leurs compagnons qui n'eurent pas la joie de connaître la victoire. C'est fait.

L'historique de la 164ᵉ division, qui est une œuvre documentaire de premier ordre, est écrit par un homme de cœur. Le général Gaucher — cela se sent — a pleinement vécu, avec ses intenses satisfactions et ses inévitables douleurs, le commandement le plus magnifique qui soit, parce que le chef y est le plus proche du soldat et le plus directement aux prises avec les difficultés de la guerre : celui d'une division.

C'est pourquoi son livre sera lu avec émotion et intérêt par ceux-là mêmes qui n'eurent pas l'honneur de servir sous ses ordres, car tous s'y reconnaîtront.

Général BUAT.

HISTORIQUE DE LA 164ᵉ DIVISION

AVANT-PROPOS

La 164ᵉ division a été formée en novembre 1916, au lende-main de la bataille de la Somme ; elle a été dissoute après la victoire, pendant l'armistice, le 25 janvier 1919. Elle a donc vécu vingt-six mois.

J'ai eu le grand honneur de la commander pendant toute son existence.

L'historique en a été rédigé d'après mes indications par le capitaine Laporte, un de mes fidèles collaborateurs, que j'ai trouvé, en juillet 1915, à l'état-major de la 83ᵉ brigade quand j'en ai pris le commandement et qui depuis ne m'a pas quitté. Officier de cavalerie affecté au service d'état-major, il a été mon compagnon de toutes les heures de cette dure période de juillet 1915 à novembre 1918. J'ai pu y apprécier la constance de son dévouement, son esprit de devoir, ses sentiments élevés, son cœur vibrant. Chef du 3ᵉ bureau de la 164ᵉ division, il avait lui-même rédigé le journal de marche et classé les pièces an-nexes : il était donc particulièrement qualifié pour ce travail.

Sous sa plume alerte, l'historique de la division a pris une allure particulièrement vivante.

*
* *

La 164ᵉ division n'a fait ni plus ni moins que la plupart des autres divisions : elle a eu comme les autres ses heures de tris-tesse et ses jours de gloire.

Formée en Alsace en 1916, elle a reçu en 1917 la consécration du feu au Chemin des Dames, de mai à juillet 1917, conqué-rant ses premiers lauriers à la prise du plateau de Vauclerc (22 mai), de la grotte du Dragon (25 juin) dont elle a tiré son nom et son emblème, du plateau de Californie (24 juillet).

Elle a ensuite occupé successivement le secteur de Reims (août et septembre), celui si agité de Bezonvaux (novembre et décembre), puis celui de Lunéville (janvier à mai 1918).

En mai 1918, transportée dans la région d'Abbeville en réserve du groupe d'armées qui faisait tête, dans la région du nord, aux attaques allemandes, elle doit, à peine débarquée, être réembarquée pour venir en hâte dans la région de Neuilly-Saint-Front contribuer à l'arrêt de l'offensive allemande sur le Chemin des Dames.

Maintenue au nord de la Marne en juin et juillet 1918, elle prend une part glorieuse à l'offensive du 18 juillet au point le plus rapproché de Paris, réalisant en dix jours une avance de 24 kilomètres, prenant 12 villages et faisant de nombreux prisonniers et d'importantes captures de matériel.

En août et septembre, elle est sur la Vesle qu'elle franchit le 4 septembre.

Le 20 septembre, elle est transportée dans les Flandres où elle va prendre une part importante à la victoire finale. Elle prend pied sur la redoutable crête des Flandres, elle franchit la Lys de vive force et l'aurore du 11 novembre la trouve sur la rive droite de l'Escaut, en marche sur Bruxelles.

Elle a été en première ligne pendant près de cinq semaines consécutives.

L'entrée triomphale à Bruxelles, derrière le roi des Belges, à laquelle elle prend part, est sa juste récompense.

Elle a été de celles qui, d'après le témoignage du G. Q. G. (Historique des divisions), ont été le plus fréquemment engagées au cours de la dernière période de la guerre (six fois du 21 mars au 11 novembre 1918).

En vingt-six mois d'existence, le chiffre de ses pertes a atteint 318 officiers et 12.000 hommes de troupe, soit une fois la totalité de son effectif.

*
* *

A tous ceux qui ont combattu sous son fanion, à tous ceux qui, sous mes ordres, ont fait à la Patrie le sacrifice de leur existence, aux camarades américains des 42ᵉ et 4ᵉ divisions américaines qui ont combattu avec nous, je dédie ces pages en souvenir de la *Division du Dragon*.

Général GAUCHER.

I. — ORGANISATION DE LA DIVISION

La 164ᵉ division est organisée par note du général commandant en chef en date du 8 novembre 1916.

Elle est formée dans le type à neuf bataillons avec les éléments suivants, d'origine et de composition les plus diverses.

ÉLÉMENTS	COMPOSITION	COMMANDANT	PROVENANCE
Gⁱ Cᵗ la division. . .	»	Gⁱ de brigade Gaucher	Ex-Cᵗ de la 83ᵉ brigade.
Q. G.	»		Q. G. de la 101ᵉ division territoriale dissoute.
E. M. de l'I. D.	»	Col. de Combarieu	E.-M. de la 81ᵉ brigade dissoute.
INFANTERIE 152ᵉ R. I. . . .	3 bataillons	Lᵗ-Col. Semaire	66ᵉ division.
213ᵉ R. I. . . .	2 bataillons	Lᵗ-Col. d'Assigny	157ᵉ division.
334ᵉ R. I. . . .	2 bataillons	Lᵗ-Col. Delattre	134ᵉ division.
41ᵉ B. C. P. . .	4 compagnies	Cᵗ Masson	66ᵉ division.
43ᵉ B. C. P. . .	4 compagnies	Cᵗ Michelin	66ᵉ division.
Dépôt divisionnaire des corps ci-dessus.			
CAVALERIE 1ᵉʳ escadron du 14ᵉ chas. . .	»	Cap. de Bonardi	52ᵉ division.
ARTILLERIE	Fera l'objet d'ordres ultérieurs. — Ne figure pas dans l'ordre d'organisation de la division.		
GÉNIE Cⁱᵉ 9/14 du 6ᵉ génie. . .	»	»	} 1ʳᵉ armée.
Cⁱᵉ 9/64 du 6ᵉ génie. . .	»	»	
Cⁱᵉ du parc 9/23 du 6ᵉ génie. . . .	»	»	7ᵉ armée.
Section de projecteurs. . .	»	»	Envoyée par le ministre.
Section télégraphique. .	»	»	101ᵉ D. T.

ÉLÉMENTS		COMPOSITION	COMMANDANT	PROVENANCE
G. B. D.		»	»	101ᵉ D. T.
Santé	2 ambulances.	»	»	»
	1 section d'hos-pitalisation .	»	»	D. A.
	1 section sani-taire auto. .	»	»	D. A.
Inten-dance	Groupe d'ex-ploitation. .	»	»	101ᵉ D. T.
	Parc de bétail.	»	»	6ᵉ armée.
	C. V. A. D. .	»	»	1ʳᵉ armée.
	R. V. F. . . .	»	»	D. A.

Il est spécifié que pour l'emploi tactique, les 41ᵉ et 43ᵉ B.C.P. seront respectivement rattachés au 213ᵉ et au 334ᵉ R. I.

L'artillerie de la division est ensuite organisée par une note du général en chef du 9 novembre 1916 dans les conditions suivantes :

E. M. de l'A. D., lieutenant-colonel Briard (venant de la 101ᵉ D. T.).

  1 groupe de 75, batteries 31, 32, 33 du 24ᵉ régiment.
  1 groupe de 90, batteries 45, 46, 47 du 32ᵉ régiment.
  1 groupe de 95, batteries 41, 42, 43 du 38ᵉ régiment.
  2 batteries de tranchées, 111ᵉ et 161ᵉ batteries du 9ᵉ régiment.
  1 S. M. I. 32 du 23ᵉ régiment.
  1 S. M. A. de 75 13ᵉ du 23ᵉ régiment.
  1 S. M. A. de 95 18ᵉ du 32ᵉ régiment.
Une équipe de réparations.

Par ordre du 13 novembre, le général commandant la 7ᵉ armée fixe la zone de stationnement de la division : Anjoutey, Bourg, Haut-Etueffont, Lepuix, Champagney, Errevet, Evette, Valdoie. — Quartier général à Giromagny.

Les unités doivent venir se grouper progressivement dans cette zone, au fur et à mesure de leur débarquement. La division ne sera au complet qu'en entrant en secteur, où elle trouvera le 213ᵉ et le 334ᵉ qui y sont déjà à la disposition du 34ᵉ corps d'armée et le groupe du 32° R.A.C., provisoirement à la disposition de la 161° D. I.

Le 152° débarque le 15 novembre et va cantonner à Giromagny (E. M. et 2 bataillons) et Chaux (1 bataillon).

Régiment de l'Est, il a déjà une glorieuse histoire, il est entré un des premiers en Alsace où, le 17 août, il occupait Munster.

A la 66° division, il s'est illustré dans les luttes acharnées de l'Hartmann et il vient, dans la Somme, de conquérir sa 3° citation à l'ordre de l'armée à Cléry et Sailly-Saillisel.

Depuis deux ans, le lieutenant-colonel Semaire le commande, le colonel Semaire a toutes les qualités d'un chef. D'un abord sévère, il a cependant conquis le cœur de son régiment qui l'a vu à l'œuvre dans la Somme : il a toute sa confiance et ses subordonnés savent qu'on peut le suivre où qu'il aille.

Le même jour (15 novembre) débarquent le 41° B.C.P. et le 43° B.C.P., le bataillon de l'Aube et le bataillon de la Haute-Marne.

Ils ont fait eux aussi la guerre des Vosges, où ils se sont battus sans relâche depuis le début de la campagne. Ils reviennent également de la Somme où ils ont partagé les mêmes peines et les mêmes honneurs que le 152° R. I. ; le 41° à Cléry et Sailly, le 43° au Forest et à Rancourt.

Le 41° (commandant Masson) cantonne à Sermamagny et le 43° (commandant Michelin) à Anjoutey.

Le 16, le 41° B.C.P. va cantonner à Rougegoutte.

Le groupe du 24° d'artillerie débarque et va cantonner à Valdoie.

La S.H.O. 7/20 débarque et va cantonner à Chaux.

Les 111° et 161° batteries d'artillerie de tranchée du 9° R.A.C. débarquent et vont cantonner à Sermamagny.

Le 17 novembre, le 152° cantonne à Giromagny (E. M. et 1 bataillon) et Lepuix (2 bataillons).

Débarquement des deux S.M.A. qui vont cantonner à Plancher-Bas.

Débarquement du groupe du 38° R.A.C. qui cantonne à Errevet et Bas-Evette.

Le 19 arrive le personnel du troupeau de bétail qui cantonne à Champagney.

Le 20 novembre débarquent le service auto, la S.S.A. qui

cantonnent à Giromagny et la R.V.F. 13/130 qui cantonne à Belfort.

Le même jour, le général Gaucher prend le commandement de la 164ᵉ division. Il a pour chef d'état-major le commandant Meilhan. L'I. D. est commandée par le colonel de Combarieu, l'A. D. par le lieutenant-colonel Briard.

La division est placée, par ordre du 19 novembre du général commandant la VIIᵉ armée, sous les ordres du général commandant le 34ᵉ C. A.

Le 26 novembre débarquent le Q. G. de la division, l'ambulance 10/12, le G.B.D., le groupe d'exploitation et le détachement télégraphique.

La 164ᵉ division est constituée. Il ne lui manque plus que ses deux régiments à deux bataillons et un groupe d'artillerie qu'elle ralliera quelques jours plus tard en secteur.

A cette date du 27 novembre, le général Gaucher adresse aux corps et services l'ordre général ci-dessous :

164ᵉ DIVISION

—

ÉTAT-MAJOR

Ordre de la division n° 54.

La 164ᵉ division se constitue.

Il importe que tous les services déploient immédiatement la plus grande activité pour fonctionner dans le plus bref délai et adressent les demandes nécessaires pour atteindre leur complet réglementaire en personnel et matériel. Mais les lacunes existantes ne sauraient justifier un retard quelconque dans la mise en train : à la guerre, on doit pouvoir fonctionner en toutes circonstances, même avec un personnel réduit et un matériel incomplet.

Des corps et services placés sous ses ordres, le général attend le dévouement le plus absolu, l'esprit de sacrifice illimité qu'exigent les circonstances.

Il se fera toujours un devoir de défendre les intérêts de ses subordonnés, sous la seule réserve qu'aucun intérêt particulier ne primera l'intérêt général.

Il demande à tous de l'activité et de l'initiative.

A tous les degrés de la hiérarchie, on devra obtenir de la troupe une discipline absolue, une parfaite correction de la tenue, une attitude énergique. Aucun débraillé ne sera toléré. Le salut doit être impeccable, tous les hommes doivent avoir en permanence les cheveux coupés réglementairement. L'ivresse doit être sévèrement réprimée.

En ce qui concerne les relations de service, le général tient essentiellement à ce que la plus entière franchise soit la règle absolue : ne rien dissimuler, avouer carrément les erreurs, ne faire que des comptes rendus strictement exacts, ne pas céder à la tentation trop courante de donner sur un croquis un coup de crayon fantaisiste qui embellit la réalité.

La vérité et la sincérité en tout : c'est le seul moyen de donner au chef la possibilité de commander en connaissance de cause. Ce doit être une règle formelle à la division.

Le manque de sincérité ou de franchise sera considéré comme une faute grave pour laquelle on ne trouvera aucune indulgence.

Au quartier général, le 27 novembre 1916.

Le général commandant la 164ᵉ division d'infanterie,

Signé : GAUCHER.

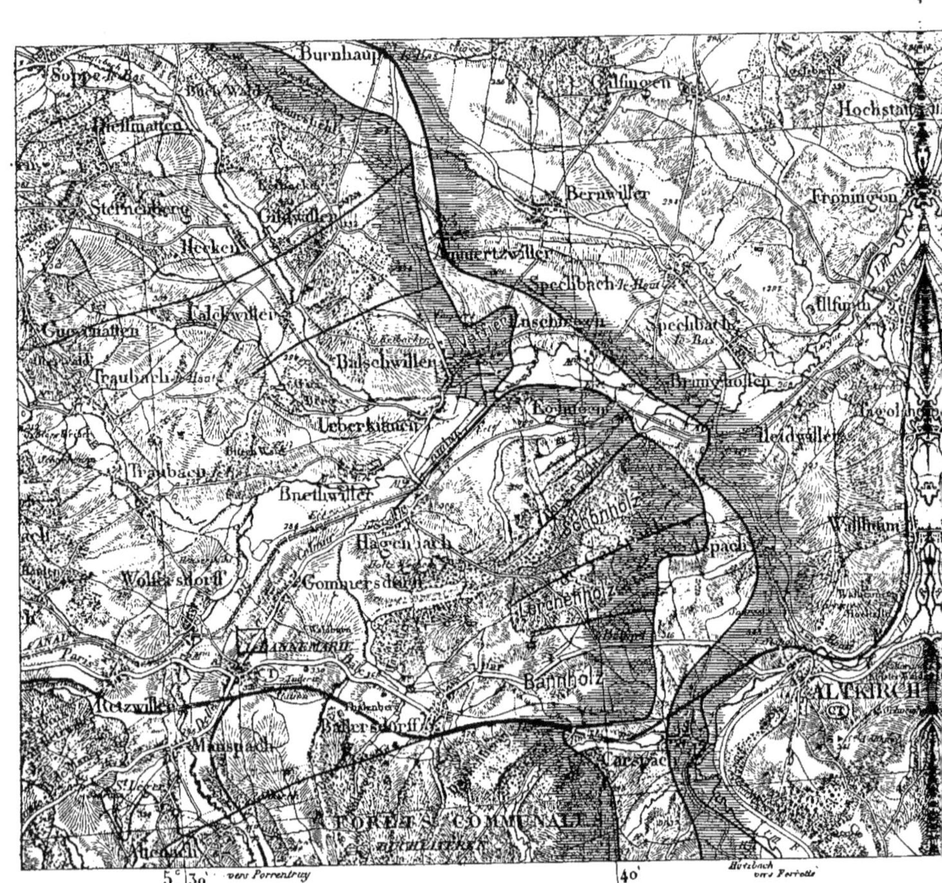

Carte n° 1. — Secteur de Dannemarie.

II. — ALSACE

Carte n° 1.

Secteur de Dannemarie (27 novembre 1916-13 mars 1917).

Le 27 novembre 1916, le Q. G. vient à Dannemarie et la division commence à entrer dans le secteur centre du 34° C. A. en relevant la gauche de la 134° D. I. et la droite de la 157°.

Secteur calme, avec deux points de friction, Schönholz et Ammerzwiller, où l'on ne peut guère envisager que des opérations de détail. Villages habités jusqu'au contact même des tranchées ; peu de bombardements. Situation favorable pour les débuts d'une unité composée d'éléments aussi hétérogènes qu'il va falloir amalgamer pour les grandes batailles de demain.

Dans la nuit du 27 au 28, le 6° bataillon du 213° relève, au centre de résistance Bürgerwald-Eglingen, un bataillon du 99° R.I.T. Le 28, le 43° B.C.P. vient cantonner à Traubach-le-Bas, Guewenatten. L'ambulance 10/12 vient à Montreux-Jeune.

Dans la nuit du 28 au 29, le 5° bataillon du 213° vient cantonner à Soppe-le-Bas - Sternenberg.

Le 29, le 41° B.C.P. cantonne à Roppe et Egueningue. Le groupe du 24° R.A.C. à Larivière. Le groupe du 38° R.A.C. à Lacollonge. Les deux batteries de tranchée à Lagrange. La S.S.A. à Dannemarie. La S.H.O. 7/20 à Montreux-Jeune.

Le 30 novembre, le 41° B.C.P. vient cantonner à Dannemarie-Ballersdorf. Le 5° bataillon du 213° vient à Büthwiller. L'ambulance 2/151 vient après débarquement à Retzwiller. Le 6° bataillon du 334°, relevé dans le secteur de Seppois, vient à Lepuix (au sud de Suarce). Le 41° B.C.P. relève dans le C. R. de Gildwiller un bataillon du 99° R.I.T.

Le 1er décembre, le P.A.D./164 vient cantonner à Brechaumont. Le général Gaucher prend à midi le commandement du secteur centre du 34° C. A. ainsi défini :

Q. G. à Dannemarie.

Limite nord : Gildwiller, Hecken, Guewenatten, Saint-Cosme, Vauthiermont, Angeot, Les Errues (ces villages exclus).

Limite sud : Ballersdorf, Saint-Léger, Lutran, Cunelières (ces villages inclus).

La droite devant Altkirch, la gauche devant Ammerzwiller.

Deux sous-secteurs :

1° Sous-secteur de droite : 3 bataillons dans le bois de Carspach. — P. C. à la maison forestière du bois de Carspach. — Centres de résistance de Bannholz, Lerchenholz, Schönholz.

2° Sous-secteur de gauche : 3 bataillons. — P.C. à Traubach-le-Bas, puis à Buthwiller. — Centres de résistance de Burgerwald-Egligen, de Balschwiller (le village) et de Gildwiller (au S.-E. du village).

Le lieutenant-colonel d'Assigny, commandant le 213ᵉ, prend, le 1ᵉʳ décembre, le commandement du sous-secteur de gauche.

Dans la nuit du 1ᵉʳ au 2 décembre, le 5ᵉ bataillon du 213ᵉ relève au C. R. de Balschwiller un bataillon du 99ᵉ R.I.T.

Le 213ᵉ est entré dans la division. Le régiment est originaire du Nivernais. Il est, depuis le début de la campagne, engagé dans les Vosges où il a pris part à de nombreuses opérations.

Le 2 décembre, le 6ᵉ bataillon du 334ᵉ vient cantonner à Ballersdorf-Altenach.

Dans la nuit du 2 au 3, le 41ᵉ B.C.P. relève un bataillon du 250ᵉ R.I.T. au C.R. de Bannholz.

Le 3, le 152ᵉ vient cantonner à Anjoutey, Saint-Germain, Béthonvilliers.

Dans la nuit du 3 au 4, le 6ᵉ bataillon du 334ᵉ relève au Lerchenholz un bataillon du 250ᵉ R.I.T.

Les groupes du 24ᵉ R.A.C. et du 38ᵉ R.A.C. relèvent 4 batteries sur leurs positions dans le secteur et occupent une position supplémentaire. La batterie restante (33ᵉ du 24ᵉ) est mise à la disposition de la 134ᵉ D.I.

Le 4 décembre, le 152ᵉ cantonne à Wolfersdorf (E.M.), Traubach, Dannemarie, Ballersdorf.

A midi, le colonel Delattre, commandant le 334ᵉ R. I., prend le commandement du sous-secteur de droite.

La division a ainsi toute son infanterie.

Le 334ᵉ R.I., régiment du Mâconnais, a combattu depuis le début de la campagne dans les Vosges où il a pris part aux plus rudes affaires.

Le dépôt divisionnaire est constitué à Chavannes-sur-l'Etang

(E.M. et compagnies du 152°) et Reppe, sous le commandement du lieutenant-colonel Leyraud qui sera peu de temps après remplacé par le commandant de Douhet d'Auzers.

Le général commandant la division prescrit la formation et l'instruction, à Chavannes-sur-l'Etang, sous les ordres du chef d'escadrons du Bourg du 152° R.I., de groupes francs, un par corps, en vue des opérations de détail à venir.

Le 3 décembre, le parc du génie commence à s'organiser à Retzwiller.

Le 7 décembre, le personnel du groupe du 38° R.A.C. part pour Belfort où il doit prendre livraison de ses canons de 75 en échange de ses canons de 95.

Par ordre du 8 décembre, le général commandant le 34° C.A. a rattaché l'escadron divisionnaire au groupement cavalier du colonel Chalanqui, chargé de l'exécution des coups de main sur le front de la 134° D.I., au sud de la 164° D.I.

Le 13 décembre, le groupe du 32° d'artillerie vient cantonner à Cunelières et Foussemagne, à la disposition du général commandant la 164° division.

Le 17 décembre arrivent à Hagenbach et Ballersdorf les compagnies divisionnaires du génie 9/14 et 9/64, débarquées la veille à Montreux-Vieux et formées par prélèvement sur les unités du génie de la 1re armée.

Le 20, le C.V.A.D. débarque à son tour et vient cantonner à Lutran et Valdieu.

*
* *

Pendant toute cette période, la division mène une vie de secteur calme, sans autres événements que les relèves de bataillons.

Le 22 décembre, l'ordre ayant été donné par le commandement de faire des prisonniers, un coup de main est exécuté au Schönholz par les groupes francs des 152° et 334° R.I.

Après une concentration d'artillerie de trois heures, l'infanterie sort, mais se heurte à des ouvrages insuffisamment détruits et doit se replier sous le feu des défenseurs de ces ouvrages, sans avoir fait de prisonniers.

Pertes : sous-lieutenant Candal, du 152°, tué; 5 tués. 1 officier blessé à l'A.T.; 14 blessés, 1 disparu.

Le 1er janvier 1917, la division resserre légèrement son stationnement vers l'avant pour donner de la place dans la région de Traubach, à la 161ᵉ D.I. qui, relevée plus au nord, vient en réserve dans les arrières du secteur.

Depuis quelque temps, les Boches déchargeaient insolemment chaque jour des péniches sur le canal, en gare d'eau d'Illfurth, en pleine vue, à moins de quatre kilomètres de nos lignes. Le général de division fait exécuter, le 2 janvier, un tir observé de 155 long, à obus incendiaires, sur la gare. Le dépôt de matériel est incendié, les travailleurs dispersés et jamais on ne revit plus personne à cet endroit.

Le 4 janvier, la division reçoit une section de projecteurs qui cantonne à Valdieu. La division est enfin au complet.

Le 14 janvier, la division perd le lieutenant-colonel Semaire, nommé chef d'état-major du 13ᵉ C.A. Il est remplacé à la tête du 152ᵉ par le lieutenant-colonel Barrard, un soldat et un chef infatigable, travaillant le jour, courant la nuit, voyant tout, dirigeant tout, qui va pendant un an conduire son régiment sur un chemin de gloire, où il connaîtra des épisodes qui sont parmi les plus brillants de son histoire de guerre.

Le 20 janvier, la division se resserre encore pour donner des cantonnements à la 13ᵉ D.I. qui va exécuter des travaux dans la partie arrière du secteur du corps d'armée.

Le 21, sur un ordre du général commandant l'armée de faire des prisonniers, les groupes francs sous la conduite du commandant du Bourg, après une préparation d'artillerie très bien menée, vont visiter les organisations d'un saillant ennemi au sud de Schönholz. L'ennemi a évacué la position, il n'y a plus personne, ni aucun document utile. L'opération a coûté 1 tué et 17 blessés.

Le 5 février à 19 h. 30, nouveau coup de main. Le commandement demande à tout prix un prisonnier au nord du canal de la Marne au Rhin. Les groupes francs des 41ᵉ B.C.P. et 43ᵉ B.C.P. fouillent le saillant d'Ammerzwiller sans aucun résultat. L'artillerie avait réalisé toutes les destructions demandées, parfaitement protégé l'infanterie qui n'a pas reçu un coup de fusil ou de mitrailleuse, mais le boche a évacué toutes les premières lignes sans y laisser même une patte d'épaule. Les groupes francs recommencent l'opération le 6 à 4 heures du matin, avec un simple encagement brusquement déclanché. Les Allemands ne sont pas revenus.

Pertes : 2 blessés.

Une rencontre de patrouilles aux environs d'Altkirch laisse entre nos mains le cadavre d'un Allemand du 169ᵉ R.I.

Mais nous n'avons toujours pas d'identification au nord du canal.

Un coup de main est monté pour le 16 février sur le saillant d'Ammerzwiller, sous les ordres du commandant Masson qui commande le centre de résistance et qui disposera des groupes francs des 41ᵉ B.C.P. et 152ᵉ R.I. et des groupes de patrouilleurs organisés dans son bataillon.

L'artillerie comprend :

5 batteries de 75, 6 pièces de 95, 6 pièces de 90, 1 batterie de 120 C., 1 batterie de 155 C. sur affûts trucs, 1 batterie de 120 L., 1 batterie de 155 L., 9 canons de 58 n° 2, 3 canons de 58 n° 1.

Une compagnie du 152ᵉ sera mise à la disposition du commandant Masson pour libérer la compagnie de son bataillon qui doit prendre part à l'opération.

Tirs de destruction les jours J—2 et J—1 terminés chaque jour par des tirs roulants pour tromper l'ennemi.

Le jour J préparation courte et intense. Attaque d'infanterie fouillant le saillant, le village d'Ammerzwiller et demandant au besoin l'allongement du tir.

L'objectif c'est « l'ennemi » qu'il faut atteindre et prendre.

L'opération se déroule conformément aux ordres donnés. Comme précédemment, malgré les précautions prises pour la surprise, les Allemands ont évacué. Cependant, cette fois, il reste une trentaine de cadavres sur le terrain et, dans le fond d'un abri, un boche vivant du 36ᵉ R.I. Le but est atteint.

Aucune perte pendant l'attaque. Au retour, la réaction de l'artillerie ennemie devient sérieuse, nous tuant 7 hommes et en blessant 21. Le sous-lieutenant Denoyer, commandant le groupe franc du 41ᵉ B.C.P., a une main emportée.

Nous avons tiré 6.800 coups de canon.

Les Allemands environ 1.200.

*
* *

Le secteur reste calme pendant quelque temps, sauf quelques bombardements locaux sans grande importance ni résultat sérieux.

Les unités en profitent pour organiser le secteur et s'organiser elles-mêmes.

Le 334ᵉ est porté le 15 à Giromagny et Auxelles-Bas où il est mis à l'instruction pour une quinzaine de jours.

Le colonel Barrard avec son activité inlassable, fait de son 152ᵉ qui était déjà un régiment de héros, un vrai régiment de pionniers et l'on voit partout où il est employé se creuser tranchées et abris profonds, boyaux de tout repos et se perfectionner toutes les organisations défensives. Dans les cantonnements, les corps organisent des séances récréatives ; le théâtre aux armées est venu. Le moral est bon.

Le 3 mars, l'ennemi bombarde violemment l'ouvrage Vaffier pendant cinq heures. Nous exécutons un tir de contre-préparation. Pas d'attaque d'infanterie.

Le 4 à 4 h. 30, après une préparation violente, l'ennemi tente l'attaque de Vaffier et de l'ouvrage A 4 (au sud de Vaffier).

L'ordre avait été donné aux occupants de l'ouvrage Vaffier, très bouleversé, d'évacuer la première ligne, à la première torpille.

L'attaque allemande échoue devant A 4, où elle laisse du matériel.

Un élément ennemi prend pied dans Vaffier et y capture un sergent, un caporal et 7 hommes du 152ᵉ qui n'avaient pas exécuté l'ordre d'évacuation, attendant au fond d'un abri que le calme fût revenu.

Mais le 152ᵉ ne veut pas rester sur cet échec.

Dans la nuit du 5 au 6 mars, profitant des destructions déjà existantes, un coup de main est exécuté sans préparation, sous la direction du commandant Lacroix, l'infanterie sortant au premier coup de canon, sur la tranchée de Bromberg au sud d'Ammerzwiller. L'infanterie, commandée par le capitaine Thomas, est composée du groupe franc du 152ᵉ (sous-lieutenant Guillaume), du groupe franc du 41ᵉ B.C.P. (sous-lieutenant Connault) et d'une section de la compagnie Thomas : elle est appuyée avec une souplesse remarquable par le groupement d'artillerie du capitaine de Barbeyrac. Les hommes, vêtus de cagoules blanches, avaient pu se placer à la faveur de la neige sans attirer l'attention. Ils s'élancent dans les tranchées boches. La surprise est complète. On voit fuir les Allemands, mais ils en reste dans un abri. Sommés de se rendre, ils répondent en jetant des grenades. Le groupe franc riposte en déversant dans l'abri un approvisionnement de grenades incendiaires. Les cris des occupants prouvent que le résultat est bon. Un boche qui se cachait dans un boyau est fait prisonnier et ramené dans nos lignes.

L'opération a coûté 4 blessés. Le 6 au soir, vers 20 heures, sans préparation d'artillerie, une compagnie allemande attaque à nouveau Vaffier. Grâce à la vigilance de nos sentinelles, le barrage est déclanché immédiatement, fusils-mitrailleurs et V. B. entrent en action, l'attaque échoue.

Une lutte violente d'artillerie s'engage alors, les Allemands tirent sur Vaffier, les Français sur Ammerzwiller et sur les minenwerfer qui l'avoisinent.

Le C. A. pousse à Falkwiller deux compagnies du 52° B.C.P. de la 66° D.I. en réserve derrière nous, pour parer à toute éventualité.

Mais à 21 h. 15, tout est rentré dans le calme. Quelques pertes et beaucoup de dégâts matériels.

*
* *

Le 11 mars, commencent les opérations de relève de la 164° D. I. qui va être mise au repos et à l'instruction.

Les éléments sont relevés, au sud du canal, par la 134° D. I. qui étend son front ; au nord, par la 58° D. I. qui relève en même temps la 157° division. Le 12, de 16 h. 45 à 17 h. 30, les Allemands tirent 10 obus de gros calibre sur Dannemarie, blessant quelques civils et trois chasseurs du 52° B.C.P.

Le 13 mars, à 10 heures, le général Gaucher passe le commandement du secteur de Dannemarie au général Baratier, commandant la 134° division et porte son quartier général à Héricourt.

III. — REPOS ET INSTRUCTION

Camp de Villersexel, Villers-Cotteret, Pierrefonds,
Bezu-Saint-Germain (15 mars 1917-10 mai 1917).

La 164ᵉ division se porte par étapes, du 13 au 16 mars, de la région de Dannemarie au camp de Villersexel.

Elle laisse dans la région de Belfort les groupes du 32ᵉ et du 38ᵉ R.A.C. qui viennent de recevoir leurs canons de 75 et apprennent à s'en servir.

Q. G. le 13 mars, à Héricourt ; le 14 mars, à Ronchamp ; le 15 mars, à Magny-Vernois ; le 16 mars, à Noroy-le-Bourg.

La division est cantonnée médiocrement dans les localités qui entourent le camp. La fin du mois de mars est employée à l'instruction à tous les échelons : manœuvres de régiment, manœuvres de division, manœuvres avec la 6ᵉ division de cavalerie qui se trouve aussi au camp, passages de lignes, ruptures de front. Tout le monde travaille avec activité et de bon cœur. On sent que l'heure est proche où la jeune division ira essayer ses forces sur le champ de bataille et l'on forge l'outil.

Le 31 mars, la division commence à s'embarquer en chemin de fer aux gares de Fontaine, Genevreuille et Villers-le-Sec. Les groupes du 32ᵉ et du 38ᵉ R.A.C. s'embarquent à Montreux-Vieux. Elle est enlevée en quatre jours et va débarquer et cantonner dans la région de Villers-Cotterêts, où le Q. G. débarque le 2 avril.

Depuis le 1ᵉʳ avril, le régiment d'artillerie est formé sous le nom de 232ᵉ R.A.C. Le 6, la division fait mouvement pour aller cantonner en réserve du G.Q.G. dans la région à l'est de Pierrefonds - Compiègne où elle reste jusqu'au 21 avril.

Q. G. à Pierrefonds.

Cette nouvelle quinzaine, en même temps qu'une période d'instruction, est un vrai repos pour la division. Les cantonnements sont larges et bons. On travaille et l'on s'y distrait.

Le 21 avril, sur un ordre télégraphique du général commandant le G.A.R., à la disposition de qui elle est mise, la division quitte Pierrefonds pour se rendre, en trois étapes, par la Ferté-Milon (Q.G. le 21) et Neuilly-Saint-Front (Q.G. le 22), dans la région nord de Château-Thierry. Le quartier général fonctionne le 23 avril à Bezu-Saint-Germain. Nous sommes sous les ordres du 3ᵉ C. A.

Les cantonnements sont encore bons. La division y passe 15 jours. Elle y prête des hommes au service routier, des chevaux aux cultivateurs et surtout elle achève de se perfectionner.

Sans négliger les distractions que chacun s'ingénie à organiser, on monte des exercices de liaison avec avion, des manœuvres de régiment et quand, le 10 mai, sur un coup de téléphone, la 164ᵉ division monte vers le Chemin des Dames, l'outil est prêt.

Il ne lui manque plus que la trempe ; mais cette opération ne se fait pas sur le terrain de manœuvres : il faut l'épreuve du feu ; elle ne va pas se faire attendre.

Neuville
Chermizy
Bouconville
Bois de Corbény
124
Ailette Rau
Ailette Rau
Ailles
Forêt de Vauclerc
la Creute Fe
Monument
Hurtebise
Pl. des Casemates
Plat. de Californie
CHEMIN DES DAMES
Min de Vauclerc
200
CRAONNE
63
Vauclerc et la Vallée Foulon
Paissy
les Creutes
Oulches
Vassogne
Craonnelle
Bois de Beau Marais
Plⁱᵉᵘ Triangulaire
Min Rouge
le Blanc Sablon Chᵃᵘ
Jumigny
166
Champ d'Asile
Bois des Couleuvres
Beaurieux
Chaudardes
Aisne
Cuiry- -les Chaudardes
51
N
Canal
Aisne
Maizy
Concevreux

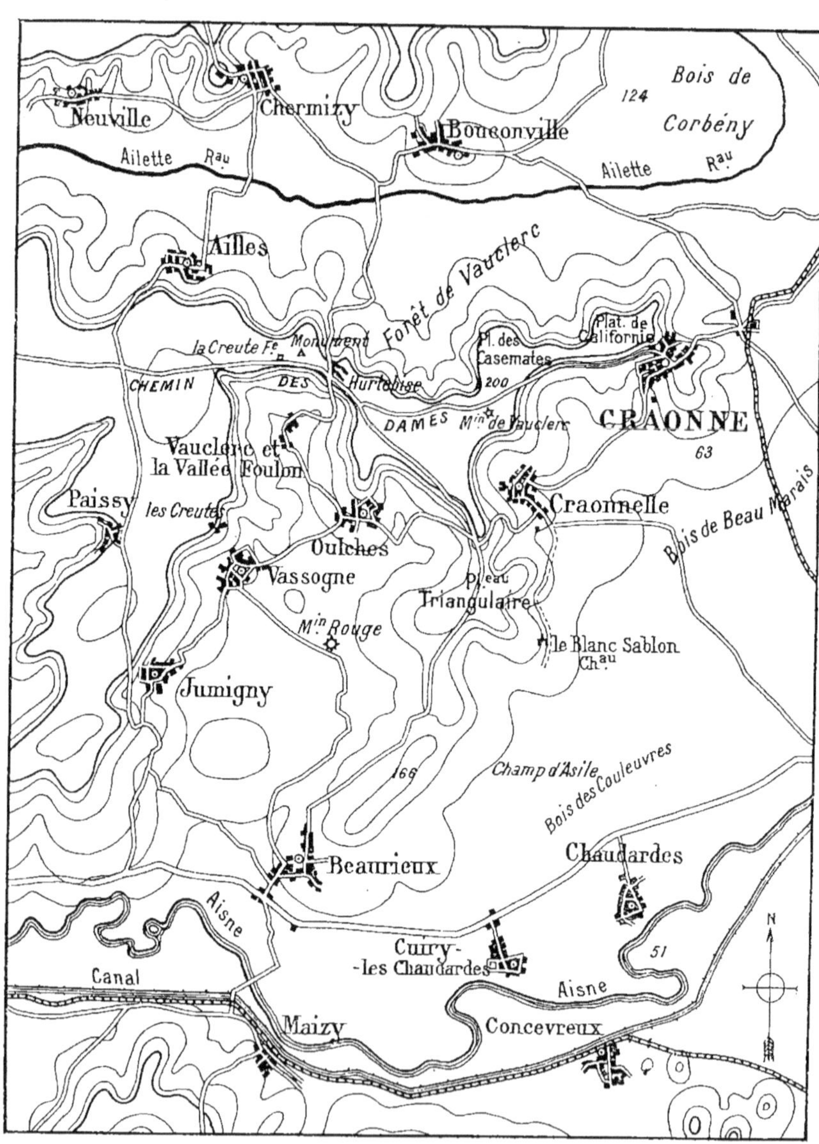

Carte n° 2.

IV. – LE CHEMIN DES DAMES

LE PLATEAU DES CASEMATES

Carte n° 2 et croquis n°ˢ 1 et 2.

Le 9 mai à 18 heures, le 3ᵉ corps d'armée téléphonait que la division était rattachée directement à la Xᵉ armée ; six bataillons devaient se tenir prêts à être embarqués en camions-auto le lendemain matin.

Le reste de la division ferait mouvement par voie de terre.

A 2 heures du matin, le 10, ordre de la Xᵉ armée, en exécution duquel sont embarqués à partir de 7 heures, les 41ᵉ et 43ᵉ B.C.P., le 213ᵉ et le 334ᵉ R.I. Ils vont cantonner, le 43ᵉ et le 213ᵉ à Baslieux-les-Fismes, le 41ᵉ et le 334ᵉ à Glennes. Le reste de la division fait mouvement par voie de terre, pour aller cantonner dans la région de Fère-en-Tardenois où va le quartier général avec un élément léger avancé à Baslieux-les-Fismes.

Le 11, la division, moins les éléments transportés le 10 en auto, fait mouvement par voie de terre pour aller cantonner dans la zone : Glennes, Baslieux-les-Fismes, Courlandon, Magneux, Villette.

Q. G. à Baslieux-les-Fismes.

La division est rattachée au 18ᵉ corps d'armée. Elle va relever la 35ᵉ D. I. sur le Chemin des Dames, entre Craonne et Hurtebise.

*
* *

Dans la nuit du 11 au 12 mai, le 41ᵉ B.C.P. relève à l'est du Moulin de Vauclerc, un bataillon et demi du 413ᵉ R. I.

1 bataillon du 334ᵉ relève 4 compagnies du 57ᵉ régiment d'infanterie au Moulin de Vauclerc.

Le 213ᵉ R. I. relève avec ses deux bataillons, à l'ouest du 334ᵉ, les 3 bataillons du 123ᵉ d'infanterie.

Dans la nuit du 12 au 13, un bataillon du 334ᵉ relève en réserve du sous-secteur de droite, un bataillon du 144ᵉ.

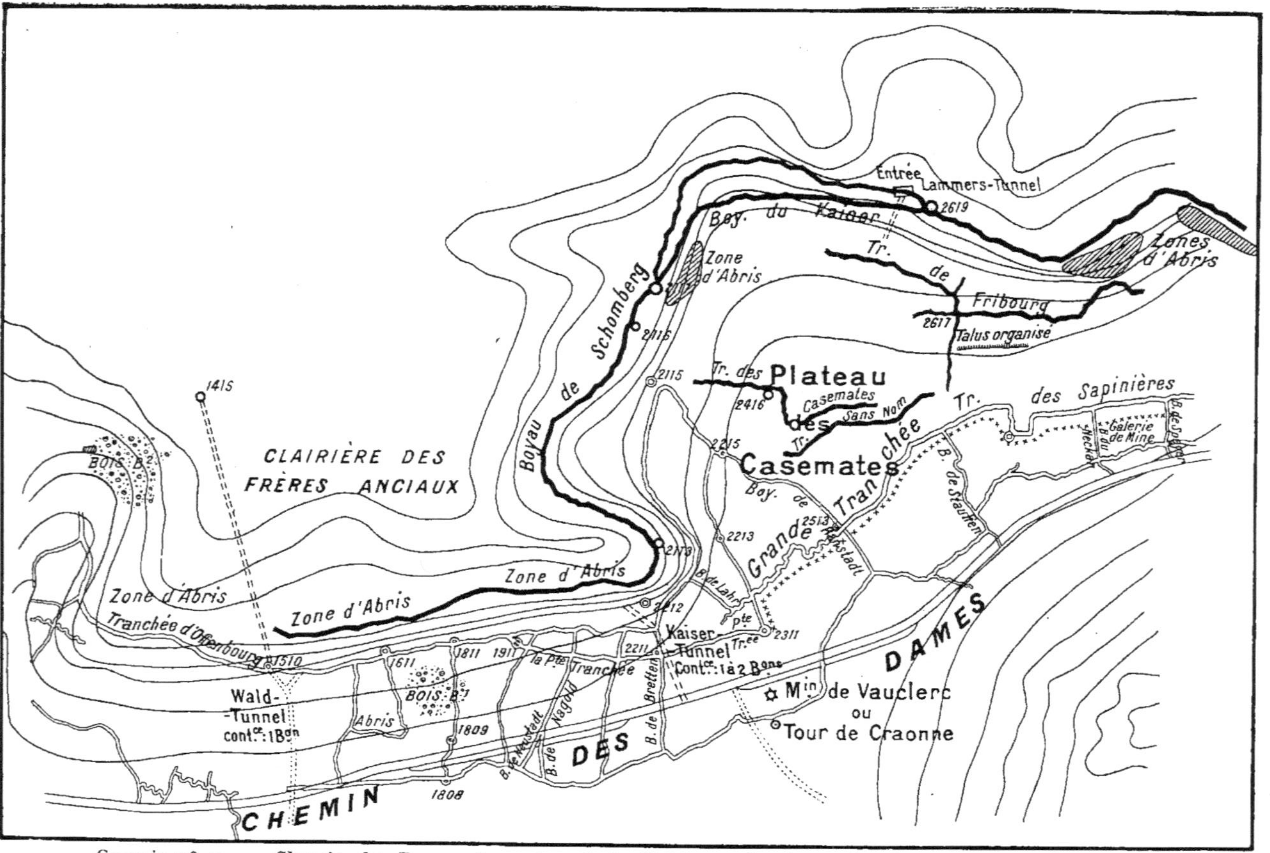

Croquis n° 1. — Chemin des Dames. Le secteur de la division et le plateau des Casemates avant l'attaque.

Le 43° B.C.P. relève à l'ouest du 213ᵉ deux bataillons du 249ᵉ.

Le 13 mai, le 152ᵉ vient en réserve : E. M. et 1 bataillon au Moulin-Rouge (2 kil. nord de Beaurieux); 1 bataillon à Craonnelle ; 1 bataillon à Beaurieux.

Le 13 mai à 10 heures, le général Gaucher prend le commandement du secteur de Vauclerc. Il succède au général Bonet, commandant la 35ᵉ D. I.

P. C. au plateau triangulaire, point 2390 du plan directeur, à 1.000 mètres sud-sud-ouest de Craonnelle.

La division entre dans la bataille.

*
* *

Depuis l'offensive du 16 avril, qui n'avait pu atteindre l'objectif gigantesque qui lui avait été assigné, les Allemands nous disputaient, pied à pied, la crête du Chemin des Dames. Nous en tenions certaines parties, mais l'ennemi défendait opiniâtrement celles dont la perte l'eût forcé à replier tout son front derrière l'Ailette.

Dans le secteur confié à la 164ᵉ division, les premières lignes, de la gauche du secteur (800 mètres environ à l'est de la ferme d'Hurtebise) jusqu'à hauteur du moulin de Vauclerc, atteignaient la crête militaire et avaient de bonnes vues. L'ennemi les laissait assez tranquilles.

Au delà du Moulin s'étendait le plateau de Vauclerc, dit des Casemates, sur lequel tous nos efforts s'étaient jusque-là brisés. Les boches, organisés dans les Casemates, installés dans les abris immenses dont ils avaient criblé les pentes nord, rendaient la situation intolérable pour les unités qui se cramponnaient au rebord sud du plateau et qui se sacrifiaient sans compter pour conserver le peu de terrain qui avait tant coûté à prendre et à garder depuis un mois.

Il fallait chasser de là les Allemands et les rejeter dans la vallée de l'Ailette. C'est la mission qui fut donnée à la division.

Au moment de la prise du commandement, le 13 mai, la division était dans le dispositif suivant :

Deux sous-secteurs : à l'est, deux bataillons en première ligne, 41ᵉ B.C.P. (quartier D) et 1 bataillon du 334ᵉ (quartier C), 1 bataillon du 334ᵉ en réserve au trou du Sergent-major et à la tranchée de Melun (au nord de Craonnelle).

P. C. du sous-secteur au P. C. Belfort, en avant de Craonnelle (lieutenant-colonel Belhumeur).

Le commandant du sous-secteur disposant d'une demi-compagnie du 110° territorial et de la compagnie 9/14 du génie.

A l'ouest, deux bataillons en première ligne : à droite (quartier B), un bataillon du 213°; à gauche (quartier A), le 43° B.C.P.

En réserve le 152° à Craonnelle, le Moulin-Rouge, Beaurieux, saillant des Quatre arbres (N.-E. d'Oulches).

P. C. du sous-secteur : P. C. Gironde, sur le plateau au nord d'Oulches (lieutenant-colonel d'Assigny).

En réserve le 152° à Craonnelle, le Moulin-Rouge, Beaurieux.

Liaison entre ces deux sous-secteurs au boyau de Bretten.

Artillerie à la disposition du général commandant la division : A. D./164 qui a relevé l'A. D./51, du 12 au 14 mai et l'A. D./35 qui reste en position.

Une compagnie du génie à Moulin Rouge avec le commandant du génie.

L'escadron divisionnaire, cantonné à la ferme de la Cense, au sud-est de Fismes, fournit une chaîne de coureurs entre la division et le corps d'armée.

Le G.B.D. est au Moulin-Rouge avec le médecin divisionnaire, le médecin principal Boyé, qui y prépare, avec calme et précision, le plan d'évacuation qui sauvera le maximum de blessés.

Liaison à droite avec la 154° D. I. au boyau de Speier.

Secteur de grande bataille, terrain entièrement bouleversé. Premières lignes constituées par des trous d'obus plus ou moins reliés. On utilise ce qui reste d'abris boches utilisables.

Le plateau est creusé de tunnels considérables, provenant, partie des anciennes carrières, partie des abris et passages souterrains construits par les Allemands depuis 1914.

Le sous-secteur ouest est régulièrement bombardé mais relativement calme. Le sous-secteur est est pilonné sans relâche. L'ennemi sent là une menace certaine et voudrait rejeter les occupants du plateau dans le fond de Craonnelle.

*
* *

Dès l'arrivée en secteur, le général commandant la division reçoit l'ordre de préparer l'attaque du plateau des Casemates par une instruction personnelle et secrète du 13 mai, du général commandant le 18e C. A.

Mission : enlever le plateau des Casemates, de façon à occuper solidement la crête militaire nord, en particulier, la tranchée de Fribourg, les points 2619, 2117, 2115.

Ces objectifs atteints et solidement organisés, pousser progressivement des éléments avancés sur les pentes nord, en nettoyant les abris et les crêtes.

La 154e D. I. attaquera en même temps à droite pour achever la conquête du plateau de Californie.

La division disposera, en plus de son artillerie de campagne, de : 2 batteries de 155 Filloux, 2 batteries de 155 Saint-Chamond, 2 batteries de 120, 1 batterie de 3 pièces de 65 de montagne, 10 mortiers de 58 n° 2, 3 mortiers de 240 T, 6 mortiers de 75 T, 6 mortiers de 150 T, 1 batterie de 270 Marine.

Une section Schilt est également mise à la disposition des troupes d'attaque. Dès le 14, l'artillerie entreprend les destructions et prépare l'attaque qui doit avoir lieu en principe le 19.

Les jours passent sans changement important dans la situation ; le bombardement, avec plus ou moins de violence, est à peu près continu de part et d'autre.

Le 17 mai, en fin de journée, vers 18 heures, les Allemands déclanchent sur le plateau de Craonne un bombardement d'artillerie très violent.

A 18 h. 55, la 154e D. I. demande à la 164e D. I. un tir de contre-préparation dans son secteur.

Vers 19 heures, le tir s'étend progressivement devant le sous-secteur est, puis sur tout le front de la division.

A 19 h. 15, le général commandant la D. I. ordonne un tir de contre-préparation devant le sous-secteur est.

Le sous-secteur ouest demande le barrage, puis, à 19 h. 25, le sous-secteur est ; la lutte d'artillerie est générale.

A 20 h. 15, tout est rentré dans le calme. Le général ordonne d'entretenir un tir lent sur les lignes allemandes.

L'action d'infanterie s'est bornée à la sortie, devant le quartier D, d'une cinquantaine de Boches qui n'ont pas tenu devant les V. B. et les fusils-mitrailleurs.

Les Allemands continuent pendant toute la nuit des tirs violents sur les arrières, sans action d'infanterie.

Pertes assez élevées, dégâts matériels sérieux.

Pendant ce temps, les préparatifs de l'attaque se poursuivent. A la demande des généraux de division, qui ne voient pas la possibilité d'être prêts pour le 19, l'opération est retardée.

Les projets se succèdent, modifiés, à la demande des événements et des ordres du commandement.

*
* *

Enfin, tout est arrêté, et le 20 mai sort l'ordre général d'opérations n° 27 de la 164ᵉ D. I. qui sera exécuté :

I. — *Mission de la division.* — Enlever le plateau des Casemates et la tranchée de Fribourg, en vue d'atteindre et d'occuper solidement la crête militaire, donnant des vues directes sur la vallée de l'Ailette ; pousser en outre des éléments avancés jusqu'à 2118, le boyau du Kaiser, 2619, l'entrée des abris 3018, avec mission de reconnaître et de nettoyer les abris et de s'installer en éléments avancés de la ligne occupée.

II. — L'attaque aura lieu le jour J, en même temps que la 154ᵉ D. I., à droite, enlèvera la partie de tranchées encore occupée par l'ennemi sur le revers nord du plateau de Californie, jalonné par 3318 et points plus à l'est.

III. — L'opération se fera de la façon suivante :

a) *Attaque principale.* — 1 bataillon du 152ᵉ, une section du génie, une section Schilt, partant à l'heure H de la tranchée de Ranstadt, face au nord-est, direction 2619, de façon à atteindre d'un seul élan le boyau du Kaiser par sa gauche, 2617, par sa droite.

Cette attaque sera couverte à gauche par une compagnie du 334ᵉ qui se portera sur 2117.

b) *Attaque secondaire.* — Un 1/2 bataillon du 152ᵉ, partant à l'heure H + 3' de la tranchée des Sapinières, attaquera face au nord, entre les boyaux de Stauffen et du Neckar (ces boyaux inclus) pour occuper en fin d'attaque la tranchée de Fribourg.

Réserve du commandant de l'attaque. — Un 1/2 bataillon du 152ᵉ.

Réserve de division. — Un bataillon du 152ᵉ qui sera rendu, la nuit précédant l'attaque, au camp de la Source et au camp ouest (officier de liaison au P.C.I.D.).

Les lignes d'attaque seront articulées en profondeur pour parer aux contre-attaques, avec unités de nettoyage, suivant de très près la première ligne d'attaque, non mélangées avec elle, pour sauter immédiatement sur tout nid de résistance (prévoir à l'avance autant d'équipes que de nids probables, chaque équipe connaissant bien le point où elle doit opérer).

Les troupes occupant les quartiers C et D resteront chargées de l'occupation des tranchées de départ et des travaux pour relier ces tranchées aux lignes conquises.

Le 41ᵉ B.C.P. aura comme mission :

1° A l'heure H, de tenir sous le feu de ses V.B. les trous organisés entre les boyaux du Neckar et Speyer, ainsi que 3018.

2° D'assurer la liaison avec la 154ᵉ D. I.

3° Ultérieurement, lorsque le 152ᵉ tiendra la tranchée de Fribourg, entre le boyau de Stauffen et le boyau du Neckar, de chercher à progresser dans la portion de la tranchée de Fribourg, comprise entre le boyau du Neckar et le boyau de Speyer.

Génie. — Deux sections du génie, commandées chacune par un officier, seront à la disposition du commandant de l'attaque pour opérer les destructions qui pourraient être reconnues nécessaires après l'attaque.

IV. — L'attaque sera commandée par le colonel de Combarieu, commandant l'I. D. qui disposera :

1° Des troupes d'attaque indiquées ci-dessus.

2° Des troupes occupant les quartiers C. et D.

3° D'un groupement d'artillerie (A.L.G.P. - A.L.C. - A.C. - A.T. - A.M.) sous les ordres du lieutenant-colonel Briard, commandant l'A. D./164.

Commandant de l'infanterie de l'attaque : lieutenant-colonel Barrard, commandant le 152ᵉ R. I.

V. — *L'Artillerie comporte :*

A.L.G.P. : une batterie de 270 Marine.

A.L.C. : 2 batteries de 220, 2 batteries de 155 Filloux, 2 batteries de 155 Saint-Chamond.

A.C. : 5 groupes de 75.

A.T. : 3 mortiers de 240, 12 mortiers de 58 T. n° 2, 6 mortiers de 75 T., 6 mortiers de 150 T.

A.M. : 3 pièces de montagne.

Son emploi est réglé ainsi qu'il suit :

A. — *Avant le jour J. — Destructions.*

Continuation par A.L.C., A.C., A.T. des destructions et entretien des destructions sur les objectifs ci-après : tranchée de Fribourg ; 2617 ; talus et trous organisés entre boyaux de Stauffen et Speyer; entrée du tunnel 6219; zones d'abris au nord de 2117 ; tranchée des Casemates ; tranchée sans nom (au sud de la précédente). Cette dernière destruction exécutée en organisant les évacuations partielles nécessaires.

Pendant cette période de préparation, viser en outre à l'usure morale de l'ennemi par des tirs continus de nuit comme de jour ; des tirs de 75 pour empêcher les réparations et des harcèlements pour maintenir l'ennemi isolé. Toutefois, ne pas gaspiller les munitions en évitant les salves répétées ; des coups isolés suffisent.

B. — *Jour J.*

1. — *Avant l'heure H*, continuation des destructions ne nécessitant pas d'évacuations.

Entre H—3 et H—1 heure, si le temps le permet, tir de bombes toxiques sur la région 2617, 2619 et les pentes au nord de 2618.

A.L.C., la totalité des pièces d'A. L. continue ses tirs de destruction depuis H—3 heures jusqu'à H—15 minutes sur la zone 2117, 2417, 2518, 2619, 2617, tranchée de Fribourg. Tirs lents, mais sans arrêt, méthodiquement réglés et contrôlés.

A partir de H—15 minutes, la moitié des pièces d'A.L.C. transporte son tir sur la zone 2121, 2518, 2619, 2919 et s'y maintient jusqu'à H—5 minutes, tandis que l'autre moitié des pièces d'A.L.C. ne commence son transport de tir qu'à H.

2. — *A partir de H.* — A.C., à partir de H, constitution d'un double barrage de 75.

1° A obus explosifs sur la ligne 2117, plateau des Casemates, 2617, 2817.

2° A obus percutants à balles, à 100 mètres devant nos tranchées de départ.

Ce barrage d'obus à balles est doublé d'un barrage d'obus fumigènes qui commencera à H—X (X étant fixé par l'expérience de la fausse attaque du jour J—1).

A.T., de H—3 à H, tir de destruction sur 2619, zone d'abris, entrée des galeries à l'ouest de 2619, tranchée sans nom, Casemates, 2416, talus organisé.

A.M., à partir de H, tir de peignage et d'encagement au nord du point 2919.

A.L.C., la moitié de l'A.L. stabilisée depuis H—15 jusqu'à H + 5 sur la zone 2121, 2518, 2619, 2919.

A H, l'autre moitié s'établit sur 2020, 2121, 2621, 2821, et abris à l'est de 2821.

A H + 5, toute l'A.L. est fixée sur la ligne précédente.

A.T., à l'heure H, transporte son tir sur la ligne de l'A.L. (8 pièces), les quatre autres cessant le tir.

A.M., continue sa mission.

A.C., encagement et accompagnement de l'attaque.

Mécanisme. — Les deux barrages en percutants et en explosifs sont levés à H, devant la tranchée de Ramstadt et H + 3, devant la tranchée des Sapinières. Ils se déplacent à la vitesse de 33 mètres à la minute pour venir se fixer sur la ligne 1715, 2020, 2121, 2621, 2821 et abris à l'est.

Attaque encagée à gauche par le barrage latéral sur la ligne 1715, 2020, à droite, au nord de 2817, 2919.

Tirs d'interdiction. — Assurés pendant la préparation, pendant l'attaque et jusqu'à l'ordre de cessation du feu sur : les points de passage, voies de communication, pistes et cheminements connus de contre-attaque (notamment sur les vallonnements nord-sud de la région 2118-2121).

Ces tirs d'interdiction sont exécutés par deux batteries de 75 (cheminements de contre-attaque) et deux batteries de 155 Saint-Chamond (points de passage et points de communication).

Constitution de barrages pour assurer la possession du terrain conquis. — Dès que l'infanterie aura atteint ses objectifs, reporter les barrages le plus près possible de nos premières lignes. La forme du terrain (pente descendant rapidement au nord de la ligne : boyau du Kaiser-2619) rendra cette mission difficile pour le 75. Conserver en conséquence les barrages d'A. T. et constituer un barrage latéral à l'ouest de la ligne 2116-2118.

Protection éloignée des flancs. — Tirs d'interdiction sur le piton o4-21 et sur bois B-2 (cote 156,8) qui a des vues sur le plateau des Casemates (une batterie de 75) et dans la région de la clairière des Frères-Anciaux par A.T.

Contre-batterie assurée par l'artillerie du 18e corps.

VI. — *Aménagement préalable du terrain.* — Réglé par le commandant de l'I. D. pour assurer le placement des troupes d'assaut, face à leur objectif.

VII. — Le commandant de l'attaque fixera la tenue d'assaut et règlera l'organisation des dépôts (grenades, matériel, grands bidons d'eau), qui devront être constitués très à l'avant.

VIII. — P. C. du commandant de l'attaque : P.C.I.D. 164 (Bellenet) ; du commandant du secteur : P.C.D.I., plateau triangulaire.

IX. — *Jalonnement pour l'avion* (panneaux), à H + 30 minutes - H + 2 heures, à 19 heures et à toute demande de l'avion.

X. — *Liaisons, ravitaillement, évacuations*........

XI. — *Organisation du terrain conquis.* — 1° Prévoir l'aménagement :

a) De la ligne 2116, crête militaire des pentes nord du plateau, tranchée de Fribourg, comme première ligne (ligne des postes avancés dans le boyau du Kaiser, la zone des abris et 2619.

b) De la ligne 2115, 2417, 2617, tranchée de Fribourg comme ligne principale de résistance.

c) Tranchée des Casemates, talus et trous organisés comme troisième ligne.

2° Prévoir deux boyaux de communication arrière, en outre, des boyaux du Neckar et de Stauffen :

a) Chemin creux 2115, 2117.

b) Tranchée sans nom, tranchée des Casemates, au nord de 2416, 2417 et zone d'abris, au nord.

3° Assurer de suite des barrages de V.B. de F.M. et de mitrailleuses, en raison des difficultés que trouvera l'artillerie pour assurer un barrage rapproché (voir paragraphe V).

XII. — *Prescriptions particulières.* — A) dans le terrain particulièrement truqué sur lequel doit avoir lieu l'attaque, il importe de réserver des effectifs importants pour le nettoyage des abris.

Les groupes de nettoyeurs doivent avoir une mission unique, ne pas se contenter d'un nettoyage sommaire et rester en observation après les premières opérations de nettoyage pour parer à toute surprise ultérieure.

B) Pour détourner l'attention de l'ennemi, il sera déclanché, à l'heure H, en avant du sous-secteur ouest (de même que devant les C.A. voisins) un barrage roulant suivi d'un barrage fixe ; ce barrage sera fait à la cadence 2 (deux coups par pièce à la minute, pendant 5 minutes). Il sera ensuite ramené, si l'infanterie n'en demande pas, par fusées, la continuation intensive, à la cadence 1/2 (un coup par section et par minute, pendant 20 minutes).

Le général GAUCHER, commandant la 164ᵉ D. I.

*
* *

Tout était préparé minutieusement.

Depuis huit jours, chaque matin, suivi du commandant du Bourg, qui aurait considéré comme un manquement grave à son devoir, s'il n'avait passé le plus grand nombre d'heures possible là où il tombait le plus de marmites, le colonel Barrard parcourait son secteur d'attaque et en apprenait jusqu'aux moindres détails.

Le lieutenant Leroux, chef du détachement télégraphique, un modeste, qui a une belle part dans les succès de la division, passait ses jours et ses nuits sur le plateau, sans souci du danger, n'ayant qu'une pensée : installer et vérifier lui-même tous les moyens de liaison pour que, jusqu'en première ligne, on puisse communiquer.

Au milieu d'eux, le colonel de Combarieu, accompagné du capitaine de Pouydraguin, pérégrinait chaque jour, donnant un mot à l'un, un paquet de tabac à l'autre. Il expliquait que, chaque fois, il recommandait son âme à Dieu, en passant dans la tranchée du Balcon (bord sud du plateau), mais il n'était guère de trous d'obus où on ne l'eût vu.

On rencontrait aussi le capitaine Bellenger, de l'état-major de la division ; l'aviateur hardi qui avait osé les premiers grands raids et su déceler le glissement de Von Kluck en 1914, était devenu officier d'état-major. Il avait horreur du bureau et il était volontaire pour toutes les missions. On l'eût fort étonné si on lui avait dit qu'il les accomplissait en héros. Son clair et loyal regard perçait le sombre horizon de ces temps et, déjà, apercevait la victoire.

On le vit, un matin, vers la tranchée du Balcon, sa carte sous le bras, expliquant la situation à quelques officiers et, continuant toujours, sans s'apercevoir que ses auditeurs avaient disparu pour se mettre à l'abri d'une avalanche de marmites.

Les communications étaient assurées, autant que les obus ennemis les laissaient en état. Les dépôts de vivres, munitions et matériel étaient pleins. Les hommes avaient trois jours de vivres.

Le 21 mai, tant pour tromper l'ennemi que pour déterminer le temps nécessaire à la formation du barrage fumigène, une fausse attaque par le feu d'artillerie et d'infanterie est exécutée à 18 heures.

A 18 h. 5, l'ennemi déclanche un barrage d'A.L. sur nos lignes et contrebat notre artillerie avec du 3o5 et du 34o.

L'attaque est fixée au 22 mai, à 16 h. 20.

*
* *

La prise du plateau des Casemates. — Dans la nuit du 21 au 22 mai, les unités d'attaque du 152ᵉ montent à leurs emplacements d'attaque. Il tombe une pluie diluvienne, la nuit est noire, la mise en place est très pénible. Toute la journée, pour ne pas déceler aux avions cette densité inusitée, les poilus du 152ᵉ resteront immobiles, couchés sous leurs toiles de tente.

La préparation d'artillerie continue, quoique gênée par le mauvais temps qui rend impossible le contrôle des tirs d'A. L.C. par l'aviation.

L'artillerie de tranchée continue à remplir sa mission avec son dévouement habituel. La 111ᵉ batterie a dix pièces sur douze enterrées dans la journée ; elle les déterre et tire toujours.

Le mauvais temps qui avait contribué à la fatigue des troupes d'attaque, la nuit précédente, les sert maintenant ; avions et drachen allemands ne peuvent sortir et venir déceler les assaillants dans leurs trous d'obus. Par contre, les appareils Schilt, couverts d'une boue gluante, sont mis hors de cause.

Peu de réaction de l'artillerie allemande, sauf sur les batteries et sur l'artillerie de tranchée ; le boche se méfie. Il garde ses munitions pour le bon moment.

L'attaque a été fixée à 16 h. 20.

Une demi-minute avant, suivant à quelques pas les éclatements des 75 du barrage, les hommes couverts de terre, bondissent sur le parapet pour se ruer sur leurs objectifs.

Le bataillon Thiery, du 152ᵉ, entraîné par son chef, s'élance aligné comme à la manœuvre. Les Casemates sont déjà dépassées que le barrage allemand éclate devant nos tranchées de départ, dans le vide. Mais les groupes ennemis disséminés dans les trous d'obus ont vu les compagnies d'assaut et leurs mitrailleuses fauchent les vagues du 152ᵉ ; rien ne peut arrêter l'élan des poilus.

La compagnie Harent du 334ᵉ, sort avec le même entrain, du saillant 2115 et, par sa gauche, atteint d'un bond la croupe 2117, malgré un feu de mitrailleuses terrible qui la prend de flanc, tue le commandant de compagnie et lui cause des pertes considérables.

Les éléments de droite, pris de front et de flanc par des tirs de mitrailleuses, sont cloués au sol à quarante mètres de la tranchée de départ.

En quelques minutes, notre ligne fait deux saillants très prononcés avec un vide énorme au centre.

Le saillant de gauche, sans chef, à effectifs très réduits, doit se replier pour éviter l'enveloppement par des ennemis qui débouchent de la région des abris au nord-ouest de 2117 et du boyau de Schomberg. Les débris de la compagnie Harent refluent jusqu'aux abords de la tranchée de départ en emmenant leurs prisonniers.

La demi-compagnie du sous-lieutenant Damade du 152ᵉ, chargée de la liaison entre le bataillon Thiery et la compagnie Harent, s'élance pour boucher le trou. Le sous-lieutenant Damade est tué, revolver au poing, à la tête de ses grenadiers ; les trois-quarts de ses hommes tombent, et le trou subsiste toujours. Le capitaine Mathieu lance à son tour sa compagnie sans plus de succès, il est blessé grièvement et perd une partie de son effectif.

Le commandant Thiery voyant sa gauche très en l'air, menacé sur son front par des gaz asphyxiants qui commencent à remonter les pentes nord, reporte son front à 80 mètres en arrière sur la crête militaire.

La ligne de feu s'y installe solidement et n'en bougera plus, du moins, tant que la division en aura la garde.

Pendant ce temps, le bataillon Toussaint du 152ᵉ, sorti à 16 h. 23, compagnie Flottes en tête, s'est élancé sur la tranchée de Fribourg qu'il a atteinte et dépassée en quelques instants, malgré les lourdes pertes que lui cause le barrage allemand. A 16 h. 24, les groupes de patrouilleurs Rollet et Dubuisson sautent dans la tranchée de Fribourg par le boyau du Neckar.

Dès que le bataillon Toussaint couronne la crête, le sous-lieutenant Connault du 41ᵉ B.C.P. enlève son groupe franc, prend pied dans ce qui reste à prendre de la tranchée de Fribourg, fait taire une mitrailleuse à coups de grenades et dégage la droite de la compagnie Flottes que l'ennemi contre-attaquait déjà vigoureusement.

Un combat corps-à-corps s'engage dans la tranchée de Fribourg dont l'ennemi est rejeté et les chasseurs s'installent finalement à quelques mètres au sud de la tranchée de Fribourg complètement bouleversée.

A 18 h. 30, le 152ᵉ tient la tranchée de Fribourg et 2518 en liaison à droite avec les chasseurs. La gauche du bataillon Thiery est quelque part entre 2518 et 2117 où il ne semble y avoir ni amis ni ennemis et il y a un trou dans cette région jusque vers 2115, par suite de l'échec de la compagnie du 334ᵉ.

Les unités sont très mélangées, les cadres très éprouvés et le bataillon Thiery est dans une situation critique, faute de pouvoir s'organiser. Le colonel Barrard a demandé qu'il soit relevé, mais il ne reste que peu d'éléments disponibles qu'il faut réserver pour parer à l'imprévu. Il est certain que le boche n'acceptera pas, sans protester, la prise du plateau auquel il tenait.

Le général de division prescrit en fin de journée :

1° De tenir les points conquis sur le plateau, c'est-à-dire sensiblement la crête militaire.

2° D'assurer la liaison entre 2115 et la gauche du bataillon Thiery.

3° D'occuper le boyau de Schomberg, au sud de 2116.

4° De manifester une grande activité par le feu dans la clairière des Frères-Anciaux (rôle du 213°).

L'artillerie couvrira le front du 152° de tirs lents et continus.

Elle préparera des barrages et contre-préparations.

Le colonel de Combarieu remet la compagnie Harent du 334° aux ordres de son colonel qu'il charge d'assurer la liaison entre 2115 et la gauche du 152° par ses propres moyens.

A 1 heure du matin, la liaison est rétablie.

Le 23, dans la journée, le général de division prescrit de répartir le sous-secteur est en trois quartiers indépendants. A droite, 41° B.C.P. jusqu'au boyau de Neckar ; au centre, 152° R.I. jusqu'au 1416 ; à gauche, le 334° R.I. de 2416 à sa limite de gauche.

Chaque élément rentrera ainsi sous les ordres de son chef normal et l'on s'efforcera de diminuer la densité en première ligne en constituant des réserves sur le plateau.

*
* *

Le général commandant la D.I. adresse à la division, l'ordre suivant :

Les troupes chargées de l'attaque d'hier 22 mai (152°, 334° R.I. et 41° B.C.P. et fractions du génie) ont, dans un superbe élan, atteint leurs objectifs en quelques minutes.

Au cours de la nuit du 22 au 23, malgré de violentes réactions, elles ont résisté à toutes les contre-attaques et maintenu leurs positions, infligeant à l'ennemi de lourdes pertes, qui sont venues s'ajouter à celles avouées par les prisonniers et causées par la remarquable préparation de notre artillerie.

C'est la première fois, depuis sa constitution, que la 164° division était engagée dans la bataille. Le succès du 22 mai montre ce qu'on peut attendre d'elle et le général commandant la division est fier de commander à de pareilles troupes ; il adresse ses vives félicitations et ses remerciements à tous les exécutants et salue avec émotion ceux qui sont tombés à la prise du plateau de Vauclerc (Croquis n° 2).

*
* *

L'acharnement des Boches à défendre les plateaux de l'Aisne depuis le 16 avril, en montrant l'importance qu'ils attachent à la conservation de ces positions, témoigne de l'importance de notre succès. Deux fois l'ennemi tente, dans la journée du 23, de reprendre le terrain perdu. Il attaque à 16 heures sur la tranchée de Fribourg. A 20 h. 30, sur les Casemates. Le

3

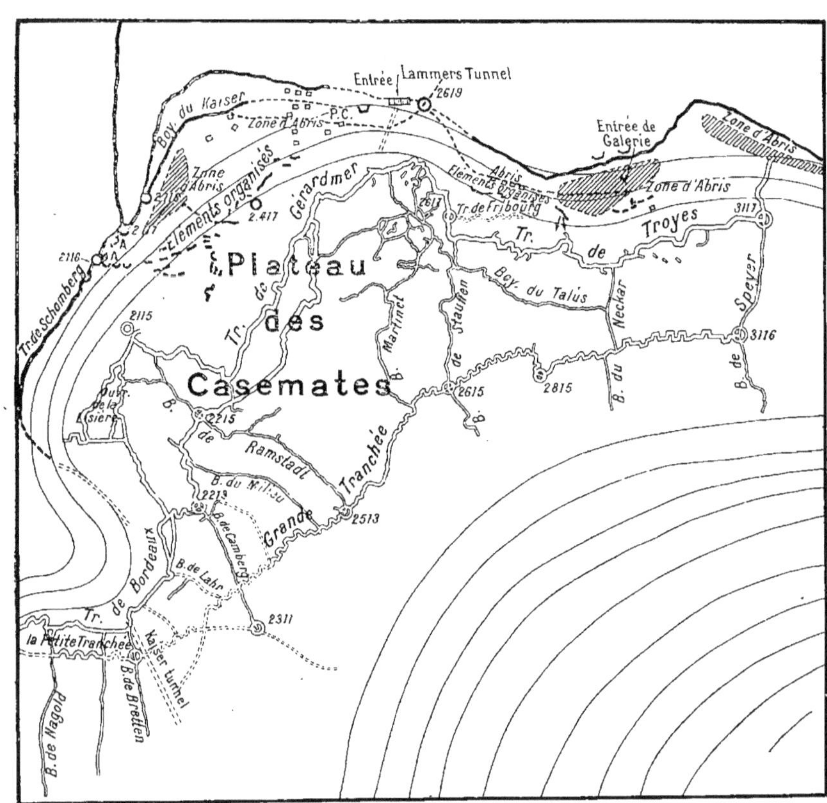

Croquis nº 2. — Le plateau des Casemates, après l'attaque.

152ᵉ souffre encore beaucoup mais tient bon. Nous gardons nos conquêtes.

Le 23, le général Hirschauer avait envoyé au général commandant la division une lettre qui est la récompense des efforts et des sacrifices de tous.

Il ne faut pas longtemps pour connaître et apprécier une troupe quand les circonstances s'y prêtent ; la journée d'hier nous a offert une de ces circonstances et je n'ai pas besoin de vous dire ma satisfaction pour le succès remporté dans l'attaque du plateau de Vauclerc.

Préparation, exécution de l'attaque, organisation de la position conquise, révélée par les photographies de ce matin, tout a été bien.

J'adresse mes félicitations au commandement qui a préparé, aux troupes qui ont exécuté l'attaque.

*
* *

La division a subi l'épreuve du feu. Elle a montré ce dont elle était capable.

Son succès n'est que le premier et jusqu'à son dernier jour elle suivra le chemin de gloire dans lequel elle s'est engagée à Vauclerc.

Les pertes ont été lourdes mais elles ne furent pas inutiles. Nous avons enlevé aux Allemands la dernière fenêtre qu'ils tenaient dans la région, dans le mur du Chemin des Dames.

A plusieurs reprises, le 24, l'ennemi cherche encore à aborder nos lignes après de violents bombardements ; peine perdue ; le colonel Barrard a remué la terre, tout vu, tout prévu et nous passons à la fin du mois à nos successeurs un secteur, où il ne fait peut-être pas très bon se promener pour son plaisir, à moins d'être le commandant du Bourg, mais où de braves gens n'ont pas à craindre la défaite.

Dans la nuit du 29 au 30 mai, la garnison du sous-secteur ouest est relevée par la 35ᵉ division. Celle du sous-secteur est est relevée par la 36ᵉ division dans la nuit du 31 mai au 1ᵉʳ juin.

Le 30, à 10 heures, le général Gaucher passe le commandement du sous-secteur ouest au général Bonet, commandant la 35ᵉ division et porte son P.C. à Beaurieux.

Le 1ᵉʳ juin, à 10 heures, il passe le commandement du sous-secteur est au général Paquette, commandant la 36ᵉ D.I. et installe son P.C. à Baslieux-les-Fismes.

Période de repos. — La division est au demi-repos dans la région de Fismes, Glennes, Baslieux, Mont-Saint-Martin.

Bien que tracassée chaque nuit par les avions allemands qui font d'ailleurs plus de bruit que de mal, la division se repose.

Le général a pris soin de prévenir tout le monde qu'il ne faut pas compter sur une détente de plus de 15 jours, peut-être moins si les événements obligent le commandement à utiliser ses services ; aussi, quand le 11 juin, l'ordre est donné de remonter au Chemin des Dames, nul ne s'étonne et toute la division se remet en route de bon cœur.

Pendant le repos, la division a perdu son escadron divisionnaire qui passe à la 62ᵉ division. Elle reçoit le 12 juin, pour le remplacer, le 2ᵉ escadron du 11ᵉ chasseurs, capitaine Argoud

V. – CHEMIN DES DAMES

LA CAVERNE DU DRAGON

Carte n° 2 et croquis n°ˢ 3, 4, 5 et 6.

Dans la nuit du 13 au 14 juin commence la relève. La division reprend une partie de son ancien secteur, à cheval sur les secteurs actuels des 35ᵉ et 36ᵉ D.I. (un bataillon seulement de la 36ᵉ D.I.). Elle reprend les quartiers B. et C. qu'elle avait déjà occupés et y ajoute, à gauche, les quartiers X et Y, qui étendent son front jusqu'au monument d'Hurtebise inclus.

A la droite, la 154ᵉ division entre en ligne.

Le 18ᵉ C.A. est en même temps relevé par le 9ᵉ C.A. sous les ordres duquel se trouve placée la division.

La relève se termine dans la nuit du 15 au 16 juin par l'entrée en ligne du 43ᵉ B.C.P. sur le Doigt (croquis n° 3), promontoire très allongé au nord du Monument, constituant un saillant prononcé de nos lignes, qui en tiennent la crête militaire.

Le général Gaucher prend, à 10 heures, le 16 juin, le commandement du secteur. — Q. G. à Beaurieux.

Dispositif de la division : deux sous-secteurs :

A l'est : Les deux régiments 213ᵉ et 334ᵉ ; un bataillon de chaque régiment en ligne ; un bataillon du 213ᵉ en réserve de sous-secteur.

Commandant du sous-secteur : lieutenant-colonel d'Assigny, au P.C. du plateau triangulaire.

A l'ouest : Le 152ᵉ et le 43ᵉ B.C.P. ; deux bataillons en première ligne, dont le 43ᵉ B.C.P.

Commandant du sous-secteur : lieutenant-colonel Barrard, au P.C. Foulon.

1 bataillon du 152ᵉ en réserve de sous-secteur.

La réserve du secteur comprend : 1 bataillon du 152ᵉ, 1 ba-

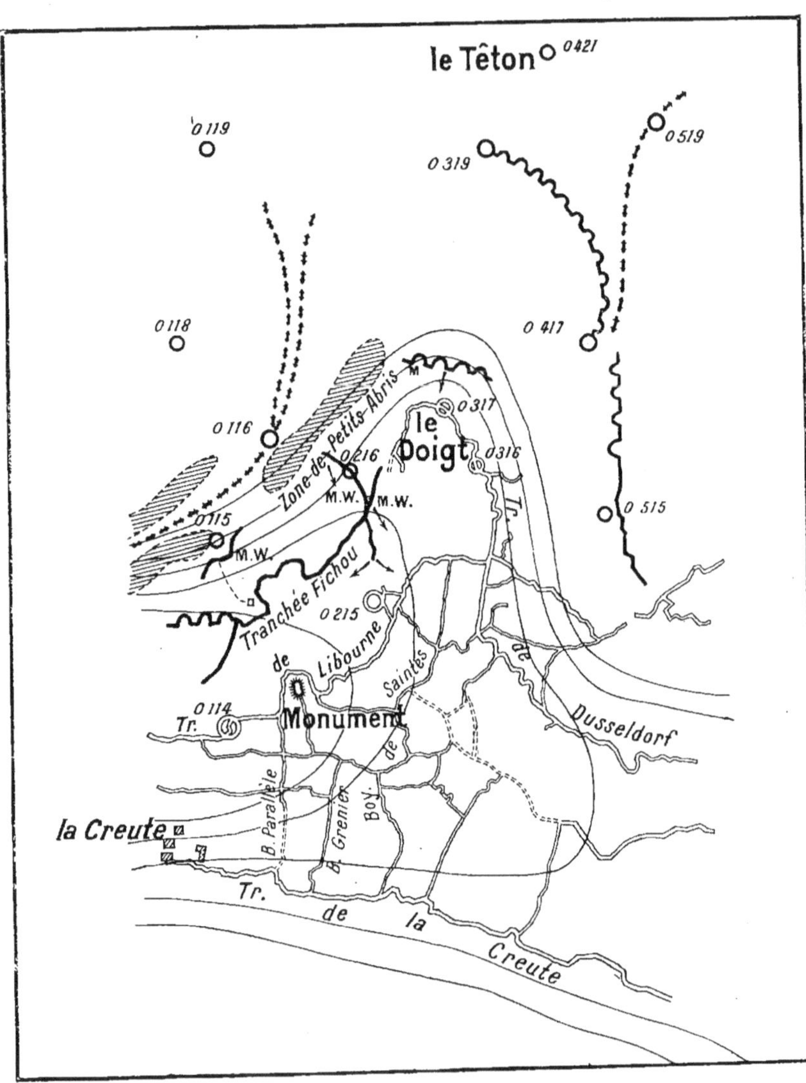

Croquis n° 3. — le Doigt à la date du 15 juin 1917.

taillon du 334ᵉ et le 41ᵉ B.C.P. qui est à Maizy, sous les ordres directs du commandant de la division.

*
* *

La division prend un secteur délicat.

Le saillant du Doigt est très sensible. La perte récente de la tranchée Fichou lui a donné la forme d'un crochet à boutons, enserré de trois côtés.

La 35ᵉ division avait envisagé une opération pour rétablir une liaison convenable avec le secteur voisin à l'ouest (14ᵉ C.A.) mais cette opération, remise de jour en jour, avait fini, la relève arrivée, par être léguée à la 164ᵉ division. Pendant ce temps, le boche s'était consolidé, renforcé et mis en garde et, à tous les échelons relevés, depuis le commandant du corps d'armée jusqu'au chef de bataillon, on redoutait une aventure.

Dans les derniers jours avant la relève, les Allemands avaient bombardé copieusement le Doigt et lancé des patrouilles.

Dans l'après-midi du 16, vers 16 heures, ils ouvrent un feu lent et continu d'artillerie lourde et de minenwerfer.

Le soir, vers 20 heures, commence un bombardement d'une violence inouïe, avec obus de gros calibre et torpilles. En même temps tout le sous-secteur avant et la vallée de Vassogne sont inondés de gaz. Les tranchées où les chasseurs, arrivés le matin seulement, sont sans abris, sont nivelées, la plupart des hommes enterrés.

Vers 20 h. 30, le boche passe à l'attaque. Il presse le Doigt de trois côtés et l'enlève avec une partie de l'effectif du 43ᵉ B.C.P. De ces disparus, peu tombèrent vivants aux mains de l'ennemi : la plupart étaient tués.

En même temps le front du bataillon de droite était attaqué. Mais cette attaque était visiblement une diversion, bien que le bombardement fut aussi violent qu'ailleurs. Le bataillon Lacroix la repoussa sans peine et garda ses lignes intactes.

Le 43ᵉ B.C.P. était très réduit, les fractions de contre-attaque prises dans le même bombardement ne purent jouer.

Le colonel Barrard se rendit compte rapidement qu'une contre-attaque menée à fond, dans cette nuit noire, sur un terrain bouleversé et encore peu connu des troupes, était vouée à un échec certain. Avec l'approbation du commandement, il fit organiser, en liaison solide, à droite et à gauche, la ligne sur laquelle nous nous étions fixés : Monument, tranchée de Libourne, o2i5, ligne ouest-est, rejoignant la tranchée de Dusseldorf.

Le général Gaucher propose au commandant de corps d'armée de ne chercher à reprendre le Doigt que par une attaque puissante ayant en même temps pour objectif la tranchée Fichou et l'installation d'une ligne solide à gauche du Doigt, sous peine de risquer des pertes hors de proportion avec le gain réalisé par la reprise du Doigt qui retomberait infailliblement au premier jour.

C'est l'opinion que le colonel Barrard formulait nettement dans son compte-rendu lorsqu'il disait :

> C'est au lendemain du jour où fut créée la situation paradoxale du Doigt que devait être montée l'attaque que nous avons à monter maintenant ; on eut évité les pertes inutiles du 16.

Ces pertes se montaient à : i4 tués dont i officier ; 82 blessés dont 4 officiers ; 60 disparus dont i officier.

Le radio allemand n'annonçait que 25 prisonniers.

*
* *

Les jours suivants se passent sans autres incidents qu'une tentative des Allemands le 18 au soir, sur o2i5, à la faveur d'un violent orage ; ils sont repoussés à la grenade.

Le même soir, le bataillon Lacroix, qui devait faire la prochaine attaque, était relevé en première ligne et allait se refaire au camp du Moulin-Rouge.

Les tirs de destruction commencent. De son côté l'ennemi s'organise activement sur le Doigt.

Il y a urgence à exécuter l'opération : si nous laissons les Allemands nous prendre le Monument, il faudra abandonner toute la région d'Hurtebise et s'installer sous leurs yeux dans des conditions intenables, dans la vallée Foulon.

La situation est, en résumé, la suivante : nous tenons le Monument et une ligne qui court un peu en avant et, par conséquent, la crête géographique. A l'est du Doigt, nous avons la crête militaire.

Sur le Doigt et à l'ouest, nous sommes sur le plateau.

Toute cette crête est traversée de part en part, du nord au sud, par une Creute qui s'ouvre au sud dans nos lignes, à la naissance de la vallée Foulon, près de la ferme de la Creute et au nord, dans les lignes allemandes, dans le ravin ouest du Doigt à 3oo mètres nord-ouest du Monument. Les Allemands en ont fait de leur côté un abri qu'ils ont appelé « Grotte du Dragon » (Drachen Höhle).

Il est vraisemblable qu'à la suite de l'avance du 16 avril, ils ont coupé la Creute par un mur, conservant ainsi leur abri, supprimant la communication avec nos lignes, sous lesquelles la présence de cette excavation constitue une inquiétante menace de mines. On n'est pas très fixé sur ce point. Les entrées de la Creute sont très endommagées ; on ne peut y envoyer de reconnaissances sans risquer un traquenard et des pertes inutiles. Nos prédécesseurs nous ont dit que l'expérience aurait été tentée avec pertes (croquis n° 4).

*
* *

L'objectif assigné à la division est le suivant : attaquer et reprendre le Doigt et la tranchée Fichou ; nettoyer le prolongement de la tranchée Fichou dans la zone du 14ᵉ corps.

Dans l'idée du général de division, l'opération principale consiste en ses grandes lignes : à donner de l'air à la région du Monument en reprenant pied dans les tranchées, autrefois en notre possession, qui forment l'avancée actuelle de la tranchée de Heidelberg, entre le point 9914 à l'ouest et le point 0216 à l'est.

La reprise, partielle ou totale, de la région du Doigt ne constitue qu'une opération secondaire.

En outre, il résulte des reconnaissances des occupants et des officiers d'état-major, que la tranchée Fichou est sur le plateau à quinze ou vingt mètres au sud-est et en deçà de la crête militaire. C'est ce qui en a permis la reprise par les Allemands qui ont pu amener, sans être vus, leurs troupes d'assaut à quelques pas de l'objectif. Il faudra donc s'installer dans une ligne plus avancée dont la tranchée Fichou soit le doublement.

Ce projet reçoit l'approbation du commandement qui voudrait que l'attaque vînt, en outre, occuper l'entrée nord de la grotte du Dragon.

Le général Gaucher s'oppose formellement à l'exécution de cette partie du programme qu'il considère comme une aventure.

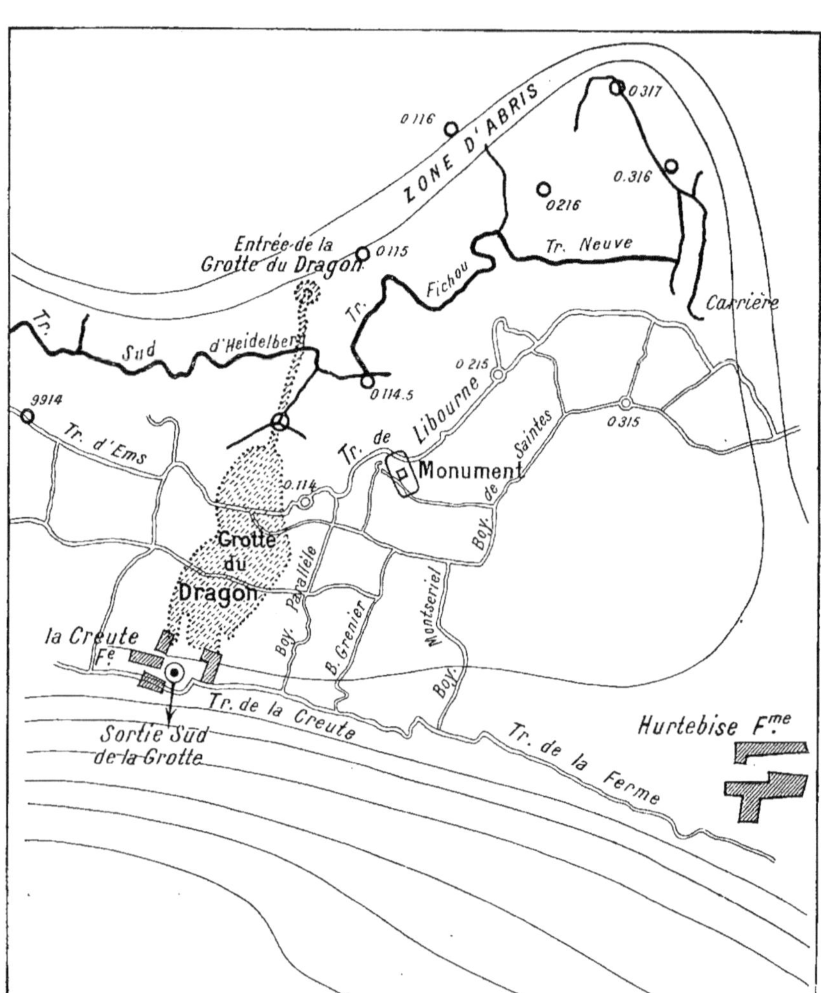

Croquis n° 4. — Le Doigt et la grotte du Dragon avant l'attaque.

On ne sait pas ce qu'il y a comme garnison et organisations dans la grotte, l'entrée nord est placée sous le feu d'un cirque de hauteurs. Les troupes qui iraient là, en admettant qu'elles s'y maintiennent, seraient vouées à la destruction et à la capture.

Nous avons et nous aurons des vues rapprochées sur cette entrée ; les occupants seront justiciables, au passage, de quelques bandes de mitrailleuses : il n'est donc pas indispensable de l'occuper.

Comme le projet en avait déjà été amorcé antérieurement, le général propose de faire, de bonne heure, le jour de l'attaque, une émission de gaz dans la creute par nos entrées. S'il existe un mur plein et clos, il y aura retour de gaz ; il suffira alors d'arrêter l'émission et de boucher les ouvertures. S'il y a un passage ou même un simple créneau, le gaz ira ressortir par le nord. Les occupants qui ne seront pas asphyxiés sortiront et une mitrailleuse les prendra au passage.

En tout cas, après l'attaque, il faudra crever par une mine, le plafond de la grotte pour supprimer cette cause de danger sous nos lignes.

*
* *

Le commandant du corps d'armée ayant approuvé toutes les propositions du général Gaucher, il ne reste plus qu'à passer à l'exécution.

Les tirs de destruction battent leur plein et les photos d'avions en donnent le contrôle dans des conditions de rapidité exceptionnelle : trois heures après la prise de la photographie, un message lesté apporte les épreuves au P.C. de la division.

L'attaque sera exécutée par deux bataillons : à gauche, le bataillon Moreteau du 334ᵉ, attaquant avec une compagnie en première ligne et partant des tranchées du 14ᵉ C.A. ; à droite, le bataillon Lacroix du 152ᵉ, attaquant sur un front de deux compagnies.

A sa droite, un groupement des groupes francs des 152ᵉ, 213ᵉ, 334ᵉ et 41ᵉ B.C.P. sous les ordres du capitaine Toussaint, du 334ᵉ, a pour mission l'attaque et le nettoyage du Doigt.

Commandant de l'attaque : colonel de Combarieu.

Commandant de l'infanterie : colonel Barrard.

Afin d'assurer l'unité de direction, au lieu de demander la participation de la division voisine de gauche à l'opération, le général Gaucher a tenu à ce que tout fût exécuté par ses propres troupes.

Une entente a été réalisée avec la 27e division qui nous donne la base de départ nécessaire dans ses tranchées, nous prête le concours de son artillerie et coopérera à la construction des communications derrière l'attaque.

Les détails de l'opération sont réglés par l'ordre général ci-après, du 22 juin 1917 :

I. — L'ennemi occupe la tranchée sud d'Heidelberg — 0114,5 — point 50 mètres sud de 0216 — tranchée nouvelle orientée ouest-est, dite tranchée Neuve, partant de ce dernier point et aboutissant à 75 mètres sud de 0316.

L'ancienne tranchée, très peu profonde et bouleversée, parallèle à la tranchée désignée ci-dessus et à trente mètres environ au sud de cette dernière, est neutre ; le réseau de fil de fer boche (genre Brun) est au nord de cette tranchée ; des réseaux de fil de fer plus sérieux sont devant la tranchée sud d'Heidelberg.

II. — *Mission de la division.* — Enlever les premières lignes ennemies (tranchée Fichou et tranchée sud d'Heidelberg), entre le point 50 m. nord-est de 9914 et 0216, ainsi que le Doigt. S'établir dans ces lignes, pousser des éléments avancés jusqu'au changement de pente permettant d'avoir des vues sur la zone d'abris en contre-bas, et, si les circonstances de combat le permettent, occuper la sortie nord de la Grotte du Dragon.

III. — *L'attaque aura lieu le jour J.* — Elle sera précédée d'une double émission de gaz exécutée par la compagnie Z dans la creute du Dragon, à 5 heures, le jour J, et renouvelée deux heures avant l'heure H, si la première expérience a donné de bons résultats.

IV. — *L'opération se fera de la façon suivante :*

1° Attaque à l'heure H, par deux bataillons sur le front. Point 50 m. nord-est de 9914 - point 0216.

2° Attaque sur le Doigt dans la direction sud-nord, à la même heure, exécutée par les groupes francs des 152e, 213e, 334e R.I., 41e B.C.P., sous les ordres du capitaine Toussaint, du 334e.

La première attaque partira de la ligne 9914 - 0114 - Monument - point 0215.

Limite de la zone d'attaque entre les deux bataillons : le méridien 210.

A gauche : bataillon Moretcau, du 334ᵉ R.I., ayant une compagnie en première ligne ;

A droite : bataillon Lacroix, du 152ᵉ ayant deux compagnies en première ligne.

Réserve du commandant de l'attaque : le bataillon réserve du sous-secteur ouest.

Réserve de division : un bataillon à Moulin-Rouge.

Le bataillon occupant le secteur Y et le bataillon de droite de la division, à notre gauche, resteront chargés de la garde des tranchées de départ, qu'ils réoccuperont au fur et à mesure de la marche en avant des unités de soutien des troupes d'attaque occupant les tranchées.

Ils seront chargés de relier ces tranchées aux lignes conquises (voir paragraphe XII, organisation du terrain conquis).

La relève des troupes d'attaque qui aura lieu, en principe, dans la seconde nuit après l'attaque, fera l'objet d'ordres ultérieurs.

Génie. — 2 sections chargées :

a) Une section, d'assurer de suite après l'attaque les communications entre les tranchées de départ et la tranchée Fichou, sous les ordres du commandant du secteur Y ;

b) Une demi-section, de l'organisation d'un point d'appui solide vers 0216 ;

c) Une demi-section, réservée à la disposition du commandant de l'attaque, prête à se porter sur 0317 et à y organiser un poste pour grenadiers avec un abri.

Une section Schill (8 appareils). — A la disposition du commandant de l'attaque, pour la réduction du nid de mitrailleuses nord de 0114 (2 appareils), pour le nettoyage des boyaux du Doigt (2 groupes de deux appareils), le reste (2 appareils), en réserve à proximité de la grotte, prêt à suivre le détachement qui pourrait avoir éventuellement à se porter à la sortie nord de la grotte du Dragon.

V. — L'attaque sera commandée par le colonel de Combarieu, commandant l'I. D., qui disposera :

1° Des troupes indiquées ci-dessus ;

2° Des troupes occupant le quartier Y ;

3° D'un groupement d'artillerie (A.L.C. - A.C. - A.T.), sous les ordres du lieutenant-colonel Briard, commandant l'A. D./164.

Commandant de l'infanterie d'attaque : lieutenant-colonel Barrard, commandant le 152ᵉ R.I.

VI. — *L'artillerie de l'attaque comporte* :

A.L.C. : 2 batteries de 220, 5 batteries de 155.

A.T. : 20 mortiers de 58, 6 mortiers de 75.

A.C. : 6 groupes de 75.

Son emploi est réglé ainsi qu'il suit :

A. — *Avant le Jour J.*

a) Destructions. — Continuation par A.L.C., A.C., A.T., des destructions et entretien des destructions sur les objectifs ci-après :

Entrée nord de la grotte du Dragon; abris de 0015 à 0115; abris de 0115 à 0217 ; le Doigt, au nord de la tranchée ouest-est, situé à 50 m. sud de la ligne 0216 - 0316, cette tranchée incluse; élément de tranchée, au nord de 0317 ; téton 0421 ; minen 9916 et 9917 ; tranchée 0515 à 0417 ; tranchée 0417 à 0319 ; tranchées Fichou et d'Heidelberg, depuis la tranchée de Trèves jusqu'au Doigt, avec destruction des réseaux de fil de fer; grottes des Saxons et de Maiwaldhöle (à l'ouest de la grotte du Dragon).

b) Pendant cette période de préparation, viser en outre à l'usure morale de l'ennemi par des tirs continus de nuit comme de jour, des tirs de 75 pour empêcher les réparations, et des tirs de harcèlement pour maintenir l'ennemi isolé.

c) Exécuter chaque jour, à titre de diversion, des destructions sur les ouvrages du bois B2, la clairière des Frères Anciaux et au nord-est de 1715.

B. — *Jour J.* 1° *Avant l'heure H.*

a) Continuation des destructions commençant à l'heure H—6, sans accélération de cadence en approchant l'heure H, sur les objectifs suivants :

Entrée nord de la grotte du Dragon; abris de 0015 à 0115; abris de 0115 à 0217 ; le Doigt, au nord de la ligne 0216 - 0316 ; 0317 et tranchée nord ; téton 0421 ; lance-bombes 9916 et 9917 ; tranchée 0516 à 0417 ; tranchée 0417 à 0319 ; grottes des Saxons et de Maiwaldhöle.

b) Tirs d'interdiction à partir de H-6 sur la sortie est du village d'Ailles, sur le nœud des routes et pistes 9431 (route de Chemizy à Ailles, cote 84,4); tirs d'interdiction et de peignage sur tous les points de passage, pistes, voies ferrées, nœuds de communications entre les méridiens 210 et 212 et au nord du parallèle 302.

c) Tirs de diversion à partir de H—3 (ceux indiqués au paragraphe VI A-c).

2° A l'heure H.

a) Encerclement très dense, établi à 200 m. au delà des objectifs à atteindre, en même temps, établissement d'un barrage fixe sur tous les points d'où les mitrailleuses ou les fusils peuvent agir sur le terrain des attaques, c'est-à-dire :

Heidelberg et grotte des Saxons, de 9816 à 9321 ; ligne 9716 - 9517 - 9418 ; le Téton.

En outre, il sera exécuté un barrage roulant, partant d'une ligne qui sera déterminée ultérieurement, d'après l'expérience des tirs de réglage qui devront venir 4 ou 5 fois avant le jour J en tirs lents, à titre de harcèlement et pour en perfectionner la forme, balayer entre la ligne de départ et 100 mètres au delà.

Ce barrage roulant sera déclanché à H—1 minute à toute vitesse devant la ligne de départ pour progresser à partir de H à la vitesse de 25 mètres à la minute et venir s'établir sur la ligne de l'encagement.

b) Continuation des tirs d'interdiction avec intensification à partir de H.

Vitesse de tir :

4 coups par pièce et par minute jusqu'à H + 10 minutes.

2 coups par pièce et par minute de H + 10' à H + 20'.

1 coup par pièce et par minute de H + 20' à H + 30'.

1 coup par pièce et par 2 minutes de H + 30' à H + 60'.

Le tir est repris ensuite à la cadence de 4 coups par pièce et par minute pendant 5 minutes à toute demande nouvelle de barrage.

VII. — *Aménagement préalable du terrain.* — Réglé par le commandant de l'I. D.

VIII. — Le commandant de l'attaque fixera la tenue d'assaut et règlera l'organisation des dépôts, grenades, matériel, grands bidons d'eau, etc...., qui devront être constitués très à l'avant.

IX. — P.C. du commandant de l'attaque : P.C. Foulon ; P.C. du général de division : Beaurieux (observatoire 166, nord du village).

X. — *Jalonnement pour l'avion* (panneaux) à H + 3o, à H + 2 heures et à toute demande de l'avion.

XI. — *Liaisons — Ravitaillement — Evacuations.*

. . . .

Il est prévu, en particulier, un signal lumineux différent pour chaque bataillon d'attaque, pour indiquer qu'il a atteint son objectif.

XII. — *Organisation du terrain conquis.* — 1° Dès l'occupation des objectifs, retourner la tranchée Fichou, la tranchée sud d'Heidelberg, ainsi que la tranchée nouvelle boche au nord de 0215 - 0315, ces trois tranchées devenant la ligne de résistance.

2° Pousser jusqu'à la crête militaire des postes permettant d'avoir des vues sur les pentes de la zone d'abris 0115, entrée nord de la grotte du Dragon, relier ces postes à l'arrière et ensuite latéralement, de façon à constituer une ligne avancée qui deviendra ligne de surveillance, se prolongeant de l'ouest à l'est par une tranchée nouvelle à construire entre 0216 et 0316 avec point d'appui avancé à 0317 (poste de grenadiers avec abri).

3° Prévoir :

a) Une tranchée pour relier la gauche de la tranchée Fichou à la tranchée d'Ems (vers 9914) à exécuter par le bataillon de droite de la division de gauche ; faire un bon barrage au saillant ouest de la tranchée Fichou.

b) Un boyau reliant directement la gauche de la tranchée Fichou à la tranchée de Libourne.

c) Un boyau reliant Libourne à Fichou, à l'ouest du prolongement de la grotte.

d) Un boyau à l'est.

e) Un point d'appui à 0216 relié à la tranchée allant de 0215 à 0317 avec barrage à hauteur de 0216.

f) Un barrage à 0316.

g) Une tranchée ouest-est, reliant 0216 - 0316 (spécifiée ci-dessus).

h) Un point d'appui à 0317.

XIII. — *Prescriptions particulières.*

a) Il sera prévu un emploi abondant de grenades incendiaires, pour le nettoyage des boyaux, des abris et des trous d'obus.

b) Dès l'occupation de la position, organiser des barrages de V.B., F.M. et mitrailleuses pour suppléer aux difficultés de barrage rapproché d'artillerie.

c) A l'heure H, dans le secteur X et dans le secteur du bataillon à l'ouest de l'attaque de gauche, il sera exécuté un tir violent de V.B., fusils et mitrailleuses, ce tir durera pendant 5 minutes, puis pendant trois autres minutes après un arrêt de 2 minutes.

d) Les V.B. des unités d'attaque ne partiront pas en première vague et déclancheront un tir violent à H—1 minute en même temps que l'artillerie déclanchera son barrage roulant sur les premières lignes ennemies [voir paragraphe VI, B - Jour J, 2° a)], cette prescription est particulièrement utile devant le front d'attaque du bataillon de gauche où le barrage d'artillerie sera difficile à établir sur la tranchée boche elle-même.

Bien recommander de ne déclancher ce tir qu'à H—1 minute pour ne pas provoquer trop tôt les tirs de barrage boches.

e) Dans la nuit précédant l'attaque, des brèches seront faites dans les fils de fer français (équipes à envoyer d'avance dans le secteur de la 27e D.I.).

*
* *

Les résultats de la préparation sont excellents.

Il faut relever une fois de plus l'héroïsme modeste des artilleurs de tranchée qui, dans une situation très pénible, accomplissent leur mission malgré tout jusqu'au bout. La batterie de Bénazé, complètement retournée et enterrée, est remise en état de tirer en une demi-heure, à la pelle et à la pioche, sous un feu d'enfer.

Les exécutants se déclarent satisfaits des destructions et le colonel Barrard demande que l'opération se fasse le plus tôt possible. .

Elle est fixée au 25 juin, à 18 h. 5'.

La veille, au cours d'une reconnaissance en première ligne, le colonel de Combarieu est légèrement blessé et fortement commotionné par un obus et doit passer le commandement de l'attaque au colonel Barrard qui remet lui-même le commandement de l'infanterie au lieutenant-colonel Belhumeur.

Le 25 au matin, à 4 heures, la compagnie Z du capitaine de la Hamelinaye fait une émission de gaz dans la Creute ; pas de retour de gaz. Pas de changement dans la circulation à l'entrée nord que surveille une mitrailleuse.

La préparation continue régulièrement à une vitesse qui ne permet guère à l'ennemi de croire aux préliminaires d'une attaque. Son tir ne prend nullement l'allure d'une contre-préparation, mais s'acharne particulièrement sur l'artillerie de tranchée. L'infanterie subit presque toutes les pertes du fait de gros minen bien réglés sur la région du Monument.

A 13 heures, un homme du 57ᵉ régiment d'infanterie prussien, que l'éclatement de nos 58 a d'autant plus impressionné que la tranchée allemande est sans abri solide, franchit les quelques mètres qui séparent son poste du plus avancé des nôtres dans le boyau 0316 et se rend. Des renseignements qu'il donne, il est possible de conclure que sa tranchée est de construction moyenne, sans abri, et que les communications vers l'arrière se font par un boyau est. Aucune communication possible avec la tranchée Fichou, la région 0216 semblant, à ses dires, particulièrement battue par notre artillerie.

*
* *

Le commandement allemand attendait notre attaque le 25, à la pointe du jour.

A 15 heures, le tir de notre artillerie s'accélérant, le boche devient plus nerveux ; ses bombes et quelques obus de gros

calibres tombent plus nombreux sur les tranchées de départ.
A la demande du commandant de l'attaque le tir de notre
artillerie peut être ralenti, ce qui provoque peu après, un ralentissement du tir de l'ennemi.

Aux approches de l'heure de l'attaque, les tranchées de départ sont bouleversées, les unités ont sensiblement souffert,
surtout dans les cadres. Mais l'entrain et la résolution des troupes n'en sont pas atteints et sont si remarquables qu'ils font
l'objet de comptes-rendus des chefs de bataillons qui viennent
de parcourir la ligne.

A 18 h. 2, les sapeurs de la section Schilt, craignant de ne
pas voir fonctionner du premier coup leurs appareils, allument
les lances : un jet de flamme, suivi d'une épaisse fumée noire
jaillit au milieu de la tranchée de départ pour coiffer, quelques secondes après, la mitrailleuse nord de 0114.

Le bataillon Morelcau, croyant au signal de l'attaque, n'attend pas l'heure fixée et la devançant de trois minutes, franchit
d'un élan superbe le parapet de la tranchée de départ. Le bataillon Lacroix, emporté par le même élan, atteint avant
l'heure H ses objectifs, prolongé à droite par les groupes francs.

La sortie est si rapide, l'alignement et l'ordre des vagues si
parfaits qu'ils font l'admiration de tous ceux qui les voient.

Mais ce départ prématuré n'est pas sans causer quelques
inquiétudes au colonel Barrard qui, de son P.C., la jumelle
aux yeux, suit passionnément les assaillants.

A H—1 minute devait commencer un tir d'enfilade de 75,
fusants sur la tranchée Fichou et sur le bout du Doigt; il devait durer jusqu'à H et sa cessation devait coïncider avec le
déclanchement de l'assaut.

Heureusement les obus français éclatent entre les premières
vagues et les soutiens des compagnies d'assaut, trop tard pour
atteindre les premières, trop tôt pour tomber sur les soutiens.

L'artillerie allemande, muette depuis une demi-heure, lance
à ce moment son barrage de petit calibre sur la crête du Plateau, de gros calibre sur la tranchée de la creute, le boyau
Winter et la vallée Foulon. Le terrain de combat est bientôt
couvert d'une épaisse fumée d'où émergent par moment des
fusées demandant l'allongement du tir de notre artillerie.

Tous les objectifs sont dépassés. Les troupes d'assaut, trom-
pées par le terrain bouleversé et méconnaissable, s'engagent

sur les pentes nord ; un groupe du bataillon Lacroix atteint même les minenwerfer ennemis où la résistance est opiniâtre : il est obligé de reculer en laissant quelques cadavres sur le terrain.

La résistance ennemie est d'ailleurs molle. Deux mitrailleuses, au nord de 0114, sont réduites en un instant par les appareils Schilt du sergent Guibert de la compagnie 22/11.

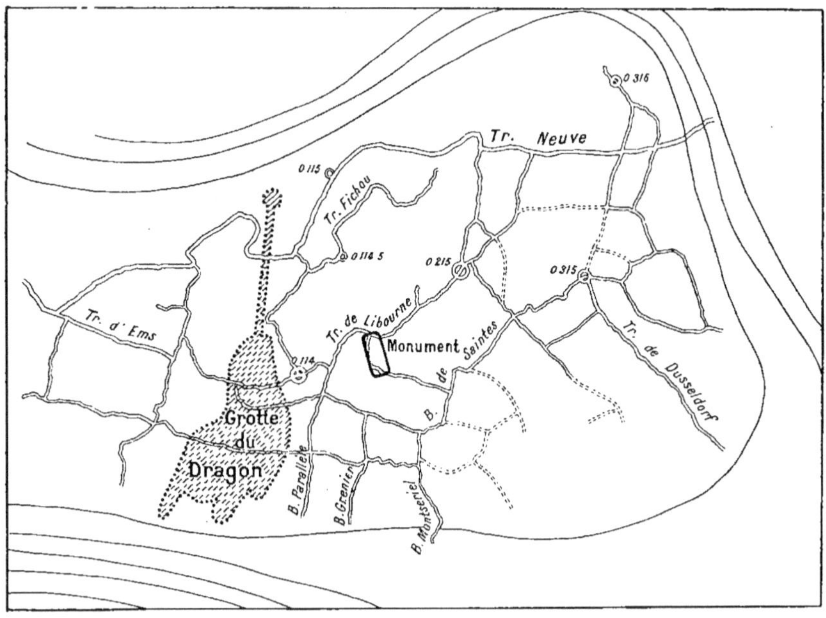

Croquis n° 5. — Le Doigt et la grotte du Dragon après l'attaque.

Un puits communiquant avec la grotte du Dragon est obstrué par l'explosion d'une charge de cheddite placée par l'équipe du sergent Bodiot de la compagnie 9/64. Une mitrailleuse ennemie se dévoilant au moment de la sortie au nord-ouest de 9914 est atteinte, en deux obus, par la pièce de 37 du sergent Chardes, du 334e R.I.

A droite, le groupe Toussaint enlève par surprise la tranchée Neuve, sans avoir à employer de Schilt ni de canon de 37, faisant 37 prisonniers, dont 2 officiers et 4 mitrailleuses.

Mais la situation des éléments avancés en 0317 est critique.

Sur ordre, ils se replient et organisent des centres de résistances en 0216 et 0316.

A 18 h. 20, puis à 20 h. 30, les Allemands contre-attaquent vigoureusement. Le bataillon Morcteau, violemment pris à parti par sa gauche, est obligé de céder du terrain et revient à ses tranchées de départ. Le flottement est de courte durée et bientôt des éléments, enlevés par le lieutenant Imbert, du 334ᵉ, reprennent l'avantage et réoccupent la tranchée Fichou.

A 21 h. 30, tout est rétabli. La ligne est renforcée et l'on travaille aussitôt à l'organisation de liaisons solides, à droite et à gauche.

Pendant ce temps, en arrière des vagues d'assaut, on cherche à pénétrer dans la fameuse grotte. La sortie principale est obstruée par le tir de l'artillerie. Des isolés cherchent des entrées. Le sergent Plissonnier, du 334ᵉ, descend seul dans une galerie, entend des Allemands parler, les appelle et ramène 26 prisonniers.

Le prêtre infirmier Py, du 152ᵉ, soignait deux blessés dans une entrée d'abri, quand sort du fond un officier allemand qui, au vu de sa croix d'aumônier, demande à parler à un officier français ; Py court chercher le médecin-major Duchamp. A eux deux, ils ramènent 230 prisonniers, dont 4 officiers et 2 médecins (croquis n° 5).

*
* *

La nuit est relativement calme. Vers 4 heures du matin de forts détachements allemands tentent, sans succès, d'aborder nos lignes, qui restent intactes.

Nous sommes dans une situation solide, avec des vues sur l'Ailette et les entrées des grottes ; les chasseurs du 43ᵉ bataillon sont vengés.

Le butin est considérable : 304 prisonniers dont 9 officiers, 4 mitrailleuses, 5 mitrailleuses légères, 12 lance-bombes avec beaucoup de munitions, 300 fusils et équipements, un poste de secours complet et un matériel important.

En outre, nous tenons cette mystérieuse grotte du Dragon dont l'exploration fit connaître la remarquable installation. Les boches qui l'occupaient depuis 1915, avaient percé des

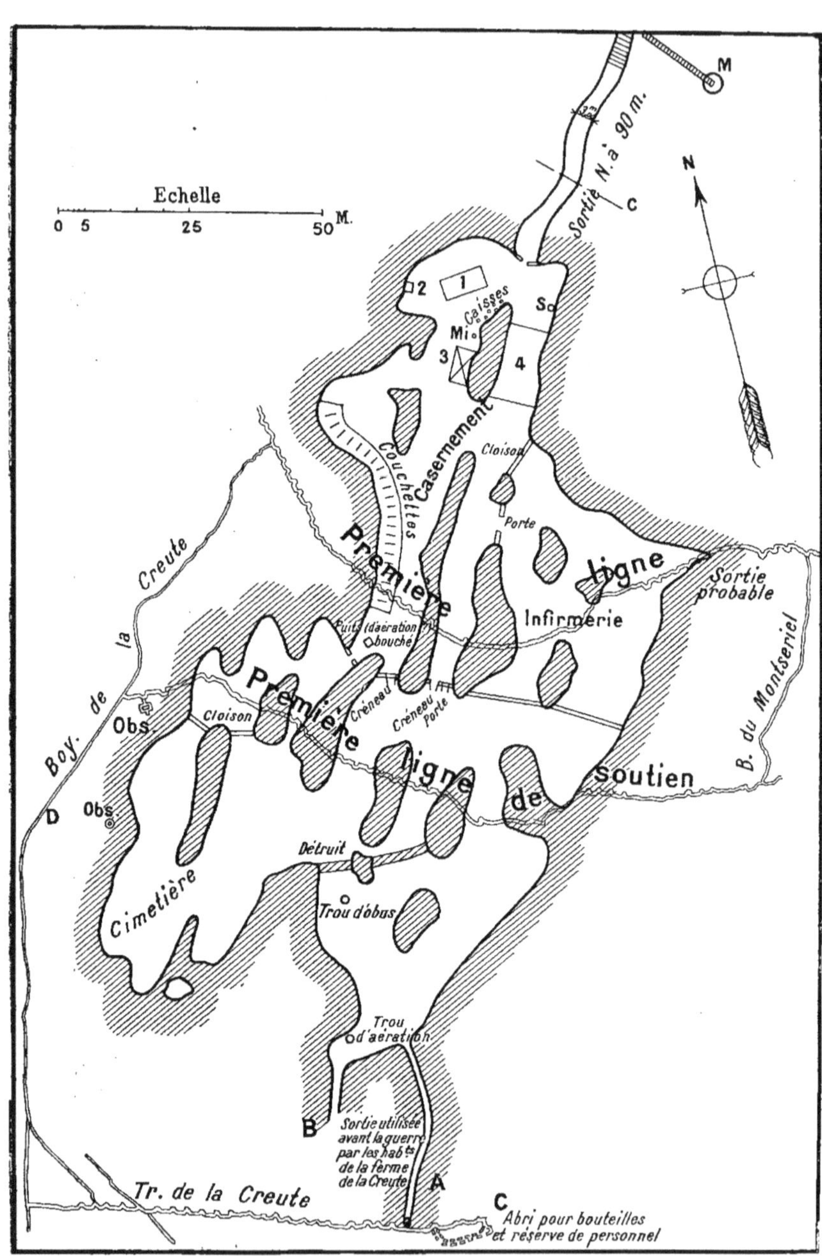

Croquis nº 6. — Croquis de la Drachenhöhle : A, entrée principale ;
B, C, entrées intermédiaires ; D, descente conduisant à l'intérieur de la creute.

tunnels pour la mettre en communication avec les pentes nord du Plateau, qu'ils pouvaient ainsi traverser à l'abri.

Dans cet immense labyrinthe de salles et de tunnels, qui pouvait abriter deux bataillons, ils avaient installé l'électricité partout, des casernements, chambres d'officiers, poste de secours, puits avec pompes, dépôts de matériel et de munitions.

Dans la partie sud ils avaient, depuis le 16 avril, construit un mur avec des créneaux, des mitrailleuses et des projecteurs.

Plusieurs puits permettaient d'aller directement de la grotte au plateau. La reconnaissance de cette caverne donnait la clef de plusieurs énigmes jusqu'alors insolubles.

A l'attaque du 16 avril, nos camarades s'étaient emparés du plateau, mais n'avaient pu s'y maintenir, mitraillés par les Allemands qui sortaient de terre de tous côtés, on ne savait d'où.

Le 25 juin au matin, nous n'avions pu comprendre comment les quelques centaines de mètres cubes de gaz que nous avions insufflées dans l'entrée sud, n'avaient produit aucun effet apparent. La capacité de la grotte très supérieure à nos prévisions avait déterminé une grande dilution. L'humidité en avait dissous beaucoup. Enfin, un médecin allemand, muni d'un poste spécial de secours contre les gaz, et *persuadé que nous en ferions usage*, avait tout mis en œuvre pour lutter contre leur action. De la sorte, les occupants en avaient assez absorbé pour être incapables de résister à une attaque, mais pas suffisamment pour en mourir ou pour se décider à fuir en masse par l'entrée nord, battue par nos mitrailleuses.

La perte était sensible pour les Allemands.

Nous leur supprimions des vues sur l'Aisne pour en prendre sur l'Ailette. On trouva sur un prisonnier l'ordre de prise de commandement du 21 juin, du général commandant la 14ᵉ D.I. allemande, qui, pressentant l'attaqué prochaine, attirait l'attention de ses troupes sur l'importance de la position et faisait appel à leurs sentiments d'honneur et de patriotisme pour qu'elles gardent à tout prix le terrain qui leur était confié.

L'opération avait été bien conçue, car les boches ne conservèrent même pas les moyens de réagir utilement. Ils couvrirent le secteur d'obus de tous calibres, lancèrent des reconnaissances plus ou moins fortes, mais sans grande conviction : ils durent « encaisser ».

La division avait continué dans la voie qu'elle s'était ouverte le 22 mai.

La journée du 25 juin valut la gloire à son chef et à ses troupes.

Ce fut d'abord le communiqué français du 26, consacré à l'opération. Il motiva l'ordre ci-après du général Gaucher :

164ᵉ D. I.
___

ÉTAT-MAJOR   P.C., le 27 juin 1917.
___

1ᵉʳ Bureau
___   *Ordre de la division n° 54.*

N° 9.684

Le communiqué français du 26 juin relate ainsi qu'il suit l'attaque exécutée le 25 au soir, par les troupes de la division :

« Hier en fin de journée, après une courte préparation d'artillerie, les troupes françaises ont prononcé une brillante attaque au nord-ouest d'Hurtebise, sur un éperon solidement organisé par les Allemands.

» Tous les objectifs des Français ont été atteints en quelques instants. La première ligne allemande est tombée au pouvoir des Français. Des contre-attaques allemandes, lancées aux deux extrémités de la position enlevée et appuyées par un violent bombardement, ont été brisées par les feux français. Les Allemands, surpris par la rapidité de l'attaque, ont subi des pertes élevées et ont laissé plus de trois cents prisonniers, dont 10 officiers, entre les mains des Français. »

Dans sa concision, le communiqué rend hommage devant tout le pays aux qualités qui ont assuré le succès de l'opération : élan des troupes du 152ᵉ, du 334ᵉ et des groupes francs des 152ᵉ, 213ᵉ, 334ᵉ et 41ᵉ B.C.P.

Il fait ressortir le rôle important de l'artillerie (A.C. - A.L. et A.T.) qui, avec le concours dévoué de l'aviation, par une préparation puissante et méthodique et par un accompagnement souple des progrès de l'infanterie, a largement contribué à ce succès.

Les bataillons qui ont fait l'attaque du 25 juin ont montré les mêmes qualités d'élan, de courage et de tenacité que ceux qui avaient si brillamment réussi le 22 mai, au plateau de Vauclerc. Ceux dont le tour d'attaque reste à venir y trouveront l'exemple qu'ils doivent suivre, pour se montrer dignes de leurs camarades et de leurs devoirs envers la France.

Il importe de ne pas oublier d'autres collaborateurs, plus modestes, qui ont également leur part sérieuse dans le succès : sections des compagnies 9/14 et 9/64 du génie, détachements de la compagnie Schilt 22/41, détachement de la compagnie Z 31/4. Eux aussi ont brillamment fait leur devoir avant, pendant et après l'attaque.

Le succès du 25 juin a infligé aux boches la correction qu'ils méritaient en réponse à leur attaque du 16, au cours de laquelle le 43ᵉ B.C.P., écrasé sous un déluge de torpilles, a tenu tête héroïquement malgré des pertes sérieuses.

Nous avons, le 25, repris le bout de terrain qu'ils nous avaient enlevé le 16, nous avons, de plus, conquis une large bande qui améliore considérablement nos positions et nous donne des vues chez eux. Nous sommes maîtres de la grotte du Dragon.

Leurs prisonniers sont unanimes à avouer les pertes considérables que leur avait causées notre feu : le nombre des prisonniers faits dépasse, à lui seul, les pertes de notre attaque.

A tous, merci au nom de la France dont la sécurité et l'avenir exigent que notre patience, notre courage et notre tenacité ne subissent aucun fléchissement pour conduire cette guerre, sans précédent, jusqu'à la fin qu'elle doit avoir.

Le général commandant la 164ᵉ division,

Signé : GAUCHER.

Puis vint une note du général Niessel, commandant le 9ᵉ C.A. :

NOTE

L'opération faite le 25 juin par la 164ᵉ division au nord-ouest de la ferme d'Hurtebise a très bien réussi ; je tiens à la faire connaître à toutes les troupes du C.A.

Le nombre des prisonniers faits à l'ennemi s'élève à 307 dont 9 officiers : comme dans les opérations du 9ᵉ corps en mai, il dépasse le chiffre total des pertes subies par les deux bataillons des 152ᵉ et 334ᵉ R.I. qui ont fait l'attaque.

En outre, on sait positivement par les déclarations de prisonniers, que les pertes de l'ennemi, en tués et blessés, ont été très élevées.

Ce succès prouve, à nouveau, qu'une opération montée avec soin, préparée dans tous ses détails et menée avec énergie et entrain, a pour elle toutes les chances de réussite.

Signé : NIESSEL.

Enfin, les félicitations du général commandant le groupe d'armées du Nord avec d'élogieuses transmissions des généraux commandant l'armée et le corps d'armée.

Comme couronnement, le 152ᵉ d'infanterie était cité pour la quatrième fois à l'ordre de l'armée avec le motif suivant :

Sous les ordres du lieutenant-colonel Barrard, a, le 22 mai 1917, enlevé d'un seul bond et en quelques minutes avec deux de ses bataillons le plateau des Casemates, et pris une centaine de prisonniers, faisant comme toujours preuve du plus bel entrain et de la plus belle énergie.

A, de nouveau, le 25 juin, pris part à l'attaque du plateau d'Hurtebise, atteignant ses objectifs d'un seul élan et contribuant à la prise d'une grotte où l'on a fait plus de 300 prisonniers.

Signé : DUCHESNE.

L'affaire fit du bruit. C'était sur le front français la première opération de détail heureuse depuis les mauvais jours d'avril, où l'on eût pu désespérer si l'on n'avait pas su que le cœur français a toujours des ressources contre les pires atteintes.

La presse s'en empara. Elle n'avait rien de beau à conter depuis longtemps et le nom s'y prêtait. Le service de l'information avait amené les reporters de guerre les plus réputés : ce fut un moment la célébrité.

Chacun voulait visiter la fameuse caverne et bien que l'excursion ne fut pas de tout repos, on y vint de partout.

La division avait terrassé le Dragon allemand : elle le prit pour emblème et s'appela désormais la division du Dragon.

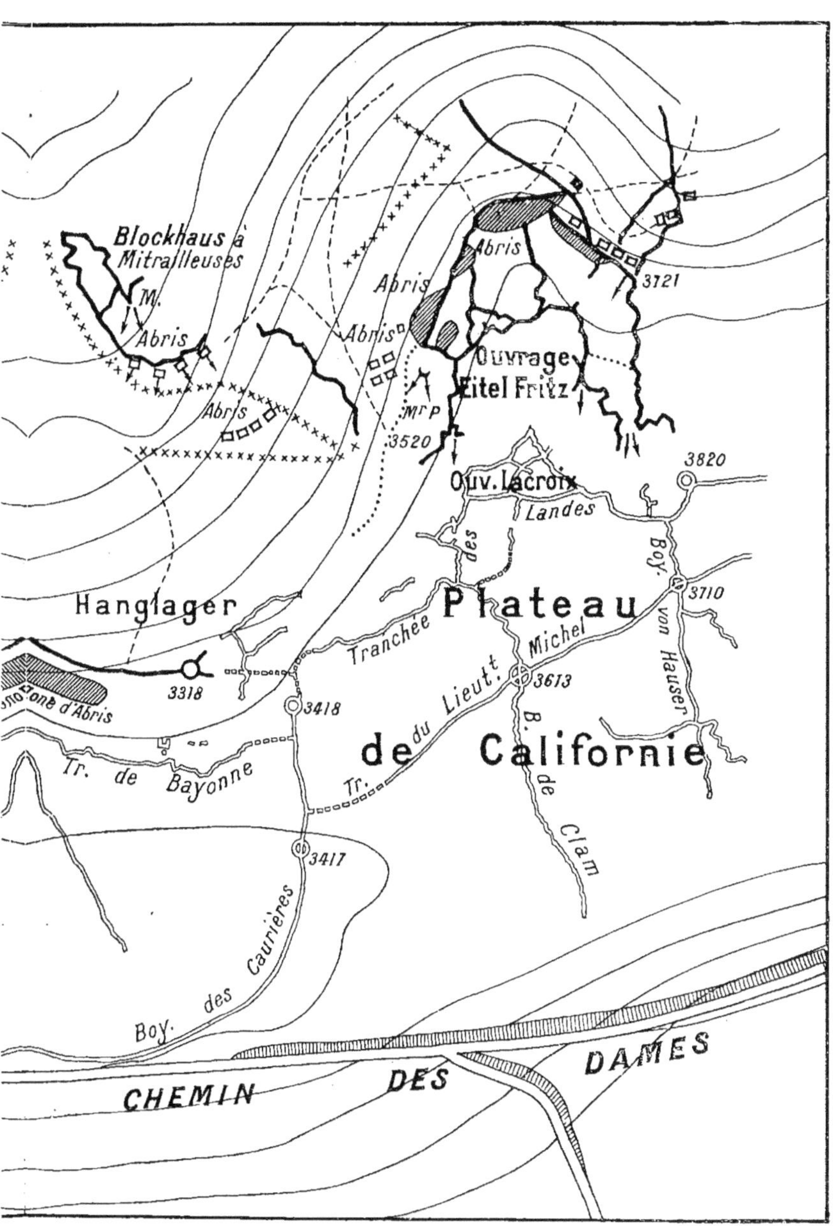

Croquis n° 7. — Le plateau de Californie.

VI. — LE CHEMIN DES DAMES

LE PLATEAU DE CALIFORNIE

Carte n° 2 et croquis n° 7.

Relevée du Monument, du 1ᵉʳ au 4 juillet, par la 17ᵉ D. I. (général Lancrenon), la division, moins l'artillerie, qui, selon l'usage, doublait la dose, se reposait depuis quinze jours dans la région de Chéry-Chartreuve (Q.G. au château de Chartreuve). Le colonel Barrard avec son drapeau, la musique et une compagnie avait été à Paris prendre part à la revue du 14 juillet où lui avait été remise la fourragère jaune que le 152ᵉ avait conquise avec sa quatrième citation.

Des plans de transport avaient été étudiés pour mettre la division au grand repos à l'arrière et *chacun le savait*.

Le 19 juillet, à 9 h. 45, parvenait un message de la Xᵉ armée :

« Division Gaucher sera maintenue dans ses cantonnements, prête à être alertée. »

A 11 h. 30, nouveau coup de téléphone : « Trois bataillons prêts à embarquer à 15 heures. »

A 13 heures : « La 164ᵉ division est mise à la disposition du général commandant le 9ᵉ C. A. »

Que s'est-il passé ?

Les Allemands ont vigoureusement attaqué le 9ᵉ C.A. sur le plateau de Vauclerc-Californie et repris en partie le terrain perdu au mois de mai.

Le 9ᵉ C. A. est épuisé, le corps colonial qui doit le relever est loin. Il faut jeter des éléments dans la bataille et attaquer pour ne pas laisser voir au boche qu'il n'a plus qu'à pousser devant lui.

La division, au lieu d'aller au repos, va reprendre le chemin de la fournaise avec la dure mission de reconquérir le terrain qu'elle avait, deux mois plus tôt, enlevé de haute lutte à l'ennemi, au prix de tant d'efforts et de sang versé.

Si haut était le moral des troupes de la division que les hommes s'embarquèrent en chantant.

Le 41ᵉ B.C.P. est transporté en auto à Maizy, le 213ᵉ à Revillon (E.-M.) et Glennes.

Le 152ᵉ est transporté le 20 juillet à Romain et Meurival.

Dans la nuit du 20 au 21, le 41ᵉ B.C.P. et le 213ᵉ R.I. font des reconnaissances et des relèves dans le secteur de la 18ᵉ D.I.

Le 41ᵉ B.C.P. et le bataillon Marnet du 213ᵉ sont en ligne entre la Californie et le moulin de Vauclerc.

Le bataillon Piollet du 213ᵉ est en réserve au trou du Sergent-Major (500 m. nord de Craonnelle).

Dans la journée du 21, le 43ᵉ B.C.P. qui avait été antérieurement transporté à Brasles près de Château-Thierry pour y assurer un service d'ordre, est ramené en auto à Maizy.

Le 334ᵉ est poussé à Blanc-Sablon pour entrer en ligne dans la nuit. Toute l'infanterie de la division et les deux compagnies du génie sont à la disposition de la 18ᵉ D. I.

La situation est sérieuse.

Le 19, vers 7 heures, la 18ᵉ D.I. a été attaquée et a perdu tout le terrain entre la Californie et les Casemates jusqu'aux tranchées des Sapinières et Von Fett où les Allemands ont même pris pied, aux carrefours des boyaux Neckar et des Caurières.

Après la relève opérée dans la nuit du 20 au 21, autour de cette poche, par le 41ᵉ B.C.P. et le bataillon Marnet, du 213ᵉ, l'ennemi avait soufflé une journée, pour repartir à l'attaque le 22, à 4 h. 30. Le bataillon Marnet, dont c'était le premier engagement sérieux, fut superbe. La compagnie de droite tint sur place sans perdre un pouce de terrain. La compagnie de gauche, découverte par un recul de l'élément à sa gauche qui laissa pénétrer l'ennemi dans le saillant de Gérardmer, fut enveloppée et détruite, ainsi qu'une section du 41ᵉ B.C.P. Ces éléments se firent écraser sur place, mais ne cédèrent pas.

A partir de 8 heures, la pression de l'ennemi s'accentue, le combat est acharné. Après des fluctuations, le 213ᵉ parvient à reprendre la majeure partie de la tranchée de Gérardmer.

La lutte est dure. Le boche fait des attaques de grand style, avec une artillerie formidable et ne risque son infanterie qu'après un écrasement complet de l'adversaire. Sitôt arrêtée, cette dernière déploie devant elle des réseaux Brun. Nous sommes dans un terrain chaotique, sans communications, avec une artillerie réduite à peu près exclusivement au 75.

La 18e division (général Dillemann) a l'ordre d'attaquer à fond pour reprendre le terrain perdu. Mais avec des moyens pareils, c'est le massacre certain, sans gain possible.

Le 21, à la suite d'une reconnaissance menée avec courage et un calme admirable par le capitaine Bellanger, le général Dillemann renonce à attaquer de suite ; on lui a donné l'infanterie de la 164e division avec une mission de sacrifice, mais encore faut-il que les pertes ne soient pas inutiles.

Le général Dillemann donne au colonel de Combarieu le commandement de l'infanterie sous ses ordres.

La mission de la 18e division est de tenir à tout prix avec les éléments engagés, en évitant de dépenser les éléments réservés avec lesquels une attaque sera montée le plus tôt possible pour reprendre les plateaux.

L'opération est préparée pour le 24 juillet. Elle sera menée par :

Le 334e R.I. : 2 bataillons aux ordres du colonel Belhumeur, du bord est du plateau au boyau de Clam inclus.

Objectif final : ouvrage Eitel-Fritz.

Le 41e B.C.P. : du boyau de Clam exclu au méridien 2131.

Objectif : tranchée de Bayonne et des Landes.

Le 213e R.I. : du méridien 2131 à 100 mètres à l'est du boyau de Neckar.

Objectif : tranchée de Troyes.

Ces deux corps, aux ordres du colonel Laucagne, commandant le 213e R.I. où il a remplacé le colonel d'Assigny, appelé à un autre commandement.

Le 152e R.I. : 4 compagnies, de 100 mètres à l'est du boyau Neckar au boyau Damade (inclus).

Objectif : tranchée de Troyes et saillant de Gérardmer.

Le 90e R.I. : 1 bataillon, du boyau Damade (exclu) à la tranchée de Gérardmer (incluse).

Objectif : tranchée du Kronprinz et de Gérardmer.

Ces deux derniers éléments sous les ordres du colonel Barrard.

Le 43e B.C.P., en ligne à Craonne, installera une ou deux sections de mitrailleuses au point 4119 et si possible un canon de 37 pour couvrir le 334e.

Après une préparation d'artillerie réduite à très peu de chose, tant par suite de la pauvreté en moyens que par suite de la nécessité de mettre de notre côté le bénéfice de la surprise, l'attaque part à 4 h. 15.

Après des alternatives diverses d'un combat très rude où tous les éléments atteignent leurs objectifs les plus éloignés sans pouvoir en conserver la possession dans la partie centrale, la ligne définitive s'établit :

Tranchée du Béarn, tranchée des Landes, 3720 - 3718, tranchée du lieutenant Michel, tranchée Von Fett et des Sapinières, boyau du Neckar, boyau du Talus, boyau Bidault.

Les pertes sont très élevées, surtout en officiers.

Au bataillon Thiery, du 152ᵉ, tous les officiers sont tués ou blessés.

A partir de 10 heures, le bombardement allemand se fixe sur la ligne occupée et se maintient très violent. Vers 14 heures, il prend l'allure d'une préparation d'attaque.

A 16 h. 30, les Allemands débouchent en force, face à la tranchée des Landes et à la tranchée du Béarn et nous forcent à nous replier sur la crête, à peu de distance au sud.

Les éléments du 334ᵉ, déployés à la crête dans les trous d'obus, renforcés par quelques éléments encore disponibles, appuyés de flanc par une mitrailleuse restée en position dans la première ligne du saillant de Béarn, enlevés par leurs officiers, dont plusieurs, quoique blessés, restent à leur poste, parviennent à refouler les assaillants et la ligne est rétablie à 18 h. 30.

Le 26 au matin, les Allemands contre-attaquent encore mais ne peuvent aborder nos lignes.

Ils sont obligés de renoncer à la possession du plateau.

Le 1ᵉʳ corps colonial est arrivé et, le 25 au soir, commence la relève qui se termine dans la nuit du 26 au 27.

*
* *

Tant par étapes que par transports, la division, moins son artillerie qui reste encore engagée, est réunie le 28 juillet au sud de la Marne ; quartier général à Igny-le-Jard.

Bien que les troupes de la 164ᵉ division aient été engagées pour le compte d'une autre grande unité, la division du Dragon peut revendiquer hautement la gloire de s'être sacrifiée, dans un moment critique pour rétablir une situation grave.

Elle a relevé, à la crête militaire sud du plateau, des troupes épuisées que l'ennemi allait, d'un dernier effort, jeter dans les fonds de Craonne et après avoir bousculé le boche jusque sur les pentes nord elle a passé à ses successeurs une situation nette sur une ligne bien définie, à la crête militaire nord.

Les pertes, hélas, sont lourdes, aussi élevées dans cette dernière échauffourée que dans l'ensemble des deux premières attaques.

La division laisse au Chemin des Dames de nombreux morts qui reposent dans la terre française qu'ils ont reconquise.

Elle a perdu en tout : 86 officiers et 3.123 hommes de troupe.

Après ces grandes épreuves où tous ont donné leur mesure, côte à côte, la division du Dragon est vraiment devenue une unité. Chefs et soldats se connaissent et s'estiment ; son chef peut tout lui demander. Il lui exprime ses remerciements et lui apporte le tribut d'admiration de tous, dans son ordre du 28 juillet :

Au moment où, après deux séjours de vingt jours en première ligne, marqués par les beaux succès du 22 mai et du 25 juin, la division allait être ramenée à l'arrière, elle a dû de nouveau, sous la pression des événements, être engagée précipitamment pour faire face à une furieuse attaque allemande, dont la violence rappelle celle des batailles de Verdun.

Son intervention a permis de rétablir une situation compromise.

Une fois de plus elle a fait reculer le Boche.

Tous les corps sans exception y ont fait preuve du plus bel entrain, d'un moral élevé, d'un cran et d'un esprit de devoir qui honorent grandement les hommes qui les composent et les cadres qui les conduisent.

Pour la première fois, le 213e a participé à une action de guerre importante et il a montré les brillantes qualités que son rôle, modeste jusqu'à ce jour, ne lui avait pas permis de mettre en valeur.

Le général commandant l'armée a dit au général commandant la division combien il était satisfait des services rendus par la 164e division. Il lui a dit aussi combien il avait admiré l'entrain avec lequel étaient remontés, le 19 juillet, les trois premiers bataillons de la division embarqués en auto (213e R.I. et 41e B.C.P.).

Cette satisfaction de nos chefs qui ont la garde des intérêts de la Patrie, jointe à celle que nous devons avoir du devoir accompli, constitue notre meilleure récompense des sacrifices consentis pour la défense de notre sol envahi.

La 164e division s'est taillée sur l'Aisne une belle part de gloire.

Le général commandant la division est fier d'avoir été placé à la tête de pareilles troupes.

Signé : GAUCHER.

Le même jour, le général Niessel adressait au général de division ses adieux dans la lettre suivante :

La reprise de la grotte du Dragon avait, dès le début de notre collaboration, affirmé à nouveau la valeur offensive de votre superbe division ; sa résistance acharnée sur le plateau de Californie depuis le 22 mai, et ses brillantes contre-attaques montrent qu'elle sait, aussi bien et quand il le faut, s'accrocher au terrain qui lui est confié.

Au nom du 9e corps d'armée, je vous prie d'être son interprète près de ses camarades de la 164e division pour leur dire : merci, et aussi « au revoir ».

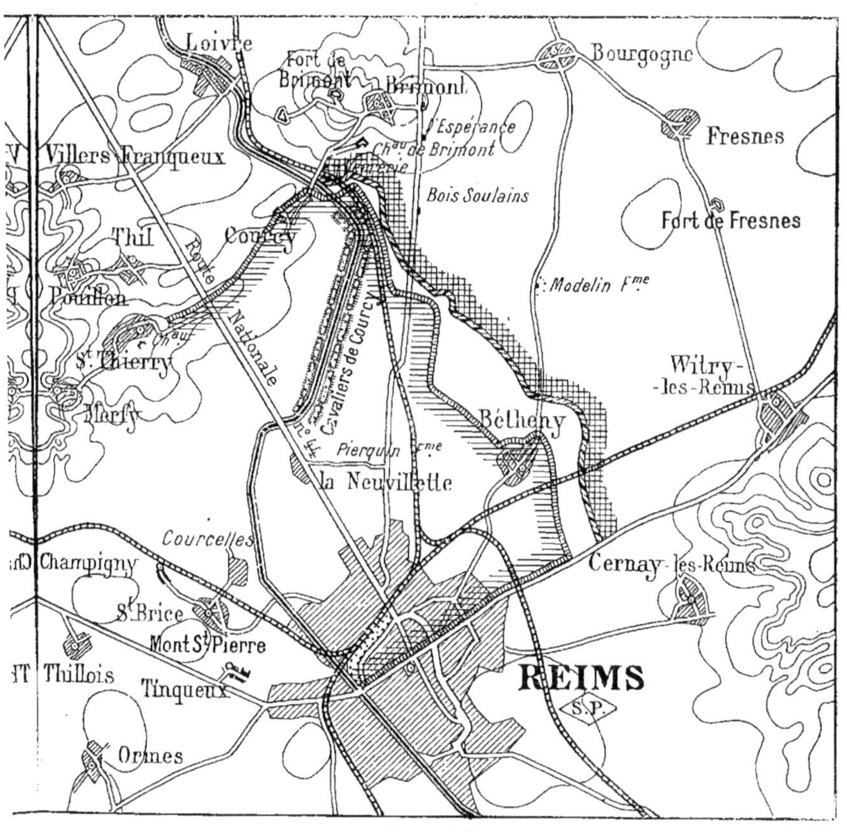

Carte n° 3.

VII. — ORBAIS - L'ABBAYE ET REIMS

(Carte n° 3)

La division passe la première quinzaine d'août au repos, un repos bien gagné ; il y avait fort à faire pour remettre de l'ordre dans le personnel comme dans le matériel.

Après avoir passé quatre jours dans la région d'Igny-le-Jard, elle fait des mouvements partiels pour venir se grouper en de bons cantonnements dans la région d'Orbais-l'Abbaye, où le quartier général s'installe le 2 août.

L'artillerie ne vient la rejoindre que le 5 août, retour du Chemin des Dames.

La division est rattachée au 7° C.A., Q.G. à Epernay, auquel elle vient d'être affectée organiquement après avoir été jusque là division isolée.

Le 3 août, est annoncée la visite du général commandant en chef. On prépare une revue, mais en raison du mauvais temps, le général commandant en chef la décommande et il est seulement reçu par des détachements de tous les corps, avec les drapeaux et fanions sur la place d'Orbais.

A la demande du général Gaucher, il remet la croix de la Légion d'honneur au capitaine Thuilleaux, commandant la batterie de tranchée de la division, dont les actes d'héroïsme ne se comptaient plus. Tout le monde applaudit à cette décoration et ce fut merveille de voir l'air heureux des braves bombardiers de la batterie : eux savaient mieux que personne comment cette croix avait été gagnée.

Le général Pétain reçoit ensuite tous les officiers disponibles de la division, qui avaient été rassemblés à Orbais. Il leur dit sa satisfaction et la reconnaissance du pays pour la belle conduite de la division dans la bataille d'où elle sortait. Il sait par sa parole calme, empreinte d'une finesse pénétrante, par son regard clair et droit, emporter la confiance de tous.

Le repos ne devait pas être de longue durée, le 17 août la division est transportée en camions et par voie de terre dans la

région de Reims où elle est mise à la disposition du 34ᵉ corps
pour relever en secteur la 167ᵉ D.I. et, à sa gauche, une fraction de la 157ᵉ D.I.

La relève commencée dans la nuit du 18 au 19 août se termine sans incidents le 20 août.

*
* *

A midi, ce même jour, le général Gaucher prend le commandement du secteur, quartier général et poste de commandement à Champigny.

Secteur calme où amis ni ennemis n'ont aucun désir d'attaquer et où les seules manifestations d'activité seront quelques
coups de main montés à tour de rôle par le boche et par nous,
sans autres intentions que de contrôler l'ordre de bataille par
la capture d'un prisonnier, généralement introuvable, d'ailleurs.

Le secteur est assez bien organisé, avec des tranchées profondes, des abris confortables et en général suffisamment résis-
tants. Les défenses accessoires sont plus abondantes que solides.

La partie droite du secteur est dans la plaine de Bétheny,
depuis le sud-est du village jusqu'à l'extrémité nord-est des Cavaliers de Courcy, où s'est créé un point de friction assez sensible. Dans toute la plaine, lignes ennemies éloignées, mers
de fil de fer de part et d'autre.

Dans la partie gauche du secteur, les lignes françaises et
allemandes sont face à face sur les deux rives du canal jusqu'au village de Courcy où se fait la liaison avec la 157ᵉ D.I.

En somme, situation qui permettra aux troupes de la division de compléter le repos trop court qu'elles ont pris au sud
de la Marne.

Deux sous-secteurs :

a) Sous-secteur nord : P.C. Chicane.

2 bataillons en ligne : quartier Yser (P.C. Yser) ; quartier
R.V.F. (route voie ferrée) ; P.C. Bruges.

Ces deux P.C. aux extrémités d'une passerelle dans les Cavaliers de Courcy.

2 bataillons en réserve de sous-secteur.

P.C. Courcy (ce bataillon ayant une compagnie dans la partie
sud-est de Courcy).

P.C. Verrerie (à l'usine de la Neuvillette).

b) Sous-secteur sud : P.C. C.B.R.

2 bataillons en première ligne : quartier Bétheny (P.C. Bétheny) ; quartier Aviation (P.C. Aviation).

Réserves : de division : 1 bataillon P.C., village Nègre (est de la ferme Pierquin) ; du C.A. : 2 bataillons à Saint-Brice et Tinqueux.

Le général de division dispose comme artillerie :

1° De 17 batteries de 75, dont l'A.D./164, un groupe d'A. D./45 et 4 batteries des A.C. 7 et 31.

2° D'un groupement d'A.L.C. (2 batteries 155 C.S. - 1 batterie de 220).

3° De deux batteries de 58 (111/9 et 121/59).

*
* *

Pendant les premières semaines, la division, comme les gens heureux, n'a pas d'histoire.

En secteur, on remue la terre, on clayonne, on pose des caillebotis. On tend aussi, de ci de là, quelques embuscades dans la zone neutre, mais le boche reste en général chez lui. Il manifeste de temps à autre sa présence par quelque concentration de torpilles ou d'obus à gaz, sans se montrer de sa personne.

Mais on ne reste pas inactif dans les états-majors. Le commandement, a, comme toujours, besoin de prisonniers pour fixer l'ordre de bataille ennemi. La division reçoit l'ordre de préparer deux coups de main. Le secteur ne s'y prête pas beaucoup : à droite, les lignes sont trop éloignées ; à gauche, le canal n'est guère franchissable. Il n'y a que deux points possibles : le saillant ennemi à cheval sur la voie ferrée Reims-Rethel, dans le quartier Bétheny et le saillant des tranchées Hindenburg et Cransée, dans le quartier R.V.F. avec le réseau de postes en avant de ce saillant (tranchée de Minden).

Les chances de réussite sont d'ailleurs médiocres, l'épaisseur des réseaux n'en permettant pas une destruction assez rapide pour ne pas attirer l'attention.

Entre temps, le 24 août, nous exécutons sans résultat intéressant une concentration de feux d'artillerie sur l'ouvrage Posen, au nord de Bétheny où les reconnaissances et photos d'avions ont permis de déceler l'existence de travaux suspects, ressemblant à un dispositif de bouteilles à gaz, l'épouvantail de tous les secteurs plats et calmes.

Après diverses études et discussions, c'est le coup de main Hindenburg - Cransée qui a les faveurs. Comme nous sommes en secteur tranquille on fait autant et plus de projets et de correspondance que pour une offensive de grand style.

Enfin, tout est arrêté, et le coup de main ordonné pour le 5 septembre, à 21 h. 30, sous le commandement du colonel Barrard qui commande le sous-secteur nord.

L'artillerie coupe les réseaux, pilonne le secteur boche, et place à l'heure dite un encagement autour du terrain à fouiller.

Les groupes francs du 152ᵉ, du 43ᵉ B.C.P. et de l'escadron divisionnaire, sous le commandement du lieutenant Mermet, sortent avant l'heure et se tapissent dans les premiers réseaux allemands, prêts à bondir. A l'heure fixée ils s'élancent, franchissent les brèches mais se heurtent à des réseaux qui ont échappé à la destruction, étant à contre-pente, et sont pris sous des feux de mitrailleuses et de mousqueterie.

Le lieutenant Mermet et le sous-lieutenant Boireau longent les réseaux sous un feu nourri sans pouvoir trouver de passage. Le lieutenant Mermet donne alors le signal du retour.

Le groupe de cavaliers a trouvé une brèche incomplète mais suffisante et a pu passer. Il fouille les tranchées boches où il ne trouve personne, ni aucun vestige permettant une identification. Pris par le tir de barrage très violent de l'artillerie allemande, il est obligé de se terrer et ne peut rentrer qu'après 22 h. 30, quand le calme est rétabli.

Ce coup de main nous coûte 8 blessés dont deux graves et une grosse consommation de munitions. En outre, le commandant de Barbeyrac est blessé et évacué.

Et la vie de secteur continue.

Le 18 septembre, c'est le tour du boche de nous rendre visite.

Il avait déjà bombardé très violemment, le 17, notre saillant de la route de Neufchâtel et en même temps la droite du secteur, vers la limite, avec la 58ᵉ division.

Le 18, entre 5 et 6 heures du matin, il attaque violemment le saillant de Neufchâtel et y pénètre. Les chasseurs du commandant Michelin sont là. Un combat corps à corps s'engage dans la tranchée de Stendhal. Les Allemands sont rejetés hors de nos lignes, laissant entre nos mains trois tués et deux blessés. Ce sont eux qui nous ont fourni les renseignements que nous cherchions.

Malheureusement les pertes sont élevées.

Le 43ᵉ B.C.P. a perdu 1 adjudant, 2 sergents, 1 caporal et 17 chasseurs blessés, 3 chasseurs tués et 4 disparus.

Le 24 septembre, le 43ᵉ B.C.P. a encore à souffrir ; les Allemands exécutent le soir un tir à obus toxiques très rapide sur les travailleurs qui posaient des réseaux en première ligne : 35 hommes sont sérieusement intoxiqués ; l'un d'eux mourut et pendant plusieurs jours de nombreux chasseurs furent indisponibles des suites de l'intoxication.

*
* *

Le 23 septembre, se présentait au général, le lieutenant-colonel Kiffer, commandant le 133ᵉ R.I.

Il devançait de 24 heures son régiment qui arrivait à la division pour en faire organiquement partie, à la place du 213ᵉ R.I. dissous.

C'était le régiment de Belley. Il avait combattu dans les Vosges jusqu'en 1916 pour prendre ensuite une part magnifique à l'offensive de la Somme et à celle du 16 avril 1917 devant Brimont.

Sa notoriété n'était peut-être pas très grande, mais ses chefs le connaissaient bien et le général de Maud'huy, après Metzeral et la Fontenelle, lui avait donné le nom de régiment des Lions du Bugey. Quand il attaquait une position et qu'il ne parvenait pas à l'enlever du premier coup, il ne se décourageait pas ; il y revenait jusqu'à ce qu'il la tînt.

Il était digne de ses camarades de la division du Dragon : il devait le montrer bientôt.

Le 213ᵉ avait eu une carrière plus modeste mais il finissait en beauté. Jeté en pleine bataille sur le plateau de Californie, il avait arrêté le boche dans un élan furieux et tenu héroïquement dans une situation presque désespérée.

Le général commandant la division lui adresse le 18 septembre, un ordre d'adieu :

Au moment où le 213e est appelé à quitter la division, le général commandant la division exprime à ses officiers, sous-officiers et soldats, ses regrets de se séparer d'eux.

Tant en Alsace que sur l'Aisne, le 213e a toujours bien rempli les missions qui lui ont été confiées et en juillet dernier, sur le plateau de Californie, il a su, dans des circonstances difficiles, se faire spécialement remarquer par un corps d'une autre division qu'il est venu soutenir.

Le général commandant la division voit partir avec émotion des camarades de combat à côté desquels il a vécu depuis la formation de la division.

Il leur souhaite à tous bonne chance.

Le 24 septembre, le régiment quittait la division pour aller cantonner à Ay, d'où il devait être dispersé.

*
* *

Le commandement avait encore besoin de prisonniers et un nouveau coup de main fut monté sur le saillant de la voie ferrée, devant Bétheny. L'opération parfaitement préparée par le colonel Belhumeur qui en avait le commandement et exécutée le 1er octobre par les groupes francs du 334e et de l'escadron divisionnaire fut une fois de plus sans résultat.

Cette fois, les brèches étaient parfaites. Les groupes d'attaque se promenèrent littéralement dans les lignes boches, mais n'y trouvèrent personne, ni rien d'utile. Heureusement le coût de l'opération se limita à la consommation de munitions ; il n'y eut pas de pertes, sauf un blessé léger.

Le 11 octobre, nouvelle tentative sans plus de succès sur le point 0956 (région de la tranchée Hindenburg). Pas de préparation d'artillerie, brèches pratiquées par le génie avec des charges allongées. Encagement brusque à l'heure de l'opération. Tout joue parfaitement, mais l'ennemi a évacué : aucun résultat.

Entre ces deux opérations, la division avait reçu un noble hôte. Le général avait invité à déjeuner, le 7 octobre, le cardinal Luçon qui commandait, au spirituel, le secteur de la division. Il restait à son poste sans souci des obus, changeant de maison quand la sienne tombait.

Avec le docteur Lenglet, le maire de Reims, c'était auquel des deux resterait le dernier à son poste.

*
* *

Le 16 octobre la division est relevée par les troupes de la

134ᵉ division et part pour prendre un peu de repos dans la région de Damery sur la Marne.

Le général Gaucher passe, à 10 heures, le commandement du secteur au général Baratier qui devait, le lendemain, mourir d'une embolie, au cours d'une tournée dans les tranchées ; le grand soldat aurait pu espérer une autre fin.

Au même moment, le 334ᵉ R.I. quittait la division pour passer à la 97ᵉ division.

C'était une perte que le départ de ce bon régiment, commandé par un chef à qui, son calme, son énergie, sa bravoure personnelle donnaient une autorité indiscutable.

Le général commandant la division lui adresse, le 15 octobre, ses adieux par la voie de l'ordre :

Par décision du général commandant en chef, le 334ᵉ R.I. est affecté à une autre division.

C'est avec regret que le général commandant la 164ᵉ division se sépare de ce corps solide, discipliné et animé de l'esprit du devoir qui, après avoir eu des heures glorieuses en Alsace en 1914-1915 et 1916 avait, cette année, brillamment donné au Chemin des Dames, la mesure de ce qu'il était capable de faire.

La citation à l'ordre de l'armée qui a récompensé sa vaillance est un titre de noblesse qui lui donne le droit de se présenter fièrement à sa nouvelle division ; sous l'impulsion éclairée, bienveillante et ferme de son chef, le lieutenant-colonel Belhumeur, et de ses excellents officiers, il saura y acquérir de nouveaux titres à la reconnaissance du pays.

A tous, officiers, sous-officiers, caporaux et soldats du 334ᵉ, le général commandant la division adresse avec ses adieux, l'expression de sa reconnaissance pour le passé et ses meilleurs souhaits pour l'avenir. Il est certain de se faire, en cette circonstance, l'interprète de tous les corps de la division.

Par ordre du 28 août, le 41ᵉ B.C.P. avait été cité à l'ordre de l'armée avec le motif suivant :

A, du 1ᵉʳ au 6 mars 1915, repoussé de violentes attaques allemandes à la Chapelotte et à la carrière de Bremenil. Le 19 octobre 1916, sous les ordres du commandant Leduc, s'est emparé de la tranchée de Batack et de la portion nord du village de Sailly, dont il a maintenu intacte l'occupation, malgré de violents bombardements et des contre-attaques ennemies. Dans les combats de l'Aisne en 1917, a fait preuve de belles qualités offensives et d'une belle énergie, en coopérant victorieusement, le 22 mai, à l'attaque du plateau des Casemates et le 25 juillet à celle du plateau de Craonne.

Par ordre du 29 août, le 334ᵉ R.I. avait été cité à l'ordre de l'armée avec le motif :

Appelé, sous les ordres du lieutenant-colonel Belhumeur, à occuper dans des circonstances très difficiles un secteur violemment bombardé, a remarquablement exécuté son mouvement, malgré les efforts répétés de l'ennemi. Le 24 juillet 1917 a brillamment attaqué et atteint, après de durs combats, la majeure partie de ses objectifs, reprenant la presque totalité du terrain enlevé les jours précédents par l'ennemi. A conservé les positions conquises, malgré deux violentes contre-attaques ennemies.

Avait déjà brillamment coopéré à la prise du plateau des Casemates (22 mai) et de la grotte du Dragon (25 juin).

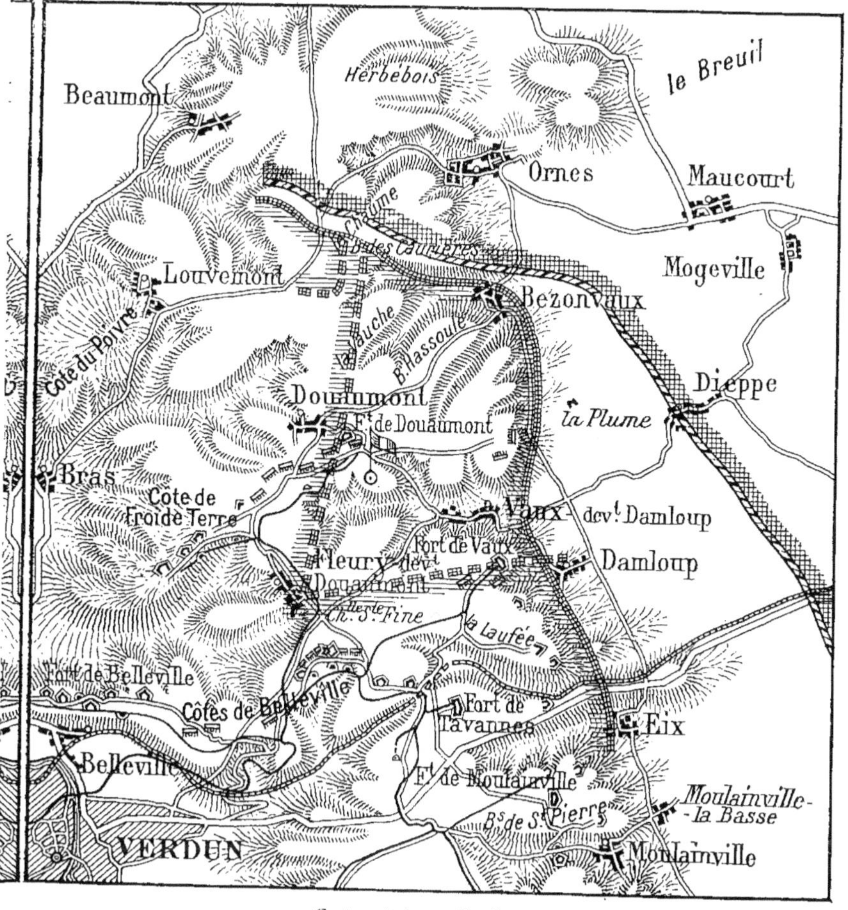

Carte n° 4. — Verdun.

VIII — DAMERY - VERDUN

(Carte n° 4. Croquis n° 8.)

La division se repose quinze jours dans la région de Damery. Elle y reçoit le 22 octobre, le 59° B.C.P., une des bataillons du célèbre groupe du colonel Driant qui reçut le premier choc de la grande bataille de Verdun. Le bataillon était commandé par le commandant Grosjean. En même temps, était constitué le 13° groupe de chasseurs, réunissant les 41°, 43° et 59° bataillons. Le commandement en était attribué au lieutenant-colonel Dussauge, officier remarquable, dont les qualités de commandement, l'intelligence supérieure et la bravoure personnelle allaient faire rendre leur maximum aux excellents bataillons placés sous ses ordres.

Il paya de sa personne pendant toute la fin de la guerre, jusqu'au delà de l'extrême limite de ses forces et il mourut d'épuisement quelques jours après l'armistice, sans gloire peut-être dans l'histoire, mais non dans la mémoire et dans le cœur de ceux qui l'ont vu à l'œuvre, de ses bataillons et de ses chefs.

*
* *

Le 1er novembre, la division est transportée, par camions, les éléments montés suivant par voie de terre, dans la région de Dampierre-le-Château où elle est regroupée le 3 novembre. C'est la première fois qu'on expérimente le transport des cuisines roulantes, voitures et attelages, sur camions.

Le même jour, 4 bataillons sont enlevés en camions autos pour commencer la relève des éléments de la 37° division, engagés à Verdun, sous les ordres du 2° corps colonial.

Le 4, 3 nouveaux bataillons sont transportés et les éléments qui font route par voie de terre vont cantonner dans la région de Rembercourt-aux-Pots où vient le quartier général.

Le 5, le quartier général s'installe à Haudainville, entouré par les éléments non combattants. Le C.I.D. est transporté à Velaines (sud de Bar-le-Duc).

Ornes
le Chaume
les Fosses
353
Ravin de la Chartenne
Bois des Caurières
Tr. des Ardennes
Tr. Vercingétorix
la Barvichate
les Chambrettes
Tr. du Verger
Hermitage
Fond des Rousses
248
Anc.n Moulin
261
Bezonvaux
Cote 347
ferme
Murecourt
Ouvrage
de Bezonvaux
Bois
338
Hassoule
Fond du Loup
Ravin du Pré
347
Carrière Nord S.e
Bois d'Hardaumont
Ravin du Muguet
Carrière Sud S.e
Ouvr. 346
Bois de
la Plume

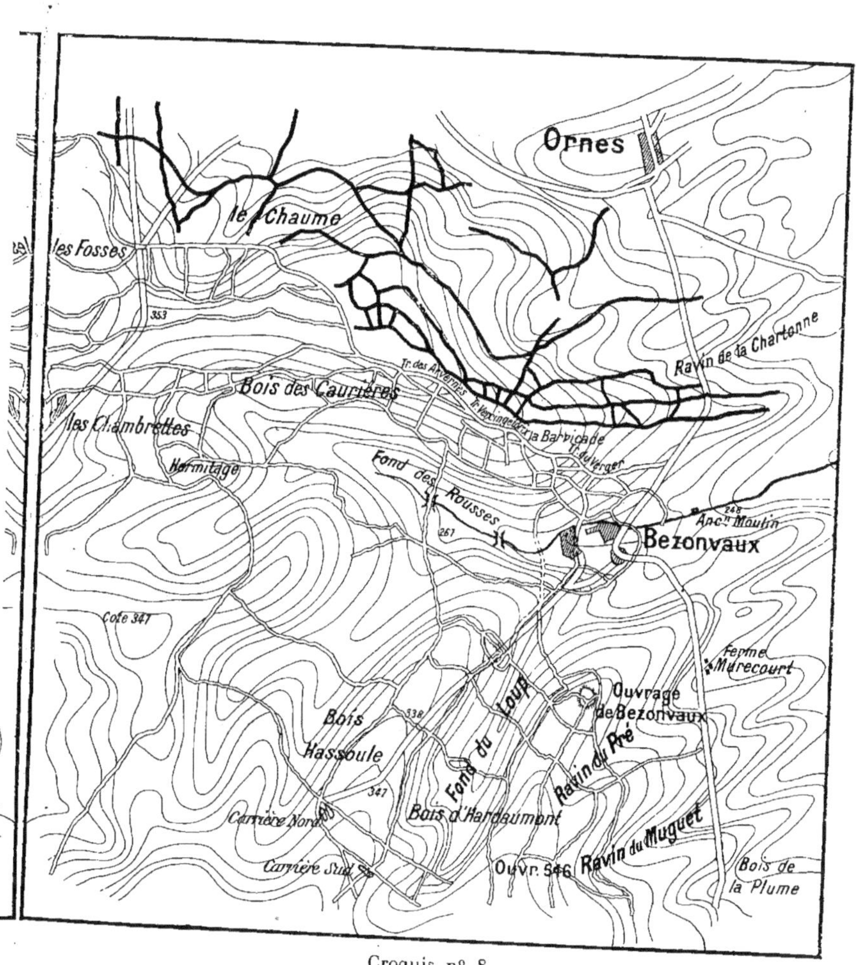

Croquis n° 8.

Le 6 la relève terminée, le général Gaucher prend, à 8 heures le commandement du secteur au P. C. Normandie, au confluent du ravin de La Caillette avec le ravin du Bazil.

*
* *

Le secteur que prend la division ne ressemble en rien à celui de Reims. Il se compose de deux parties très différentes :

1° Sous-secteur nord dit sous-secteur des Rousses, comprenant le village de Bezonvaux et la croupe nord-ouest, dite croupe d'Hassoule.

2 bataillons en ligne : quartier Hassoule, quartier Village.

1 bataillon en réserve de sous-secteur : P.C. Montmorency (4213).

Terrain dix fois pris et repris ; bouleversé, couvert de débris matériels de toutes sortes et de restes humains, inondé jour et nuit d'obus de tous calibres et d'obus à gaz. C'est un séjour d'enfer. Peu ou point d'abris, qui sont démolis sitôt construits. Pour aller en première ligne, deux passerelles obligatoires, traversant le fond des Rousses, derrière la croupe d'Hassoule, marmitées sans arrêt et reconstruites plusieurs fois par jour. Les premières lignes, à la crête, sont écrasées d'obus et de torpilles et s'approchent des lignes allemandes au point de ne pouvoir, en certains points, y faire de réseaux.

2° Sous-secteur sud : dit sous-secteur Hardaumont-Vaux.

Trois bataillons en première ligne.

Quartier des Ravins et quartier Plume, sur la croupe d'Hardaumont.

De ce côté l'avant est très calme, le boche loin dans la plaine ; on peut y construire des boyaux et des abris ; c'est un repos pour les occupants.

Les arrières sont très bombardés, les positions de batterie, les postes de commandement de la division et de l'infanterie divisionnaire reçoivent des rations plus que quotidiennes de projectiles de tous calibres et de toute nature. Les visiteurs passent rarement la région de la Chapelle-Sainte-Fine sans être salués par un coup de canon.

Verdun n'a pas changé. Pour ceux qui y sont déjà venus,

et ils sont nombreux, c'est la même impression de cataclysme,
le même paysage lunaire. Le boche n'a pas changé lui non
plus, malgré le sang versé et les échecs répétés, malgré les
défaites de la fin de 1916 et d'août 1917, il veut toujours Verdun et à chaque instant il déclanche quelque furieuse attaque
sur un point quelconque du grand champ de bataille.

*
* *

Notre artillerie est inférieure en nombre à celle de l'adversaire, mais suffisante pour une situation défensive :

Artillerie de campagne : cinq groupes divisés en deux groupements correspondant à chaque sous-secteur ; trois groupes
plus une batterie au sous-secteur des Rousses; cinq batteries au
sous-secteur Hardaumont-Vaux. Missions de barrage.

Devant le sous-secteur sud, en raison de l'étendue de son
front, par ordre du général Gaucher, les batteries sont organisées de façon à pouvoir donner un barrage éventuel de cinq
batteries devant chacun des quartiers, au lieu de barrages nor-
maux trop dispersés sur l'ensemble du front.

Artillerie lourde courte : 1 groupe de 155 Saint-Chamond.

Mission de harcèlement des points sensibles devant le sous-
secteur des Rousses.

*
* *

A l'entrée en secteur, le 152e occupe le sous-secteur des Rousses, le colonel Barrard au P.C. Lorraine, un peu à l'est du fort
de Douaumont.

Les chasseurs occupent le sous-secteur Hardaumont-Vaux
sous le commandement du commandant Grosjean, le colonel
Dussauge n'ayant pas encore rejoint.

Quant au 133e, il a été mis à la disposition du général commandant la 60e division, qui occupe, à notre gauche, le secteur
des Chambrettes et tient difficilement, avec des troupes très
fatiguées, un front que l'ennemi presse sans cesse et où l'on
sent une attaque imminente.

Dans les nuits du 6 au 8 novembre, le 133e relève avec deux
bataillons les occupants du sous-secteur Herbebois. Le colonel
Kiffer prend le commandement du sous-secteur le 8. Le dernier
bataillon est en réserve.

La position est constituée par une première ligne, composée surtout de trous d'obus pleins d'eau, qui court à 200 mètres au nord de la crête 353 - Croix de la Vaux. La mauvaise situation de cette ligne résulte de ce que les grandes contre-attaques françaises de Douaumont n'ont pas atteint leur but et l'Allemand est là tout près, invisible de tous les observatoires, sachant que derrière cette première ligne tenue, il y a des troupes entassées dans les abris qui restent, mais aucune organisation. La possession de la crête est importante pour lui, car elle lui donne des vues chez nous et supprime toutes les nôtres dans les ravins qui descendent vers Ornes. Elle lui permettrait, disent les prisonniers, l'organisation d'une position d'hiver.

Le 9 novembre, à 6 heures du matin, après un bombardement très violent de cinq minutes à peine, les Allemands passent à l'attaque.

Les lions du Bugey sont désarmés. Leurs fusils sont pleins de boue et ne peuvent fonctionner. Ils ont chacun trois grenades qui, éclatant dans la boue, ne donnent pas d'éclats. Ils sont submergés. A leur droite, le 225° R.I. placé entre le 133° et la 164° division, perd aussi sa première ligne, le front est percé entre les deux régiments. Les contre-attaques immédiates ne peuvent sortir des abris mal disposés. Le 225° n'a plus un homme en réserve : la situation est grave.

Les renseignements ne parviennent que lentement. On en a par le 225°, qui a sa droite encore intacte.

Vers 9 heures, les bataillons de première ligne commencent à se ressaisir. Les contre-attaques se montent et progressent. En fin de journée, le 133° a repris la crête et domine l'ennemi, qui tente vainement les jours suivants de bousculer notre première ligne. Le 133° la garde et la passe intacte, le 16 novembre, au 88° R.I.

Le régiment très éprouvé descend au repos à Dugny, d'où il est transporté en camions le 18, à Rosnes (E.-M.) Erize-la-Grande, Erize-la-Brulée.

*
* *

Cette attaque du 9 n'avait eu, dans le secteur de la division, d'autre répercussion qu'une lutte d'artillerie déclanchée dès le début, l'ennemi ayant étendu sa préparation jusqu'au village de Bezonvaux.

L'artillerie de la division cesse le tir dès qu'elle s'est rendu compte qu'il ne se passe rien dans le secteur. Mais elle tire toute la journée sur le secteur des Chambrettes, où son appui est demandé et redemandé jusqu'à limite des munitions, comme il l'a d'ailleurs déjà été les deux journées précédentes.

Dans la matinée, vers 10 heures, le général commandant la division des Chambrettes, téléphone au général Gaucher pour lui demander des renforts, la situation étant mauvaise sur son centre.

Le général Gaucher répond que c'est impossible, vu qu'il n'a aucune troupe disponible.

Dans ces conditions, dit le général Patey, je ne réponds pas de votre gauche.

C'est moi qui en suis chargé ! lui répond le général Gaucher, et il prescrit au colonel de Combarieu de prévenir le colonel Barrard qu'il agisse au mieux pour se couvrir sur sa gauche.

En fin de journée, nous n'avons pas été attaqués, mais les pertes sont assez élevées au bataillon du 152ᵉ qui a été fortement bombardé à Hassoule.

*
* *

Le 12 novembre, coup de main, sans succès, par les Allemands sur le quartier Village. Le 16, nouvelle tentative du boche sur la tranchée Vercingétorix, sur la croupe d'Hassoule. Nouvel échec. L'ennemi parvient à sauter dans nos lignes d'où il est chassé sans avoir pu faire aucune prise et laisse sur le terrain plusieurs cadavres dont l'un est ramené.

Et la vie continue, avec des luttes d'artillerie perpétuelles et de lourdes pertes. Mais ce n'est pas le feu qui fait le plus de mal. Le séjour dans les trous d'obus pleins d'eau, cause des accidents analogues à la gelure des pieds et chaque jour s'augmente le nombre des évacués pour « pieds de tranchées ». Quelques-uns légèrement atteints reviendront vite ; beaucoup seront pour longtemps hors de cause et trop de cas iront jusqu'à l'amputation.

Le 28 novembre, échange de coups de main à Hassoule.

A 6 heures, le 43ᵉ B.C.P. tente un raid en avant de la tranchée des Arvernes, près du bois des Caurrières. Aucun résultat, pas de pertes.

A 7h. 3o, l'ennemi en fait autant sur la Barricade, sans plus de succès que nous.

Le soir du même jour, à 17 heures, le 152ᵉ tente un coup de main sur les avant-postes allemands de Wœvre à hauteur de l'ouvrage d'Ilardaumont et ramène un prisonnier.

Le 1ᵉʳ décembre, à 8 h. 45, les Allemands, après une violente préparation d'artillerie, font un coup de main au quartier Hassoule sur la Barricade où le 1ᵉʳ bataillon du 152ᵉ, arrivé dans la nuit, ne connaissant pas le terrain, perd 3 tués, 15 blessés, 2 disparus.

Le 4, le 5, et le 6 décembre, nouvelles tentatives sur Hassoule. L'ennemi ne peut aborder nos lignes.

Il recommence le 7, à 6 heures du matin, sur la tranchée Vercingétorix à l'ouest de la Barricade. Grosse préparation d'artillerie qui bouleverse toutes les tranchées et nivelle tout le sous-secteur. Forte attaque d'infanterie. Nous avons deux disparus, mais le boche laisse entre nos mains un sous-officier tué et un officier grièvement blessé qui peut être interrogé avant de mourir.

Le 8 décembre, le 59ᵉ B.C.P. est entré en ligne dans la nuit au Village ; il reçoit, dès le matin, un coup de main sur la tranchée du Verger ; l'ennemi ne peut aborder nos lignes.

Dans la nuit du 16 au 17 décembre, le boche tente encore trois fois d'entamer le front du sous-secteur des Rousses : il est repoussé par l'infanterie sans qu'elle ait demandé le secours de l'artillerie. Les troupes étaient si bien en main que, dans un tel secteur, elles gardaient leur calme au point de ne pas faire intervenir inutilement un appui contre une attaque qu'elles sentaient pouvoir briser par leurs propres moyens.

Le fait fut si marquant que le général adressa, par la voie de l'ordre, ses félicitations aux bataillons en cause.

164ᵉ DIVISION

ÉTAT-MAJOR

Ordre de la division n° 130.

Dans la nuit du 16 au 17 décembre, l'ennemi a exécuté trois coups de main sur le sous-secteur des Rousses. Ces trois coups de main ont tous été repoussés sans intervention de l'artillerie.

Cette constatation dénote une infanterie solide, maîtresse d'elle-même, consciente de la valeur de ses moyens d'action et dont le sang-froid évite le

déclanchement intempestif de barrages inutiles et le gaspillage des munitions.

Elle constitue le plus bel éloge des bataillons en cause.

> Au P.C., le 17 décembre 1917,
>
> *Le général commandant la 164ᵉ D.I.*,
>
> *Signé :* GAUCHER.

*
* *

L'activité des artilleries était grande. L'ennemi nous harce-
lait sans relâche. Aux pertes par le feu s'ajoutaient les pertes
par maladies et par « pieds de tranchée ». La division assurait
depuis plus d'un mois, avec six bataillons, la garde d'un secteur étendu dont une moitié, à vrai dire, était calme, mais ser-
vait de repos aux bataillons qui venaient de l'autre moitié,
toujours en feu. Les hommes ne pouvant jamais se laver
étaient envahis par la gale.

Le moral baissait. La division était à bout de souffle.

On ne pouvait faire état du 133ᵉ qui, dépensé dans un autre
secteur, était au repos avec un tiers de son effectif en moins.
Tout au plus pouvait-on songer à le faire rentrer progressivement dans le sous-secteur sud, mais il était hors d'état d'aller
aux Rousses. Il fallait, ou donner deux bataillons frais à la division, pour lui permettre d'assurer le roulement de ses unités
en ligne, ou la relever. Le général Gaucher l'avait écrit le
5 décembre au général commandant le 17ᵉ C.A. sous les ordres
duquel la division était placée depuis le 18 novembre.

*
* *

Le 15 décembre, commence à arriver la 25ᵉ division qui va
relever la 164ᵉ.

Le 19, la relève est terminée et le général Gaucher passe
au général Gratier le commandement du secteur de Bezonvaux.

Le 20, la division, moins l'artillerie, est rassemblée dans la
région de Condé-en-Barrois, où est installé le quartier général.

Dans les journées des 26, 27 et 28 décembre, la division est
embarquée aux gares de Revigny, Mussey, Sommeilles, et débarque aux gares de Bayon, Einvaux, Blainville, Lunéville.

6

Elle stationne dans la région de Rosières-aux-Salines, où le Q.G. fonctionne le 27, à la disposition de la VIIIe armée.

Elle est rejointe le 2 janvier 1918 par son artillerie, enfin relevée du secteur de Verdun, et embarquée dans la région de Bar-le-Duc.

Il n'est que juste de rendre ici hommage à la section sanitaire automobile américaine S.S.U. 16 qui fut à la disposition de la division pendant la période d'occupation du secteur de Bezonvaux et resta à la IIe armée. Le personnel intrépide qui composait cette section fit preuve, sans cesse, d'un courage remarquable, transportant des blessés, jour et nuit, sur la route du P.C. Alsace sans souci du bombardement continuel. Elle y laissa plusieurs voitures détruites par les obus et rendit à la division des services exceptionnels.

Le 4 janvier, la division est mise à la disposition du 9e C.A. pour relever, dans le secteur de Lunéville, la 152e division, les opérations de relève devant avoir lieu du 9 au 12.

Le 12, à 8 heures, le général Gaucher reçoit du général Andrieu les consignes et le commandement du secteur.

Le quartier général et le poste de commandement sont installés à Lunéville dans le château du Roi Stanislas.

IX. — LUNÉVILLE

(Voir calque hors texte à appliquer sur la carte au 80.000^e).

L'occupation de ce secteur a compté dans l'histoire de la division comme une période heureuse.

Avant bien organisé, avec des tranchées et des abris perfectionnés.

Arrière confortable dans de bons villages habités et jamais bombardés. Quelques mauvais moments en certains points de première ligne, mais rares... on ne peut tout avoir.

La division est installée principalement dans la forêt de Parroy, étendant sa droite jusqu'au ruisseau des Amis, un peu au nord de la voie ferrée de Strasbourg, sa gauche jusqu'au Sanon. Le front englobe Embermenil qui se trouve en première ligne et passe devant Mouacourt, occupé et organisé par l'ennemi.

Quatre positions successives : une première position complètement organisée à quatre lignes.

Une position 1 bis et une position 2 plus ou moins en voie d'exécution.

Une position 3 à l'état de projet.

Des bretelles.

Trois sous-secteurs divisés chacun en deux centres de résistance.

A chacun des trois sous-secteurs est affecté un régiment d'infanterie ou groupe de chasseurs ayant deux bataillons en ligne et un bataillon en réserve d'armée.

Les commandements des sous-secteurs nord (133e) et centre (chasseurs) alternent au P.C. Grande Taille sur le chemin du Haut de la Faîte dans la forêt. Quand ils n'y sont pas, ils ont leur P.C. à Crion pour le nord, à Croismare pour le centre, d'où ils commandent, en même temps que le sous-secteur, l'ensemble des trois bataillons en réserve d'armée.

Le commandant du sous-secteur sud est à Marainviller (152e).

Le général de division dispose comme artillerie :

1° Du 232ᵉ R.A.C.

2° Du 3ᵉ groupe du 7ᵉ R.A.L. comprenant : 4 pièces de 120 L., 12 pièces de 95, 7 pièces de 90, 1 pièce de 75 antitanks, 1 pièce de 37 antitanks.

3° De la 101ᵉ batterie de 58 du 232ᵉ en position : 6 pièces 1 bis, 6 pièces 2.

La compagnie du génie 9/14 à Marainviller.

La compagnie du génie 9/64 à Croismare.

1/3 du génie au repos.

Mission essentiellement défensive.

*
* *

Le 21 janvier, l'état-major du 7ᵉ C.A. relève celui du 9ᵉ C.A. La division se trouve ainsi, pour la première fois, sous les ordres du général commandant le C.A. dont elle fait organiquement partie.

Le 11 février, l'ennemi tente un coup de main sur le petit poste Palestine près du ruisseau des Amis. Le poste se replie, 4 disparus, présumés tués. Les Allemands laissent sur le terrain deux cadavres qu'une patrouille ramène le lendemain.

Nouvelle attaque sur le même point le 13, sans aucun succès.

Le 15 février arrive à Lunéville le campement du 165ᵉ R.I. américain qui vient faire ses premières armes sous l'égide de la division.

Les premières divisions américaines constituées en France ont fait quelques mois d'instruction à l'arrière ; elles vont maintenant prendre contact avec le feu dans des secteurs calmes, en attendant d'aller, sur les champs de grandes batailles, mêler leur jeune sang au nôtre et, d'un puissant effort, nous aider à pousser l'Allemand hors de France au moment où nos bras épuisés faibliront.

La 42ᵉ division américaine entre dans le secteur du 7ᵉ C.A. La 164ᵉ division reçoit, outre le 165ᵉ régiment d'infanterie U.S., un bataillon d'artillerie de campagne de 75 et une compagnie du génie.

Après quelques jours d'installation et de reconnaissances, les Américains commencent à entrer en ligne : pour débuter on les incorpore par groupes de combat aux unités françaises dans le centre de résistance de Rouge-Bouquet-Chaussailles, qui est calme. Les artilleurs entrent, pièce par pièce, en superposition, près de nos groupes. Progressivement, la proportion est augmentée jusqu'à leur donner un secteur de bataillon.

Les Américains étaient enchantés de cette nouvelle vie, relativement douce, dans la belle forêt peu marmitée. Ils prirent tellement confiance, qu'ils perdirent toute prudence et se montrèrent bientôt sur tous les parapets. Ils faisaient sécher leur linge sur les abris et allèrent jusqu'à se faire cinématographier dans un poste d'écoute.

Le boche impatienté, désireux peut-être de terrifier ces nouveaux arrivants, se mit à concentrer sur leur secteur des bombardements tout à fait inusités dans cette région très calme et le 7 mars, plus de trente Américains furent ensevelis dans un abri, par une torpille. Une quinzaine seulement furent retirés vivants. La leçon fut dure, mais profitable.

Entre temps, les unités travaillaient opiniâtrement à perfectionner l'organisation défensive du secteur. On sentait que l'ennemi allait déclancher la grande offensive qui devait lui donner la victoire..... ou, lui briser les dents....

Où aurait-elle lieu ? De nombreux indices laissaient penser qu'elle serait dirigée sur Lunéville et Nancy. On donnait partout des coups de sonde pour fixer l'ordre de bataille et surprendre les préparatifs ennemis.

Le 20 février, la division de gauche exécute sur Rechicourt un coup de main de grande envergure, une véritable attaque.

La 164e division devait y participer surtout par des concentrations de feux donnant l'illusion d'une préparation. A la faveur de ce formidable bombardement un groupe de 32 hommes du 133e R. I., sous le commandement du lieutenant Bouron, saute dans les tranchées du Trapèze (sud de Mouacourt) et en ramène 32 prisonniers dont trois sous-officiers, sans aucune perte.

Les coups de main continuèrent presque sans trêve, tantôt allemands, tantôt français mais sans opération importante jusqu'au milieu du mois de mars.

Le 10 mars, le commandant Grosjean, du 59e B.C.P. promu lieutenant-colonel est remplacé par le commandant de Boishue.

Le 20 mars, les chasseurs accompagnés d'un groupe d'Américains exécutent un coup de main avec artillerie sur les ouvrages Blancs (nord d'Embermenil).

L'opération, soigneusement préparée, est parfaitement menée, mais les Allemands avaient évacué leur première position et fait leur barrage sur leur propre première ligne.

Pas de résultat. Les groupes repartent le 21, à 4 heures du matin, sans plus de succès.

Tous les chasseurs rendirent hommage à leurs camarades américains qui s'acquittèrent de leur mission avec une folle bravoure.

Le 21 mars, le 165ᵉ R.I.U.S., retiré du front avec sa division, quitte le secteur où ses soldats avaient, près de leurs camarades français, reçu le baptême du feu et pris de la guerre une première expérience qu'ils allaient prochainement pouvoir mettre à profit dans des circonstances plus sérieuses.

*
* *

Le 24, les Allemands qui n'avaient pas bombardé Lunéville depuis plus de deux ans exécutent sur la ville un tir de 240 à longue portée. Une riposte de 350 sur Avricourt les calme et ils ne font de nouvelle tentative que huit jours après, le 30 mars; ce tir, suivi d'une nouvelle correction, fut le dernier.

Dans cette période les Allemands se montrent plus actifs. En raison de leurs grandes attaques de la Somme et de l'Oise, ils avaient besoin de prisonniers pour contrôler notre ordre de bataille et cherchaient à en faire.

Coup de main sur le bois des Bouleaux, le 28 mars, où les boches attaquent à fond avec un effectif sérieux. Ils sont repoussés sans nous prendre personne, mais le 152ᵉ a des pertes notables.

Coups de main le 29 sur le bois Carré où se livre un violent combat corps à corps. Les pertes sont moindres, mais nous avons cette fois des disparus.

Les Allemands commencent à user dans de fortes proportions de leur nouveau gaz vésicant, l'ypérite, qui nous cause des pertes journalières très sensibles et, malgré toutes les précautions prises, il est très difficile de s'en protéger efficacement.

Les artilleurs surtout en reçoivent quotidiennement sur leurs positions de batterie et il n'y a pas de jours où l'état des pertes ne porte des intoxiqués. L'infanterie n'en est, d'ailleurs, pas exempte. C'est ainsi que, le 21 mars, les Américains ont eu

1ᵉⁱ intoxiqués à Rouge-Bouquet et que le 22, le 59ᵉ B.C.P. en a eu 110.

Bien qu'en secteur calme, de telles pertes, finissent par affaiblir sérieusement une grande unité.

*
* *

Le 1ᵉʳ avril, la division, en relevant des unités de la 14ᵉ D.I., étend son front jusqu'au ruisseau de Leintrey. Elle est renforcée de 2 bataillons du 54ᵉ territorial et d'un groupe d'A.C. 7.

Une opération à gaz est aussi exécutée. Une compagnie Z, mise à la disposition de la division, fait, le 3 avril, dans la région du blockhaus Kronprinz, un lancement de gaz par la méthode des Projectors, qui consiste à lancer sur une zone restreinte, d'un seul coup, avec des canons genre 58, au moyen d'une mise de feu électrique, deux ou trois cents tubes contenant chacun une grande quantité de gaz.

Cette opération, d'une préparation très longue, ne sembla pas avoir donné de résultats bien importants. L'objectif était certainement habité, mais l'ennemi ne fit aucune réaction. Les reconnaissances faites le surlendemain ne trouvèrent rien et des prisonniers interrogés ultérieurement n'en avaient même pas entendu parler.

Il semble que le résultat n'ait pas été proportionné aux effectifs, aux efforts et aux dépenses que nécessite la préparation.

Le 9 avril, nouveau coup de main ennemi sur le bois des Bouleaux. Le Stosstrupp allemand se heurte à une reconnaissance du 59ᵉ B.C.P., sous le commandement du lieutenant Perrot qui l'attaque et le met en fuite ; aucun prisonnier de part et d'autre.

Le 12, coup de main sur le bois Legrand. Cette fois, nous avons évacué les premières lignes et les boches, après avoir nettoyé les postes avec des lance-flammes, se retirent sans avoir rien pris.

Le 14, nous faisons à notre tour un coup de main sur la tranchée de la Haute-Charrière. Depuis l'entrée en secteur de la division, cette opération, déjà étudiée par les divisions antérieures était en instance d'exécution. Elle avait fait l'objet de correspondances innombrables entres les corps, la division, le corps d'armée et l'armée. Chaque échelon voulait tout régler jusqu'aux moindres détails. Les exécutants avaient répété l'opération sur un terrain préparé à l'arrière, d'après les photographies d'avion. De grands moyens étaient prévus.

Finalement, l'ordre d'exécution vient, réduisant les moyens à ceux de la division. Le coup de main est exécuté par deux groupes du 133ᵉ et un groupe de cavaliers, de 25 à 30 hommes chacun. Sans préparation d'artillerie, mais avec un encagement brutal, ces groupes franchissent trois brèches préparées de longue main et, après une exploration hardie et minutieuse du secteur visité, où ils pénétrèrent profondément, ils ne trouvent, comme d'habitude, personne et reviennent sans résultat, sans pertes notables heureusement.

Le 17, le 43ᵉ B.C.P. pousse une reconnaissance au sud d'Emberménil. Elle tombe sur une embuscade ennemie, l'attaque à la baïonnette et fait un prisonnier, sans pertes.

Le boche n'est pas heureux dans cette période. Nos patrouilles l'attaquent partout avec succès.

Le 21 avril, 4 prisonniers, le 22, un prisonnier.

Mais le commandement demande encore des prisonniers. Il en faut dans la région sud du secteur. Une opération est en gestation, depuis le commencement du mois sur les ouvrages 1 et 2, entre Leintrey et les Remabois. Préparation lente d'artillerie, destruction, brèches, attaque par surprise dans un encagement par une compagnie entière constituée.

L'opération est fixée au 24 avril, à 21 h. 30. Elle est remarquablement menée par le lieutenant de la Rochefordière, du 152ᵉ, avec sa compagnie.

La préparation d'artillerie a été parfaite, au dire même des fantassins — la surprise est certaine.

On ne trouve plus un boche. Le lieutenant de la Rochefordière ramène une seconde fois ses hommes, espérant le retour du boche sans plus de résultat. La contre-batterie bien réglée a muselé l'artillerie allemande ; aussi la compagnie d'attaque rentre-t-elle sans pertes.

Il faut décidément renoncer à ces coups de main à grande action d'artillerie et faible effectif d'infanterie. L'encagement ne pourra jamais être assez dense pour empêcher, dans un secteur peu occupé, les quelques guetteurs qui constituent la garnison de la première ligne de filtrer à travers la cage.

Le boche nous répond le 28, par un fort coup de main sur la partie est d'Embermenil, avec grande manifestation d'artillerie, gaz à dose massive, peut-être projectors, lance-flammes. Mais nous avons aussi évacué et l'ennemi se retire sans résultat autre que de nous laisser un prisonnier. Les pertes sont cependant sensibles, la concentration de gaz ayant rendu l'air irrespirable jusqu'à nos lignes.

*
* *

Le 27, commence la relève de la division par la 166e division.

Le général Gaucher passe le commandement, le 30 avril, à 8 heures, au général Cabaud et installe son quartier général à Rosières-aux-Salines.

La division est rassemblée au repos dans de bonnes conditions entre Blainville et le camp de Saffais.

Peu de semaines auparavant, la division avait perdu le colonel Barrard, nommé sous-chef d'état-major du groupe d'armée de l'Est.

Le général Gaucher voulut confier le 152e à quelqu'un qui fut digne de commander ce magnifique régiment : il y appela le commandant Meilhan, son chef d'état-major.

La succession n'était pas facile, car le colonel Barrard avait pris tout le cœur de son régiment. Le colonel Meilhan sut rapidement le conquérir. C'était un homme distingué, d'une intelligence remarquablement claire. Emporté, prompt à la colère autant qu'à l'indulgence et à la bonté, il était, dans l'action, d'autant plus calme que la situation devenait plus sérieuse. Sa bravoure personnelle, son activité, sa sollicitude pour ses officiers et ses hommes lui attirèrent leur affection. Il fut aussi brillant, comme chef de corps, qu'il l'avait été comme chef d'état-major.

X

LES VOYAGES DU MOIS DE MAI 1918
ET LA 3ᵉ BATAILLE DE L'AISNE

(Voir carte hors texte).

Dès l'arrivée dans la zone de Rosières, la division reçoit l'ordre de s'embarquer en chemin de fer, à partir du 6 mai. On se bat dans la Somme et dans l'Oise : là est notre place.

Tout est prêt, quand une épidémie d'une sorte de fièvre bénigne se propage dans la division avec une rapidité foudroyante.

Ce n'est pas dangereux, mais le malade est anéanti pour huit jours et tout le monde y passe. Le docteur attribue cette épidémie au voisinage, à Lunéville, de travailleurs chinois et lui donne le nom colonial de « Dingue ».

La division va s'embarquer tout de même en laissant sur place le 59ᵉ B.C.P., trop réduit par la maladie. Mais la contagion fait son œuvre et tous les corps sont envahis. N'importe, on part toujours... L'officier de débarquement est envoyé. On retarde le départ d'heure en heure, pour voir venir, en supprimant les premiers trains et les reportant en queue du courant. Mais devant l'extension de l'épidémie il faut y renoncer et finalement la division reste dans sa zone jusqu'à ce qu'elle ait récupéré un effectif suffisant d'hommes valides, si l'on peut employer cette expression, car l'effet de la « Dingue » se fit encore sentir assez longtemps sur les hommes qui ne retrouvèrent que lentement leurs forces. C'était en réalité la première manifestation, relativement bénigne, de la grippe qui devait reprendre avec tant de violence en octobre.

Le temps est utilisé, dans la limite des moyens et des effectifs disponibles, à remettre la division en main par quelques exercices, en particulier des exercices de liaison par avions, dans la guerre de mouvement.

Enfin, le 20 mai, la division s'embarque en chemin de fer aux gares de Lunéville, Blainville, Einvaux, Bayon.

Le 41ᵉ B.C.P., chez qui la « Dingue » s'est compliquée d'une épidémie d'oreillons dont il a plus de 80 cas, reste sur place. Il rejoindra quand il sera en état de le faire.

Il y a encore 350 convalescents qu'il faut transporter aux gares en camion. Il reste environ 200 hommes en traitement dans la zone de Rosières. La pauvre division du Dragon est quelque peu valétudinaire.

Elle débarque à partir du 21 dans la région de Beauvais, où les premiers trains sont accueillis par un bombardement d'avions, sans pertes, d'ailleurs.

Le 23 au soir, la division est rassemblée entre Beauvais et Gournay-en-Bray, Q.G. à Senantes.

Le 25, elle se met en mouvement pour gagner en quatre étapes la zone d'Aumont, à l'ouest d'Amiens, où elle doit faire une période d'instruction et s'exercer au combat avec les chars d'assaut, qu'elle n'a jamais vus.

L'épidémie n'a pas encore cédé et de nouveaux cas se déclarent dès la première étape. On laisse les malades hospitalisés un peu partout et la division continue vers le nord, perdant chaque jour un peu de ses forces. Pour réduire au minimum la fatigue des hommes, le deuxième jour des étapes, les sacs sont transportés en camions directement de la zone de Senantes dans la zone d'Aumont.

Le quartier général, doublant les étapes, va cantonner le 26 à Aumale.

Le 27, la division cantonne dans la région nord d'Aumale. Elle doit, le 28, aller s'installer dans la zone d'Aumont où les sacs attendent leurs propriétaires dans les cantonnements et où l'on prévoit une période d'instruction d'une quinzaine de jours avant de s'engager, probablement dans la région du Nord.

A 23 heures, un coup de téléphone de la Ve armée, dont nous relevons depuis le débarquement. Ordre préparatoire : le mouvement sera probablement suspendu et la division restera dans la zone d'Aumale.

Le 28, à une heure du matin, nouveau coup de téléphone : mouvement arrêté — prévoir un embarquement possible dans la journée aux gares de Formerie et d'Abancourt.

L'état-major se met sur pied. Le problème n'est pas des plus simples : les unités doivent se mettre en route de bonne heure vers le nord ; les sacs sont à une étape en avant au nord ; les gares d'embarquement sont au sud.

A 2 h. 15, l'armée téléphone : la 164° division s'embarquera en chemin de fer le 28 à partir de 14 heures, aux gares de Feuquières, Broquiers, Formerie, Blargies.

Une zone de cantonnement est mise à la disposition de la division pour rapprocher des gares les éléments trop éloignés.

A 3 heures, ordre de la division à l'artillerie, au génie et au service de santé, cantonnés dans le nord de la zone, de rompre à six heures pour venir cantonner dans la zone Romescamp-Formerie.

Des camions sont obtenus, non sans peine, pour récupérer les sacs dans la zone d'Aumont et les transporter aux gares d'embarquement, où les corps les prendront au passage.

A 10 heures, coup de téléphone du régulateur, qui n'accepte pas les gares indiquées par l'armée, en raison des violents bombardements aériens dont elles sont gratifiées chaque nuit, et qui vient au quartier général.

Il arrive à 11 heures ; l'état-major lui propose les gares de Vieux-Romeu, Aumale, Gaillefontaine, Serqueux, qui sont acceptées et permettent d'amener les unités aux gares sans étapes trop longues, sauf pour le 152° et pour quelques batteries qui ont à faire une vingtaine de kilomètres.

Les sacs qui sont en route pour les gares d'embarquement primitivement prévues y sont recueillis et renvoyés aux nouvelles.

L'expérience du combat des divisions récemment engagées dans l'Oise et la Somme avait montré la nécessité d'embarquer les éléments dans un ordre tel qu'ils débarquent en dispositif de marche au combat.

La condition absolue de commencer l'embarquement à 14 heures impose de faire partir en tête les éléments les plus rapprochés des gares, si bien que le C.I.D. prend les premiers trains et le 152° les derniers.

La division va s'engager dans la bataille, diminuée du 41° B.C.P. et de près de 600 hommes laissés malades entre Senantes et Aumale.

*
* *

Quelle est la raison de ces mouvements où l'on semble vouloir jongler à plaisir avec la difficulté ? Nul n'en sait rien. On parle d'une offensive ennemie sur le Chemin des Dames.

L'officier de débarquement s'en va par les routes vers la régulatrice de débarquement, Mareuil-sur-Ourcq. Là, personne. Pas d'ordres.

Le commissaire de gare sait seulement que le Q.G. de l'armée s'est replié de Belleu à Oulchy-le-Château et qu'une grande bataille s'est engagée au nord, dans laquelle nous semblons en mauvaise posture. L'officier reprend son auto, part pour Oulchy, remontant trente kilomètres d'un lamentable défilé de réfugiés fuyant la nouvelle invasion,... le plus affreux spectacle de la guerre.

A Oulchy-le-Château, l'état-major de la VIe armée. Les officiers, harassés par trois jours sans sommeil. On est content de voir arriver une division fraîche, mais personne n'aurait été au-devant d'elle. Les grandes unités fondent dans la bagarre. On ne sait pas trop où est le boche, qui avance. Deux officiers d'état-major envoyés en auto porter des ordres à des commandants de corps d'armée ne sont pas revenus ! On ne rencontre sur les chemins que des gens affolés par la terreur du boche, qu'ils voient partout et des avions qu'ils entendent dans tout le ciel... L'officier de débarquement en repartant, muni de ses ordres, manque d'être écharpé par des fantassins sur la route parce que, pour être sûr d'arriver à Mareuil-sur-Ourcq avant le 1er train, il a allumé un phare...

*
* *

La division va débarquer aux gares de Coincy, Neuilly-Saint-Front, Silly-la-Poterie et la Ferte-Milon. Elle sera stationnée dans la zone Villers-Hélon - Chouy, Rozet-Saint-Albin.

Dispositif orienté vers le nord-est, Q.G. à Villers-Hélon. La division est en réserve de la VIe armée, en 2e ligne derrière les 4e et 131e divisions qui sont accolées sur la première ligne de défense du gouvernement militaire de Paris, à hauteur de Vierzy.

Il reste devant ces divisions des éléments qui combattent en retraite, fortement pressés par l'ennemi, qui a atteint, le 28, dans la soirée, une ligne reliant sensiblement les abords est de Soissons aux abords nord de Fère-en-Tardenois.

Les trois premiers trains arrivent dans la matinée du 29 et

débarquent à Coincy (escadron divisionnaire), Silly-la-Poterie (C.I.D.) et la Ferté-Milon (1 batterie).

Après leur passage parvient à l'officier de débarquement un nouvel ordre de l'armée.

La 164e division est placée sous les ordres du général commandant le 21e corps d'armée, P.C. au château de Fresnes. Elle stationnera, après débarquement, dans la zone Oulchy-le-Château, Coincy, Neuilly-Saint-Front. Q.G. à Neuilly-Saint-Front.

Dispositif orienté vers l'est.

Les régiments d'infanterie, sur la ligne Coincy, Oulchy-le-Château.

Chaque élément doit être prêt à s'engager dès son débarquement sans attendre le regroupement de la division.

L'escadron divisionnaire est à ce moment en route pour la ferme Bellevue, sud de Villers-Hélon, le C.I.D. qui doit aller à Chouy-la-Bie est en voie de débarquement à la Ferte-Milon, il peut être touché et dirigé sur son stationnement dans le nouveau dispositif.

Le premier train de chasseurs qui passe ensuite, dirigé sur Coincy, est arrêté et débarqué à Neuilly-Saint-Front, la proximité de l'ennemi ne permettant plus d'utiliser la gare de Coincy.

Le 30, dans la soirée, la gare de Neuilly-Saint-Front est supprimée à son tour, un peu hâtivement, semble-t-il, car la situation n'a pas très sensiblement changé de ce côté.

Les débarquements s'achèvent dans la matinée du 31 aux gares de Silly-la-Poterie, la Ferté-Milon, Mareuil-sur-Ourcq, sans autres incidents.

Le C.I.D. est ramené le 29 au soir à Neuilly-Saint-Front.

L'escadron divisionnaire a reçu l'ordre de gagner Coincy le 30 au matin. Il est arrêté à Neuilly-Saint-Front, d'où il fournit un peloton à chacun des régiments et groupe de chasseurs à son débarquement, le dernier peloton restant à la disposition du général de division pour couvrir le débarquement vers le nord et le nord-est, les renseignements sur l'ennemi étant insuffisants.

Le 29 mai, à son arrivée à la régulatrice de débarquement, le général Gaucher donne ses instructions, à communiquer à tous les chefs de détachement à leur passage :

« La division débarque à proximité de l'ennemi. Prendre les mesures de sûreté en marche et en station, comme en pays ennemi. Se tenir prêt à être engagé. Se compléter en munitions à la descente du train. Chercher la liaison avec toutes les troupes voisines. »

*
* *

L'ordre de l'armée donnait comme front à occuper pour l'infanterie : Coincy - Oulchy-le-Château.

Le groupe de chasseurs reçoit comme direction et stationnement Coincy ; le 152ᵉ, Armentières ; le 133ᵉ, Oulchy-le-Château ; l'artillerie, Breny (E.-M. et 2 groupes) et la Croix (1 groupe).

De sa personne, le général se porte auprès du général Degoutte, commandant le 21ᵉ corps d'armée, qu'il trouve à Bezu-Saint-Germain, ayant déjà changé deux fois de P.C. depuis Fresnes.

Ordre est donné au général commandant la division de rassembler ses régiments sur le front : Coincy-Beuvardes - Epieds; avant-gardes sur le front : Villeneuve-sur-Fère - Fresnes. Couverture du rassemblement par le C.I.D. et l'escadron divisionnaire.

Cet ordre n'est déjà plus exécutable, le C. I. D. et l'escadron divisionnaire étant aiguillés sur la région de Villers-Hélon, l'infanterie débarquée se réduisant à la moitié du 59ᵉ B.C.P. et l'ennemi progressant sur Coincy.

Dans son ordre pour la journée du 30, le général commandant le C.A. met les deux B.C.P de la division et un groupe d'artillerie à la disposition de la 43ᵉ division dès leur débarquement, les chasseurs à Coincy, le groupe à Breny.

Le Q. G. est à Neuilly-Saint-Front où le C.I.D. rejoint le 29 au soir et l'escadron divisionnaire dans la nuit.

Le P.C. doit fonctionner le 30 au matin, à Latilly. La division se formera, au fur et à mesure de ses débarquements, en soutien de la 43ᵉ division (P.C. à Bézu-Saint-Germain) et de la 4ᵉ division (P.C. à Grand-Rozoy).

Une reconnaissance envoyée à Latilly y trouve à minuit le P.C. de la 4ᵉ D.I. en voie d'installation.

Dans ces conditions, le général conserve son P.C. à Neuilly-Saint-Front et s'en va, le 30 mai, dans sa limousine, fanion au vent, prendre les ordres du général Degoutte. En arrivant à Bézu-Saint-Germain, il trouve le village vide et est arrêté par un officier d'infanterie qui lui dit : « N'allez pas plus loin, mon général, les Boches sont à 3oo mètres. »

Le P.C. du 21ᵉ corps d'armée a quitté Bézu-Saint-Germain et fonctionne aux Chesnaux, faubourg nord de Château-Thierry.

Le général Gaucher y rejoint le général Degoutte et lui soumet l'idée suivante :

Le front est disloqué. Les unités en ligne se replient sans ordre ; l'ennemi, enivré par son succès, pousse sans reprendre haleine. Il n'y a plus de raison pour que le recul s'arrête si l'on se contente d'alimenter le combat. Il faut organiser une position assez en arrière du front actuel, y mettre la 164ᵉ division avec mission d'arrêter l'ennemi et de se faire tuer sur place plutôt que de céder.

Le 133ᵉ et le 152ᵉ, appuyés chacun par un des groupes d'artillerie non encore engagés, organiseront une position de repli entre la Croix et Etrepilly, avec crochet défensif face au nord pour le 133ᵉ. Chaque régiment aura deux bataillons en ligne et un en réserve.

133ᵉ — P.C. à Latilly ; 152ᵉ — P.C. à Bonnes.

Le C.I.D. est mis à la disposition du 152ᵉ pour prolonger la position au sud entre Etrepilly et Bouresches.

Le génie organisera en réduit le mamelon nord-ouest de Bonnes.

Les unités non encore débarquées reçoivent aux gares l'ordre de gagner directement leurs positions.

Le général Degoutte approuve.

Le général Gaucher porte à 17 heures son P.C. à Sommelans.

Les trains sont rassemblés à Chézy-en-Orxois.

Les débarquements continuent, de plus en plus en arrière, suivant que l'approche de l'ennemi oblige à supprimer des gares. Heureusement, une section de camions autos, mise quelques heures à la disposition de la division, peut transporter les sacs de deux bataillons du 133ᵉ et les hommes d'un bataillon du 152ᵉ.

A 20 heures, le général Gaucher est de nouveau convoqué, d'extrême urgence, au P.C. du 21ᵉ corps d'armée, à Coupru (10 kil. ouest de Château-Thierry).

Il y reçoit l'ordre de passer au général commandant la 43ᵉ division, le commandement des éléments de la 164ᵉ division et d'aller prendre le commandement d'un groupement entre Bézu-Saint-Germain et Château-Thierry, prenant ainsi la partie droite du secteur de la 43ᵉ division trop étendu.

*
* *

Contact est pris dans la nuit avec la 43ᵉ division et l'opération est réglée quand, à 7 heures du matin, le 31, parvient un contre-ordre.

A ce moment, le dispositif est en place sur la position de repli, à l'exception du bataillon de réserve du 152ᵉ, en route entre la gare et son emplacement.

L'ennemi a progressé, pris Brény et Armentières. Il monte dans les vallons vers la Croix et Grisolles.

Le colonel Kiffer rend compte, dans la matinée, qu'il recueille les derniers éléments de la 4ᵉ division qui refluent et que l'ennemi arrive à son contact : le 133ᵉ est engagé.

A droite, le 30 au soir, le bataillon Marnet du 152ᵉ s'est installé dans le bois de Bonnes, qu'il a pour mission de défendre coûte que coûte en liaison à gauche avec le 133ᵉ, couvert à droite seulement par un peloton de l'escadron divisionnaire.

Le colonel Meilhan est installé à Bonnes, sans moyens de liaison, son matériel n'étant pas encore débarqué.

Les fuyards traversent nos lignes, où ils répandent des racontars, qui n'ont rien d'encourageant. Mais le bataillon est solide. Le calme imperturbable de son commandant lui donne confiance et les paroles de découragement glissent. Au petit jour, le Boche arrive et, de suite, il attaque. Brisé, il revient à la charge, ne comprenant pas cette résistance qu'il n'avait pas trouvée depuis 30 kilomètres. Le bois de Bonnes est couvert d'obus.

Le bataillon Marnet et le bataillon Thiery, qui est arrivé à sa droite, sont inébranlables et le Boche ne peut mordre dans le bois de Bonnes devant lequel il fait des pertes énormes.

A midi, la Croix est pris. Grisolles est attaqué ; le général commandant la 4ᵉ D.I. a, pendant la nuit, reporté son P.C. à Dammard. Le P.C. de la 164ᵉ D.I. est trop en avant pour sa

mission de repli. Le général Gaucher décide de se porter à Bussiares, l'I. D. à Licy-Clignon.

En arrivant à Bussiares, vers 14 heures, ordre du 21ᵉ corps :
exécution de l'ordre de la nuit dernière, organisant deux groupements sur le front de la 43ᵉ division. Le 133ᵉ R.I., le 152ᵉ R.I.,
le C.I.D./164 et l'A.C.D./164 passent à la disposition de la
43ᵉ division.

*
* *

Le général Gaucher, avec son Q.G., ses services, le génie et
la cavalerie va prendre le commandement d'un groupement
composé, de droite à gauche, d'un bataillon du 66ᵉ malgache,
d'un bataillon du 33ᵉ colonial et de débris de l'infanterie de la
43ᵉ division. Deux bataillons du 356ᵉ R.I. ont été amenés en
camions et débarqués dans la journée dans ce secteur, qui est
limité au sud par la Marne, le ravin au nord-ouest des Chesnaux,
les Coupettes ; au nord par Bézu-Saint-Germain, Chantemerle,
Thiollet, Domptin, Courcelles.

Front approximatif : voie ferrée entre Bézu-Saint-Germain
et Verdilly.

P.C. du général Gaucher à Crogis (5 kil. sud-ouest de Château-Thierry).

A droite, la 10ᵉ division coloniale (division Marchand) P.C.
à Fontenelle (au sud de la Marne).

A gauche, la 43ᵉ division : P.C. à Lucy-le-Bocage.

Comme artillerie un groupe de 232ᵉ R.A.C.

Le général Gaucher reçoit délégation pour faire sauter les
ponts de la Marne en aval de Château-Thierry.

La situation des unités du groupement est tout à fait imprécise.

L'escadron divisionnaire, regroupé dans la main du général, est chargé de la débrouiller.

De l'ensemble des renseignements recueillis, il résulte que,
vers 16 heures, le bataillon du 33ᵉ colonial est sur la ligne
ferme Farzoy - ferme Louaillier, se repliant peu à peu sur la
ligne le Buisson - les Chesnaux, protégé par une auto-canon
et une auto-mitrailleuse en position sur la grand'route Château-
Thierry - Béthune.

Ce bataillon a perdu sa liaison à droite avec le bataillon malgache que recherche une patrouille de l'escadron divisionnaire. Aucune liaison à gauche.

Un bataillon du 356ᵉ est à la Briquetterie (nord de Château-Thierry). L'autre est au bois des Brulits. — P.C. à la ferme de Champ-Cadet.

La station de Bezuet est aux mains de l'ennemi qui progresse vers Etrepilly.

En même temps, le général fait reconnaître les ponts de la Marne. On travaille au dispositif de destruction du pont du chemin de fer en aval de Château-Thierry. Rien n'est encore commencé au pont d'Azy.

La délégation pour la destruction du pont de chemin de fer ayant été faite à la fois aux généraux Gaucher et Marchand, le général Gaucher écrit au général Marchand pour lui demander de prendre à son compte cette destruction, dont il est mieux à même de juger l'opportunité, de décider et d'assurer l'exécution.

Le soir, la situation étant restée confuse, le général transporte pour la nuit son P.C. à la ferme de la Nouette, laissant à Crogis l'escadron avec mission de s'y installer et de le cercler.

La nuit se passe sans incident. Les avions ennemis rôdent dans le ciel et laissent tomber, de ci, de là, quelques bombes qui ne font pas de mal.

*
* *

Le 1ᵉʳ juin, à la pointe du jour, l'escadron divisionnaire lance des patrouilles vers Château-Thierry et Vincelles.

La route de Château-Thierry est libre, mais balayée par des mitrailleuses que l'ennemi a installées à la cote 204 (ouest de Château-Thierry).

Il occupe aussi Vincelles et pousse des patrouilles jusqu'à Vaux.

Un bataillon du 356ᵉ est devant Vaux, en liaison à gauche avec un bataillon du même régiment, à la 43ᵉ division. Plus de nouvelles de l'autre bataillon, ni des coloniaux, ni des malgaches.

La situation est critique, nous n'avons plus personne entre le bataillon du 356ᵉ, qui est devant Vaux et la Marne. Le pont d'Azy, auquel on a commencé à travailler dans la nuit, ne sera prêt à sauter que le 2 juin.

Le boche, s'il s'aperçoit de l'existence de cette énorme brèche, n'a plus qu'à passer comme le fait s'est déjà produit maintes fois pendant la campagne ; mais, soit par défaut de reconnaissances, soit par suite de la lassitude consécutive à une poussée à fond de trente kilomètres, soit encore par crainte d'un traquenard, l'ennemi n'a pas exploité son succès.

Le général Gaucher installe, à 6 heures du matin, son P.C. à la ferme Baurepaire (8 kil. sud-ouest de Château-Thierry), et écrit au général commandant le 21ᵉ corps d'armée pour lui exposer la situation, et la nécessité urgente de renforts.

Le général Degoutte met à sa disposition :

1 bataillon du 53ᵉ colonial qui arrive à Azy à 10 heures ; le bataillon à pied de la 4ᵉ brigade de cavalerie légère (général Parlange) ; le 9ᵉ régiment d'infanterie américaine (ce régiment devant être obligatoirement employé à l'organisation d'une position de repli) ; 1 groupe de 232ᵉ R.A.C.

Le bataillon colonial est destiné à attaquer la cote 204, sous les ordres du général commandant la 10ᵉ division coloniale. Le contact est pris avec ce bataillon à Azy par une reconnaissance de l'escadron divisionnaire.

Ordre est donné à la brigade de cavalerie de diriger son bataillon à pied sur le bois de la Marette dont il occupera la lisière est, en liaison à gauche avec le bataillon du 356ᵉ, cherchant à droite la liaison vers Crogis, avec le 53ᵉ colonial qui se dirige sur Courteau et Essomes.

Le régiment américain organisera une position de repli : deux bataillons en ligne ; à droite de Bonneil à la Nouette ; à gauche de la Nouette au Thiolet.

Le troisième bataillon organisera un réduit à la tête du ravin de la Croisette.

Le génie organisera la croupe au nord de Romeny.

L'état-major de la 10ᵉ division coloniale a interprété l'ordre d'attaquer sur 204 autrement que l'état-major Gaucher. Il compte que c'est le général Gaucher qui sera chargé de l'attaque.

La question est soumise au corps d'armée.

L'affaire se présente mal. Situation de l'ennemi peu définie, artillerie insuffisante. Le boche pousse très fortement sur le 356ᵉ et sur Bouresches. Dans ces conditions, le général commandant le 21ᵉ corps décide que l'attaque n'aura pas lieu et que le bataillon colonial sera à la disposition du général Gaucher, dont le secteur s'étendra jusqu'à la Marne.

Ordre est donné à ce bataillon d'occuper le bois du Loup et Crogis, en liaison à gauche avec les hussards du bois de la Marette.

Dans la matinée, l'ennemi attaque violemment le 356ᵉ et la 43ᵉ division. Il prend pied dans Bouresches et cherche à s'infiltrer vers le Triangle.

Devant cette situation, le général Gaucher décide qu'au lieu de construire un réduit au ravin de la Croisette, les Américains s'établiront à la cote 201, sur la grand'route, à l'ouest de Thiolet.

Deux compagnie y seront employées, les deux autres restant en réserve, prêtes à appuyer le 356ᵉ.

L'ennemi échoue et laisse de nombreux cadavres devant le bois des Clerembauts.

En fin de journée, de la Marne à la ferme du Triangle, le groupement Gaucher occupe une ligne continue, étayée par le régiment américain qui organise une position de repli.

Le boche ne passera pas.

*
* *

Le 2 juin au matin, la situation s'est modifiée. Dans la nuit, les Allemands se sont emparés de la partie nord de Château-Thierry. La division Marchand s'est installée sur la rive gauche après avoir fait sauter les ponts.

La situation étant douteuse de ce côté où nous ne pouvons trouver la liaison, le général Gaucher donne l'ordre de faire sauter le pont d'Azy qui est complètement détruit à 8 heures.

Le général prescrit à tous la résistance à outrance. Le terrain sera défendu pied à pied. Une ligne de repli est prévue : Moucherelle, La Genette, La Masure, Domptin, croupe nord de Domptin. Les Américains se laisseront traverser et prendront le combat à leur compte sur la position qu'ils construisent entre le Thiolet et Bonneil.

L'ennemi cherche vainement à s'infiltrer dans nos lignes. Les liaisons sont solidement établies ; il ne peut trouver de fissures.

A midi, le secteur est modifié. Le général Lavigne-Delville, commandant la 4ᵉ division de cavalerie, reçoit le commandement d'un groupement, à cheval sur la Marne, englobant la partie du front comprise entre la corne sud-est du bois de la Marette et la Marne avec le bataillon colonial qui l'occupe.

Le soir, ordre du 21ᵉ C.A. Le général commandant la 2ᵉ division américaine prendra le commandement, le 3 juin, à 9 heures, de l'ensemble des secteurs actuels de la 43ᵉ D.I. et du groupement Gaucher. Il aura sous ses ordres les troupes en secteur.

Le général Gaucher et son état-major iront s'installer au Q.G. de la 2ᵉ D.I.U.S. jusqu'à nouvel ordre, pour donner au général Bundy et à son état-major tous renseignements qui pourraient leur être utiles.

Dans la nuit, contre-ordre : surseoir à l'exécution pour permettre à la 43ᵉ division de faire une contre-attaque qu'elle a préparée.

La journée du 3 juin se passe sans incident notable et le 4, à 8 heures, le général Bundy prend le commandement du secteur dans les conditions prévues pour le 3 juin.

Le général Gaucher passe vingt-quatre heures près de lui, à Montreuil-aux-Lions et le 5 juin, à midi, sa mission ayant pris fin, gagne Saacy (18 kilomètres sud-ouest de Château-Thierry) où il va regrouper sa division dispersée.

*
* *

Qu'étaient devenus, pendant ces journées, les corps de la division ?

Le premier engagé avait été le 13ᵉ groupe de chasseurs, réduit aux 43ᵉ et 59ᵉ B.C.P. par l'absence du 41ᵉ, encore en Lorraine.

Dès le matin du 30 mai, le groupe était à la disposition de la 43ᵉ division avec un groupe d'artillerie du 232ᵉ R.A.C.

Le colonel Dussauge avait installé le 43ᵉ B.C.P. au nord de Rocourt-Saint-Martin, face à l'est, surveillant les débouchés du ru Garnier, et le 59ᵉ B.C.P. à la lisière nord du bois du Châtelet.

Il avait devant lui des éléments du 1ᵉʳ et du 31ᵉ B.C.P. et le 12ᵉ bataillon malgache.

Dans la matinée du 30, le 59ᵉ B.C.P. envoie des reconnaissances sur Coincy et Brécy, qui sont accueillies à coups de fusil.

Vers midi, apprenant que les Allemands progressaient dans le ru Garnier et qu'Armentières est évacué, le colonel Dussange établit sa ligne de défense entre la pointe nord du bois du Châtelet et le bois à 400 mètres sud de la Croix. Le soir, le bataillon malgache repousse une attaque et contre-attaque lui-même à trois reprises.

A la pointe du jour, le 31 mai, l'ennemi reprend son infiltration, marmite violemment nos premières lignes et attaque à fond, à 7 heures.

La 4e division placée à la gauche de la 43e se replie brusquement vers l'ouest, découvrant complètement la gauche de la 43e division, derrière laquelle les masses allemandes font irruption.

Il n'y a pas encore d'artillerie en action ; le colonel Dussauge voyant le danger ordonne un mouvement de repli, autour de la pointe du bois du Châtelet comme pivot. Le 59e amènera sa gauche à la sortie sud de Rocourt. Le bataillon malgache tiendra de ce point au bois de Grisolles. Le 43e tiendra la lisière nord du bois de Grisolles, cherchant la liaison avec les éléments français du bois de Bonnes.

Le mouvement s'exécute en bon ordre, mais le 59e, brusquement découvert à droite par un recul imprévu du régiment avec lequel il était en liaison, se trouve complètement en l'air et se replie à travers le bois du Châtelet, en contre-attaquant plusieurs fois, sur la ferme Plaisance où il retrouve le bataillon malgache engagé dans un violent combat.

Une attaque sortie du bois du Roi leur coupe la retraite. Les éléments mélangés du 59e et du bataillon malgache se frayent un passage sous le feu des mitrailleuses allemandes, réussissent à rallier les lignes du 152e, se reforment et arrivent, à 21 heures, à Licy-Clignon.

Pendant ce temps, le 43e B.C.P. se repliant en bon ordre sous une pression violente et continue, dans un combat très meurtrier de part et d'autre, finit par atteindre à la nuit Licy-Clignon, après avoir manqué, à son tour, d'être cerné et capturé.

Le 152e installé sur les lisières du bois de Bonnes, prolongé sur sa droite par le C.I.D. (commandant d'Auzers) est attaqué toute la journée, mais ne perd pas un pouce de terrain et, le soir, tient encore tout le bois quand il est rattaché à la 43e division. Le colonel Meilhan reçoit alors l'ordre de porter son

P.C. à Monthiers, où le 3e bataillon et la C.H.R. le rejoignent, après une marche de 40 kilomètres en pleine chaleur.

Le 133e, en liaison à droite avec le 152e, tenait en fin de journée, au nord de Sommelans, une ligne joignant le bois de Bonnes à Rassy, en passant par la ferme Halloudray. En même temps que le 152e, il était placé sous les ordres du général commandant la 43e division.

Le régiment n'avait pas été sérieusement engagé pendant cette journée. A peine atteint par le premier contact dans la matinée, il avait dû se replier, sur ordre, vers midi, sur la ligne bois de Bonnes-Rassy, pour permettre le passage d'une contre-attaque de la 73e division sur le front Latilly-Rassy et n'avait plus été inquiété.

Le 1er juin, au lever du jour, le 133e tient le front Sommelans-Priez.

Le 152e, enfin au complet, est en avant de Monthiers. Sur sa droite, le colonel Meilhan a organisé, sous le commandement du commandant d'Auzers, un groupement d'environ 600 fusils et 3 mitrailleuses avec le C.I.D./164, des éléments disjoints du 214e, du 252e, et du C.I.D./43.

Cette petite troupe tiendra jusqu'au soir, sans broncher, le front Etrepilly - ferme Gonétrie, qu'elle ne cèdera qu'à la dernière limite, isolée à droite et à gauche et menacée d'être enveloppée, pour se replier dans le plus grand ordre, dans la direction de retraite qui lui avait été assignée.

Le groupe de chasseurs, toujours accompagné du bataillon malgache, s'est remis en ordre dans la nuit à Licy-Clignon, à l'abri des deux régiments d'infanterie, et il est prêt à reprendre sa place au feu.

Dès le matin, le boche attaque en force sur tout le front.

Partout, les bataillons résistent opiniâtrement. Les cadavres gris s'entassent devant chaque ligne où nos unités font tête. Mais le nombre des assaillants augmente toujours. Ils appliquent partout la méthode qui leur réussit depuis deux mois, se glissent dans toutes les fissures, profitant de toutes les fautes de liaison, poussant rapidement des mitrailleuses légères dans les intervalles qu'ils trouvent. Et les unités se voyant prises de flanc, craignant d'être cernées, doivent se replier.

A midi, le 133e tient encore Chevillon, Courchamps, La Grenouillère ; le 152e a perdu Monthiers. Le 13e groupe de chasseurs, le 43° à droite, face à Monthiers, le 59° et le bataillon malgache, face à Courchamps, prennent position en avant de Licy-Clignon et sont bientôt attaqués. Ils tiennent plusieurs heures sur place, puis, brusquement découverts à droite, doivent se replier vers la ligne Torcy-Bussiares.

En fin de journée, le 133° tient Hautevesnes, malgré des attaques furieuses, poussées jusqu'au corps à corps. Les chasseurs occupent les gués de Bussiares et la cote 126. Le 152° tient Torcy-Belleau. Le détachement d'Auzers couvre Lucy-le-Bocage, dans la direction de Bouresches.

La journée du 2 juin fut rude pour tous.

Dès le matin, le 133° était étalé sur un grand front. Son 1er bataillon avait été mis à la disposition du colonel Dussauge qui l'avait employé à renforcer le 43° B.C.P. et le 59° très épuisés. Le régiment avait été, dans la nuit, placé sous les ordres du général commandant la 73° D.I. qui avait donné au colonel le commandement d'un groupement, composé de son régiment, d'un bataillon du 120°, deux compagnies du génie, un dépôt divisionnaire, une compagnie cycliste, deux escadrons de cavalerie, une section d'autos-canons. Il tenait ainsi, de Gandelu à Belleau, les hauteurs sud du Clignon. Dans la matinée, un général américain, venu prendre contact avec le colonel Kiffer, et le voyant inquiet de sa gauche, n'hésita pas à avancer l'entrée en ligne de ses unités et mit à sa disposition un bataillon d'élite de la brigade de marine.

Ainsi étayé par l'appui chevaleresque des Américains, le colonel Kiffer tient jusqu'au bout le front Gandelu - Veuilly-la-Poterie.

Sur sa droite, l'ennemi parvient à pénétrer les chasseurs vers Bussiares. Les bataillons épuisés, menacés de tous côtés, se replient peu à peu vers le sud-ouest, jusqu'à ce que l'énergie du colonel Dussauge parvienne à les arrêter à la cote 142, d'où le 43° peut encore progresser et reprendre du terrain vers le nord, avant la nuit.

De son côté, le 152° a connu une de ses plus rudes et glorieuses journées.

Le colonel Meilhan avait reçu, du général commandant la 43° division, le commandement d'un groupement, comprenant le 152°, le 158° et quelques bataillons d'autres unités. Il avait passé le commandement du régiment au commandant du

Bourg. Ce fut surtout le 3ᵉ bataillon (commandant Jenoudet) qui supporta l'effort de l'ennemi ; il se battit héroïquement, laissant ses voisins reculer sans les suivre, défendant le terrain pied à pied, presque entouré. De sa compagnie de mitrailleuses, commandée par le capitaine Mazuer, qui brûla jusqu'à ses dernières cartouches, il ne revint presque personne. Les mitrailleurs furent tués sur leurs pièces ou faits prisonniers.

A la tombée de la nuit, le 152ᵉ se reformait en arrière de Lucy-le-Bocage. Le colonel Meilhan était resté presque seul, dans le village, qu'il ne voulait pas laisser prendre et il étudiait le moyen d'en organiser la défense, pour le garder ou s'y faire tuer, quand il reçut l'ordre de monter une contre-attaque. Le régiment n'en pouvait plus : on pouvait encore lui demander de se laisser massacrer sur place, mais attaquer ?.... Les circonstances étaient telles qu'il fallait tout risquer pour gagner du temps et éviter un désastre irréparable, tant que les forces suffisantes pour briser définitivement l'offensive ennemie ne seraient pas rassemblées. Le 3 au matin, le 152ᵉ reprenait, de haute lutte, une grande partie du terrain perdu la veille.

Mais l'ennemi n'avait pas encore renoncé à percer et il attaque, dès le matin, avec la dernière violence dans la région Bussiares-Eloup. Le bataillon Peron et le bataillon Boulmer du 133ᵉ résistent opiniâtrement ne cédant le terrain qu'à la dernière extrémité ; nombre de groupes sont encerclés et parviennent à s'échapper à travers les lignes allemandes.

La ligne se fixe le soir, pour ne plus reculer, à Gandelu, Veuilly-la-Poterie, en avant de Champillon, où est blessé le capitaine Peron pendant qu'il étudiait, en première ligne, la mise en état de défense du village.

Le 4 au matin, 133ᵉ, 152ᵉ et chasseurs, relevés par les Américains, s'acheminent vers la zone de Saacy où ils devaient rejoindre la division et prendre un repos bien gagné.

Le général de division leur adresse l'ordre suivant :

Les troupes de la division, jetées dans la bataille aussitôt débarquées, viennent de livrer, du 29 mai au 4 juin, de durs, mais glorieux combats ; leur esprit de devoir, leur opiniâtreté et leur courage ont fait l'admiration de tous les chefs sous les yeux desquels elles ont combattu. Elles quittent le champ de bataille avec la satisfaction d'avoir puissamment contribué à arrêter l'invasion boche ; les sacrifices ont été lourds, mais nous sommes à une période où le salut du pays exige qu'on ne marchande rien.

Regroupée à l'arrière, la division va se reconstituer rapidement.

Il faut que dans le minimum de temps elle soit de nouveau prête au combat : rien ne permet de prévoir si nous aurons pour cette tâche quelques jours ou quelques heures. Tout le monde à l'œuvre jusqu'à la limite extrême de ses forces.

*
* *

Les récompenses vinrent ensuite. Le 152ᵉ, sur la proposition du général commandant la 43ᵉ division, fut cité, pour la cinquième fois, à l'ordre de l'armée avec le motif :

Engagé le 31 mai, en pleine bataille, après une marche forcée et des plus pénibles a, sous les ordres du commandant du Bourg, en l'absence du chef de corps provisoirement désigné pour exercer le commandement d'un groupement supérieur, défendu pendant cinq jours de combats incessants, avec une ténacité qui ne s'est pas démentie un instant, et en faisant subir à l'ennemi de lourdes pertes, le terrain qui lui avait été confié. Le cinquième jour de l'engagement, et malgré la fatigue, a exécuté une contre-attaque qui a repris la presque totalité du terrain arraché la veille par l'ennemi.

En même temps, le 59ᵉ bataillon de chasseurs était cité à l'ordre du corps d'armée et le 133ᵉ recevait la fourragère aux couleurs de la croix de guerre.

Le 9 juin, le 41ᵉ bataillon de chasseurs, enfin débarrassé de son épidémie, revenait de Lorraine et rentrait à la division.

XI — LA FERTÉ-SOUS-JOUARRE
VENDREST
LA BATAILLE DU 18 JUILLET

(Voir carte hors texte et croquis n° 9).

La division se reposait depuis le 5 juin dans la région de Saacy quand elle reçoit l'ordre, le 10 juin, de faire mouvement immédiatement pour aller remplacer dans la zone de la Ferté-sous-Jouarre la 133e D.I. enlevée en camions.

Sa mission devait y être d'organiser une deuxième position sur le tracé : cote 164 sud-ouest de Coulomb - Châton - Cocherel - cote 201 - Les Davids - Moitié Bard.

A sa droite et sous ses ordres, le 7e R.I. américain devait organiser une ligne prolongeant la précédente, par Caumont, Le Limon, Nanteuil-sur-Marne.

Le 11 juin, la division est stationnée dans la région nord de la Ferté-sous-Jouarre, où est installé le quartier général.

Elle se met de suite au travail pour l'exécution de sa mission.

Les cantonnements sont bons et malgré quelques obus qui ne font de mal à personne, les troupes se reposent et se refont.

*
* *

Le 14 juin, arrivent les éléments de la 4e division américaine qui vient cantonner à la Ferté-sous-Jouarre, où le général Cameron installe son Q.G. à proximité de celui du général Gaucher, et au sud de la Marne.

Le général Cameron est un soldat de carrière qui a déjà plusieurs campagnes. Sa physionomie énergique et volontaire inspire confiance. Il sait que cette guerre n'a rien de commun avec celles qu'il a déjà faites, et qu'il faut tout apprendre, sauf le courage qui est de tous les temps et de toutes les luttes et dont ses troupes ne manquent pas. Il collaborera avec le géné-

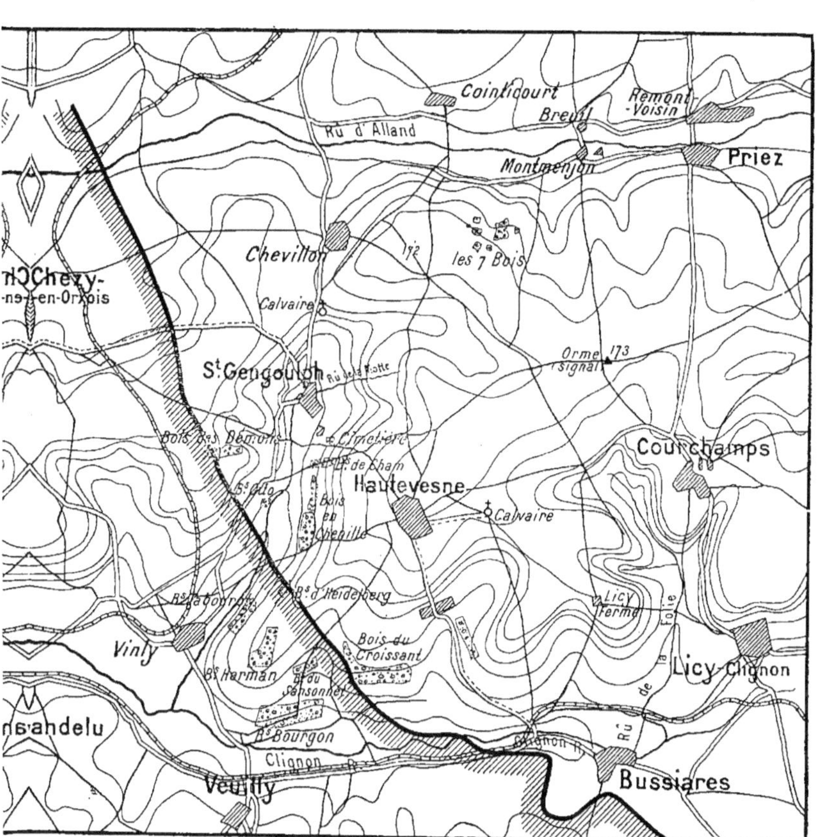

Croquis n° 9. — Attaque du 18 juillet.

ral Gaucher, dans l'esprit de la plus confiante et de la plus loyale camaraderie.

Deux mois plus tard, lors de la grande offensive américaine de la Meuse, il exercera un des commandements les plus importants de son armée.

La 4ᵉ division n'avait pas encore été engagée : le général Gaucher est chargé de diriger son instruction et de l'assurer avec les cadres et les troupes de la 164ᵉ D.I.

Cette instruction fut menée très activement et avec fruit, du moins en ce qui concerne les corps de troupe qui ne demandaient qu'à apprendre et profitèrent largement de l'expérience de leurs camarades français, plus anciens dans l'art de la guerre moderne.

La mission était d'une exécution plus délicate avec les cadres supérieurs et les états-majors, qui se considéraient comme très suffisamment instruits et ne se prêtaient que difficilement à recevoir des conseils, même donnés avec tact, d'autant plus que les emplois équivalents étaient remplis chez eux par des officiers d'un grade parfois beaucoup plus élevé que dans les états-majors français.

Quoi qu'il en soit, le résultat fut bon. En particulier, une école de spécialités installée au C.I.D. eut un grand succès et rendit aux régiments américains des équipes tout à fait confirmées.

Il n'est pas jusqu'à la cuisine qui leur fut enseignée par des « cuistots » français mis en subsistance dans les unités américaines et qui y furent si appréciés que les colonels américains ne voulaient plus les rendre.

*
* *

Pendant cette période, la 164ᵉ division s'instruisait elle-même et chaque bataillon put faire un exercice de combat avec les chars d'assaut, que nous n'avions encore jamais employés.

En même temps les travaux défensifs continuaient et la situation s'étant stabilisée sur le front, la ligne organisée par la division devint deuxième ligne de la deuxième position : la division était aussi chargée d'organiser la parallèle principale, passant par la lisière est du bois des Brulits - Chambardy -

Montreuil-aux-Lions - Bézu-le-Guéry - pentes est de la croupe de la cote 155 (ouest de Charly).

A ce moment, le 7ᵉ R.I.U.S. quitte la zone de Saacy pour aller en secteur ; le 4ᵉ régiment du génie américain va, le 17 juin, cantonner à Croutte pour prendre à son compte les travaux entre Bézu-le-Guéry et Charly.

Deux semaines se passent dans le calme laborieux et profitable et dans la nuit du 29 au 30 juin, arrive à la division un message du 7ᵉ C.A. qui a son Q.G. à Crouy-sur-Ourcq, donnant l'ordre de faire des reconnaissances dans le secteur de la 73ᵉ division en vue de la relever (Q.G. à Vendrest).

*
* *

Le 3 juillet, à 10 heures, le général Gaucher reçoit du général Lebocq, le commandement du secteur de Vendrest, devant Hautevesnes et Saint-Gengoulph, entre Chézy-en-Orxois et Vinly, qui est, à la droite du secteur, le point où le boche s'est le plus approché de Paris.

L'heure est proche, où l'ennemi va, sous la baguette du grand chef français, reprendre le chemin du Rhin. On ne le sait pas encore, mais le commandement prépare sa bataille.

Tant pour avoir des prisonniers que pour étudier le terrain, la division fait des coups de main, sonde le front ennemi.

Le 15 juillet, une petite opération est exécutée pour améliorer la base d'attaque d'Hautevesnes.

*
* *

Le 16 juillet, la division reçoit l'ordre d'attaquer sur Hautevesnes renforcée de la division Cameron (moins une brigade et l'artillerie), d'un groupe de 155 Schneider, de deux groupes de 220 et d'un groupe de 280. Elle dispose, en outre, d'une compagnie de chars d'assaut légers.

L'attaque sera encadrée dans une offensive générale de la VIᵉ armée et de l'armée voisine de gauche, la Xᵉ.

A droite de la division, la 167ᵉ division (général Schmidt).

A gauche, la 47ᵉ division de chasseurs (général Dillemann).

Il s'agit d'un vaste rabattement. La 167ᵉ division au pivot, et la Xᵉ armée, partant de la forêt de Villers-Cotterêts, à l'aile marchante. Il résulte de cette idée de manœuvre que la 167ᵉ division a des objectifs très rapprochés, à la sortie de sa ligne de départ ; la 164ᵉ division se voit assigner des objectifs à peine plus éloignés, au maximum Hautevesnes ; la 47ᵉ division a plus d'espace devant elle, mais a reçu l'ordre de prévoir des temps d'arrêt considérables, qui rendront son avance très lente.

Le moral est bon : les troupes sont un peu fatiguées par quinze jours d'organisation d'un secteur neuf, sous la menace et l'attente d'une offensive allemande, qui ne s'est d'ailleurs pas produite.

Les reconnaissances des dernières nuits et les interrogatoires des prisonniers ont montré que, devant nous, l'ennemi est de médiocre qualité et ne s'est pas installé. Pas de lignes sérieuses, pas de réseaux de fil de fer. Des ouvrages légers et dispersés, occupés par des troupes de second ordre, aux effectifs réduits.

Le secret a été parfaitement gardé ; les exécutants n'ont su que le 17, dans la journée, qu'ils entreprendraient le lendemain cette offensive qui devait les conduite à l'hallali du boche.

*
* *

Dans cette journée du 17, est établi le plan d'engagement de la division, dont les parties suivantes donnent la physionomie de l'opération :

. . . .

II. — *But de l'action offensive.*

a) Mission de la D.I. — Rupture du front entre le Clignon et le ru d'Alland, en liaison au sud avec la 167ᵉ D.I. (1ᵉʳ C.A.U.S.) au nord avec la 47ᵉ D.I. (2ᵉ C.A.).

b) Secteur d'engagement de la D.I. — Limite sud : Corne nord-ouest du bois du Croissant - Ferme Licy-Monthiers (exclu) Moulin-des-Prés.

Limite Nord : Le ru d'Alland à la 47ᵉ division.

c) Mission des divisions voisines :

1° A droite, la 167ᵉ division attaque les petits bois au sud d'Hautevesnes.

2° A gauche, la 47ᵉ division attaque sur l'objectif normal : hauteur nord-ouest de Breuil, Neuilly-Saint-Front.

Conditions générales d'exécution.

a) Idée de manœuvre. — Attaquer Hautevesnes et le déborder par le nord et par le sud. Principal effort par le nord ;

b) Attaque par surprise, sans préparation d'artillerie, sous le couvert d'obus fumigènes, au jour J, à une heure H, qui seront fixés ultérieurement.

III. — *Définition des objectifs.*

a) Objectif de l'action offensive.

1ᵉʳ *objectif.* — Chemin de Cointicourt à Hautevesnes, depuis le ru d'Alland jusqu'à hauteur du ru de la Motte; pentes est d'Hautevesnes à l'est de ce village, chemin de terre d'Hautevesnes à Licy (ferme), liaison à droite avec la 167ᵉ D.I.

2ᵉ *objectif.* — Croupe au sud de Montmenjon, signal de l'Orme-Courchamps.

3ᵉ *objectif* (éventuel). — Chemin de terre Sommelans, Monthiers.

b) Exploitation en direction de Bonnes et Bézu-Saint-Germain.

IV. *Plan d'emploi de l'ensemble des troupes d'attaque.*

a) Deux attaques distinctes.

1° *Au nord,* 4 bataillons, dont un américain, aux ordres du lieutenant-colonel Dussauge avec une compagnie de chars d'assaut :

2 bataillons de chasseurs et un bataillon américain en 1ʳᵉ ligne ; le bataillon américain au centre ; 1 bataillon de chasseurs en soutien.

Objectif : Chevillon et mamelon 172.

2° *Au sud,* 4 bataillons dont un américain, aux ordres du lieutenant-colonel Kiffer (sans chars d'assaut) :

2 bataillons du 133ᵉ en 1ʳᵉ ligne ; 1 bataillon du 133ᵉ et 1 bataillon américain en soutien, en profondeur, derrière la droite du dispositif.

Objectif : Hautevesnes et pentes à l'est.

Liaison à droite avec la 167ᵉ D.I. qui marche sur les bois au sud d'Hautevesnes, en direction de la ferme Licy.

3° *Liaison entre les deux attaques.* — Un bataillon du 152ᵉ cheminant par les pentes est du ravin de Saint-Gengoulph, avec mission de se rabattre à l'est pour déborder Hautevesnes, par le nord. `

Ce bataillon aux ordres du lieutenant-colonel Kiffer.

4° *Réserves.* — Le 152ᵉ (moins 1 bataillon) renforcé d'un bataillon américain, aux ordres du lieutenant-colonel Meilhan :

2 bataillons français en 1ʳᵉ ligne ; 1 bataillon américain en soutien.

Mission : Suivre le mouvement en contournant par le nord, le ravin de Saint-Gengoulph ou en le traversant dans sa partie nord.

Le lieutenant-colonel Dussauge est autorisé à faire appel au bataillon américain de la réserve s'il est nécessaire pour prolonger sa droite et boucher les trous qui pourraient se produire dans la liaison avec le détachement Kiffer.

b) Limitation des sous-secteurs d'attaque à fixer par le colonel commandant l'I.D./164.

c) Horaire. — A l'heure H : attaque par surprise du 1ᵉʳ objectif sous le couvert d'obus fumigènes.

En arrivant sur le 1ᵉʳ objectif, jalonnement par panneaux (ne pas oublier d'agiter les panneaux).

A H + 1 h. 30, attaque du 2ᵉ objectif, jalonnement à l'arrivée. Cet objectif ne sera pas dépassé sans un ordre du général de division, transmis par l'avion, avec le signal prévu par le plan des liaisons (une fusée jaune et une fusée à six étoiles).

L'attaque sera reprise 15 minutes après la fin du quart d'heure pendant lequel aura été fait le signal. Exemple : signal fait à 8 h. 10 — attaque à 8 h. 30.

L'ordre sera donné par le P.C. de la D.I. en plaçant près du panneau d'identification le signal : ×

d) Liaisons avec les D.I. voisines : liaison avec la 167ᵉ D.I. par détachement mixte d'un peloton de mitrailleuses de chaque D.I. sous le commandement d'un officier du 133ᵉ et une section.

La liaison entre la 164ᵉ division et la 47ᵉ D.I. sera assurée par un peloton et une section de mitrailleuses par D.I. placés sous un commandement unique (officier de la 47ᵉ D.I.) et progressant sur la rive nord du ru d'Alland.

Peloton et section à fournir par le 13ᵉ groupe de chasseurs.

Le lieutenant-colonel Dussauge reçoit une instruction particulière relative à sa liaison avec la 47ᵉ D.I.

e) Répartition et mission des forces et moyens à la disposition de la D.I.

Infanterie. — Troupes d'assaut : 133ᵉ R.I. ; 13ᵉ groupe de B.C.P. ; 1 bataillon du 152ᵉ et 2 bataillons du 58ᵉ R.I.U:S. ;

Troupes réservées : 2 bataillons du 152ᵉ ; 1 bataillon du 58ᵉ R.I.U.S. réserve d'I.D. ;

2 bataillons du 59ᵉ R.I.U.S., garnison de sûreté de la position de résistance ;

1 bataillon du 59ᵉ R.I.U.S., en réserve de C.A. au château de Brumier. Mission : barrage d'arrêt pour les isolés.

Artillerie. — 3 groupes de 75, 2 groupes de 155 C.S., 2 groupes de 240, 1 groupe de 280.

Aéronautique. — Escadrille 259 - ballon 62.

Génie. — 2 compagnies divisionnaires du génie : 1 à la disposition du lieutenant-colonel Kiffer; 1 à la disposition du lieutenant-colonel Dussauge ; 2 compagnies du génie américain à la disposition du lieutenant-colonel Kiffer pour organisation du terrain conquis.
Parc du génie divisionnaire à Coulombs.

Cavalerie. — Escadron divisionnaire. Le capitaine et deux pelotons à la disposition du lieutenant-colonel Dussauge : 1 peloton, liaison du Q.G. et de l'I.D. ; 1 peloton, à la disposition du C.A.

Chars d'assaut. — Une compagnie de chars légers à la disposition du lieutenant-colonel Dussauge.

. . . .

f) P.C. de la D.I. — P.C. initial, Vendrest ; P.O. du général, observatoire des Brulits ; premier déplacement prévu du P.C., Vaux-sous-Coulombs ; P.C. de l'I.D., Vaux-sous-Coulombs ; premier déplacement prévu : Chézy-en-Orxois.

. . . .

VI. *Plan d'emploi des chars d'assaut.* — Une compagnie à la disposition du lieutenant-colonel Dussauge. Mission : accompagnement de l'infanterie et réduction des résistances locales.

Quand ils auront terminé leur mission, les chars d'assaut iront se mettre à l'abri derrière Chézy-en-Orxois.

VII. *Plan d'emploi de l'aéronautique.* — L'escadrille 259 entretiendra une permanence d'avion d'infanterie et d'avion de bombardement à partir de l'heure H.

. . . .

. . . .

, ...

*
* *

Ensuite, pour bien préciser son idée de manœuvre, le général envoie à tous, les indications ci-dessous :

DIRECTIVE POUR LES EXÉCUTANTS

Idée de manœuvre.

1re *phase. — Deux attaques distinctes.*

Au nord : 4 bataillons dont un américain, aux ordres du lieutenant-colonel Dussauge, avec chars d'assaut.

Objectif : Chevillon et mamelon 172.

Avoir un détachement de liaison dans le ru d'Alland avec mitrailleuses.

Au sud : 4 bataillons dont un américain, aux ordres du lieutenant-colonel Kiffer (sans chars d'assaut).

Objectif : Hautevesnes et pentes à l'est.

Liaison à droite avec la 167e D.I. qui marche sur les bois au sud d'Hautevesnes en direction de la ferme Licy.

Liaison entre les deux attaques.

1 bataillon du 152e cheminant sur les pentes est du ravin de Saint-Gengoulph, avec mission de se rabattre à l'est pour déborder Hautevesnes par le nord : aux ordres du lieutenant-colonel Kiffer.

Réserves : 152e R.I. (moins 1 bataillon) renforcé d'un bataillon américain, aux ordres du lieutenant-colonel Meilhan.

Mission : suivre le mouvement en contournant par le nord le ravin de Saint-Gengoulph ou en le traversant dans sa partie. nord.

Le lieutenant-colonel Dussauge est autorisé à faire appel au bataillon américain de la réserve s'il est nécessaire pour prolonger sa droite et boucher les trous qui pourraient se produire dans la liaison avec le détachement Kiffer.

Détermination exacte du 1er objectif. — Chemin Cointicourt - Hautevesnes, depuis le ru d'Alland jusqu'à hauteur du ru de la Motte - pentes est d'Hautevesnes, à environ 800 m. à l'est de ce village, chemin de terre d'Hautevesnes à Licy (ferme) liaison à droite avec la 167e D.I.

Recommandations. — Attaque d'Hautevesnes : chercher surtout à déborder le village au nord et au sud ; prévoir son nettoyage.

Le lieutenant-colonel Dussauge se préoccupera de faciliter la chute d'Hautevesnes, d'abord par la continuité de son attaque vers l'est, ensuite en disposant de sa dernière section de chars d'assaut pour la diriger, dès que possible, vers le nord-est d'Hautevesnes.

Hautevesnes et la croupe 172 seront organisés face à l'est, aussitôt après l'occupation par des troupes américaines qui seront laissées comme garnisons et aidées par deux compagnies de génie américaines poussées immédiatement en ce point.

Chaque point d'appui sera, en outre, renforcé par une compagnie de mitrailleuses du bataillon de la 4e D.U.S.

2e phase. — *2e objectif :* croupe sud de Montmenjon, signal de l'Orme - Courchamps.

Toute la manœuvre doit tendre à écraser Courchamps par l'artillerie, à fixer par le feu les défenseurs à ses lisières et à le déborder en manœuvrant par le nord, en direction de la Grenouillère (cote 183). Le maximum des moyens doit donc être employé au nord de Courchamps.

Dès que le chemin Priez-Courchamps aura été atteint, il pourra être fait appel aux éléments américains chargés de tenir nos positions de départ dans la proportion de deux compagnies de chacun des bataillons du 59e qui seront dirigées, 2 compagnies sur le calvaire nord d'Hautevesnes, 2 compagnies sur le calvaire nord de Saint-Gengoulph, réserves à la disposition de l'I.D. (avec mitrailleuses corrspondantes).

3ᵉ *phase*. — 3ᵉ *objectif* : chemin de terre Sommelans - Monthiers.

Observation générale.

Il ne peut s'agir, en l'espèce, d'une progression en vagues d'assaut : c'est une progression en pleins champs, par groupes de combat pratiquant l'infiltration.

Emploi de l'escadron divisionnaire.

Un peloton au P.C. de la D.I. (initialement à Vendrest).

Un peloton probablement à la disposition du corps d'armée pour la police de la circulation.

2 pelotons avec le capitaine commandant (3 si le C.A. ne prend pas le peloton ci-dessus désigné) à la disposition du lieutenant-colonel Dussauge.

Le capitaine Argoud prendra les ordres du lieutenant-colonel Dussauge à son P.C.

Renseignement particulier. — L'action de la D.I. n'est pas une action isolée : elle fait partie d'un tout extrêmement important, puisque l'attaque est menée simultanément entre Soissons et la Ferté-sous-Jouarre par deux armées, la Xᵉ et la VIᵉ, la Xᵉ avec de très puissants moyens, la VIᵉ avec des moyens plus restreints.

Si notre action est, dans l'ensemble, une action secondaire, par les moyens réduits dont elle dispose elle peut devenir par l'entrain et la ténacité des troupes dans la marche en avant, d'une extrême importance.

Le général GAUCHER, commandant la 164ᵉ D.I.

*
* *

Enfin, le soir, le général sentant, pour employer sa propre expression, que la poire est mûre, et que le moment est venu de la cueillir, adresse aux chefs de corps une note personnelle et secrète où il leur donne, non plus un objectif, mais une direction : celle par où l'ennemi sera chassé de France.

NOTE PERSONNELLE

pour tous les chefs de corps pour orienter leurs subordonnés.

L'attaque à laquelle prend part la division a des objectifs désignés à l'avance. Mais s'ils sont atteints facilement, personne ne devra considérer sa tâche comme terminée.

Les chefs de tout grade auront à cœur de prendre l'initiative de pousser toujours plus en avant sans *attendre d'ordres*, uniquement avec le souci de signaler leur présence à l'artillerie.

L'artillerie de son côté devra, *sans attendre d'ordres*, suivre l'infanterie pour l'appuyer.

Le commandement à tous les échelons devra s'employer à assurer le *ravitaillement en munitions*.

L'infanterie fera usage de son feu, même aux grandes distances pour faciliter sa progression : les groupes de combat chercheront à déborder par la manœuvre les points de résistance.

Le 27 mai, les boches ont fait dans la première journée près de 20 kilomètres ; nous devons pouvoir faire aussi bien qu'eux, si les circonstances nous favorisent. Or, le gros des forces boches est concentré en Champagne où il s'épuise devant la résistance de nos camarades. Nous n'avons devant nous que des éléments de qualité inférieure et l'attaque à laquelle nous participons est exécutée en même temps par un nombre considérable de divisions. De grandes espérances nous sont permises si chacun y va avec tout son cœur.

*
* *

Dans la nuit du 17 au 18, les mouvements de mise en place s'exécutent selon les prévisions. Un orage avec une violente tempête viennent à point pour étouffer le bruit des chars d'assaut et la montée en ligne des Américains. Le Boche ne se doute de rien.

L'aube du 18 juillet éclaira la ruée la plus formidable, l'élan le plus magnifique que l'on eût vu depuis le début de la campagne. Régiments, bataillons, et groupes étaient entraînés par des chefs incomparables. Tous avaient foi dans la victoire.

L'infanterie ne demande qu'à marcher ; l'artillerie, qu'à la suivre.

A 4 heures 35, sans coup de canon préalable, sans une destruction, sans une neutralisation, d'un bout à l'autre de la ligne, ces hommes qui tant de fois se sont brisés sur des réseaux, écrasés sous les barrages, ces hommes se lèvent, en vagues alignées comme à la manœuvre et courent sus à l'ennemi avec un tel entrain qu'ils laissent en un moment derrière eux le barrage de 75. Couverts par un tir d'obus fumigènes, ils tombent sur les boches endormis, prennent ou tuent ceux qui se défendent.

Le colonel Briard avait, comme toujours, bien réglé l'emploi de ses canons ; l'artillerie ennemie, battue et aveuglée, ne se met en action que lentement, sans accord et sans précision.

En cinq minutes, le 133ᵉ est à Hautevesnes, que le bataillon Peron déborde par le sud pendant que le bataillon Blanc traverse le village, dont nous sommes entièrement maîtres à cinq heures.

Les hommes sont enragés ; ils marchent toujours plus vite, ivres de la joie de reprendre à grands pas ce terrain qu'ils ont dû lâcher si douloureusement, pied à pied, il y a six semaines !

« Direction : le Soleil ! — s'écrie le capitaine Coquery du 133ᵉ et — en avant ! ».

Pendant ce temps, le groupement Dussauge, luttant de vitesse, va de l'avant. Son bataillon américain, pour la première fois au feu, en bras de chemise, enlève Chevillon d'un bond.

Entre les deux, le bataillon Jenoudet du 152ᵉ, fermant la ligne, sans se laisser distancer, a balayé tout ce qui se trouvait sur son passage.

A 6 heures, le premier objectif est partout atteint. Le Boche n'y comprend rien. Les prisonniers sont ahuris. La surprise a été complète. Quand ils voient les Américains, et il y en a dans les deux groupements, ils n'ont qu'un mot : nous sommes perdus !

Leur interrogatoire laisse prévoir une résistance sérieuse à hauteur de Sommelans et la présence probable d'une division en réserve dans la région de Latilly.

*
* *

Le général commandant le 7ᵉ C.A. met les bataillons territoriaux et le bataillon du 59ᵉ R.I.U.S. réserve de corps d'armée à la disposition du général Gaucher, qui donne l'ordre à ce bataillon de se porter à Chézy-en-Orxois et aux deux bataillons du même régiment qui étaient en réserve sur la position de résistance de se tenir prêts à aller au premier signal au nord d'Hautevesnes.

Déjà des groupes d'artillerie amènent les avant-trains pour suivre la progression de l'infanterie ; le ballon 62 se porte en avant.

Toute la ligne s'est reportée en avant vers le deuxième objectif.

Au delà du ravin du ru de la Folie, Courchamps se dresse devant le 133ᵉ. L'ennemi s'y défend et résiste en avant sur le ruisseau.

Le 133ᵉ enlève la ferme Licy à sa droite puis, encerclant le village par le sud, progressant rapidement malgré les pertes causées par les nombreuses batteries du ru de la Folie, il entre dans Courchamps que nous tenons entièrement à 8 heures 15.

En trois heures, le 133ᵉ avait avancé de 5 kilomètres, fait 350 prisonniers, pris 22 canons et un matériel considérable, mitrailleuses, minen, munitions d'artillerie ; jamais encore on n'avait vu pareil succès.

Dans cette attaque, le bataillon américain du groupement Kiffer, haché à bout portant par des batteries allemandes qui tiraient à vue directe leurs derniers obus, avant d'être prises, marcha superbement jusqu'au bout sans s'arrêter, sans hésiter.

Le bataillon Jenoudet est au signal de l'Orme. Il a à son actif 150 prisonniers, 10 mitrailleuses et 3 canons de 77.

A gauche, le groupement Dussauge est reparti, lui aussi, sur le deuxième objectif. Son bataillon américain, enivré de son premier succès sur Chevillon, a continué sa course en avant et traversé, comme la tempête, les Sept Bois de Montmenjon.

Là, il s'est brusquement trouvé sous un feu violent d'artillerie, criblé par des mitrailleuses qui se sont révélées de tous côtés. Il tournoie un moment, puis se replie sur les lisières ouest où il se fixe. Il en résulte une poche qui subsistera jusqu'au soir.

Dès ce moment, la division se trouve en flèche sur le front de l'armée. Au sud, la 167ᵉ division n'ayant reçu l'ordre que de se lier avec opportunité à l'attaque générale et de prendre les petits bois au sud d'Hautevesnes, est restée à la lisière nord de ces bois et ne bouge plus. Il en résulte que le flanc droit du groupement Kiffer est complètement à découvert.

Il en est de même du flanc gauche, la progression de la 47ᵉ D.I. étant réglée par un horaire qui prévoit des temps d'arrêt considérables sur chaque objectif.

Mais on sent qu'il faut exploiter l'effet de la surprise.

Le boche ne s'est pas encore ressaisi, il faut en profiter. Le général Gaucher met à la disposition du colonel de Combarieu les deux bataillons de tête du 59ᵉ R.I.U.S. et à 9 h. 20, il donne l'ordre de pousser en avant sans relâche, sans limitation d'objectif, à fond. On se couvrira à droite et à gauche. S'il le faut, il donnera son dernier bataillon pour assurer la liaison avec la division de gauche.

En même temps, le général attire l'attention du commandement sur la nécessité de donner à la 167ᵉ division l'ordre de marcher en liaison avec la 164ᵉ division et sur l'intérêt qu'il y aurait à rapprocher des unités fraîches pour appuyer la progression qui paraît devoir se prolonger.

Le général, de son poste d'observation, suit le combat qui se déroule sous ses yeux comme un tableau. Quel tableau ! Le général Cameron, qui est auprès de lui, en a les larmes aux yeux ! De temps en temps, le lieutenant Avril, un ancien artilleur de la division, qui a laissé ses pièces pour entrer dans l'aviation, vient jeter un message lesté où son coup de crayon, chaque fois, porte les Français plus en avant, les Boches plus en arrière. Tant qu'il fait jour, il tient l'air, et l'on sait que sa hardiesse n'a d'égale que la précision de ses observations.

A la fin de la matinée, la progression se ralentit.

Le colonel de Combarieu prépare un passage de lignes, avec l'approbation du général qui prescrit la reprise de l'attaque à 13 heures sur toute la ligne.

Dans l'après-midi, de fortes résistances se révèlent aux fermes de la Grenouillère, de la Remise et Pétret, occupées par de nombreuses mitrailleuses.

Le 133ᵉ parvient à élargir son occupation de Courchamps et à faire tomber quelques mitrailleuses qui, de la cote 169, à un kilomètre à l'est du village, y rendaient le séjour très pénible. Il échoue devant la ferme Pétret.

La 167ᵉ division s'est mise en mouvement. Elle a atteint la ferme Licy mais n'en débouche pas. En fin de journée, elle prendra, par le sud, Licy-Clignon, où le 133ᵉ R.I. reçoit l'ordre de rechercher la liaison avec elle.

A gauche, le commandant Michelin, avec un bataillon du 59ᵉ R.I.U.S. mis à sa disposition, a repris et dépassé les Sept Bois. Sa tâche a été dure, tant à cause de la lente progression de la 47ᵉ D.I., bridée par son horaire, que par la mise hors de cause de ses chars d'assaut, dont le chef a été tué et les unités désemparées.

La 47ᵉ division, le soir, atteint l'entrée de Montmenjon.

Glorieuse journée, où tous ont compris que la guerre de mouvement, tant désirée, n'existe pas seulement dans les instructions et que l'on peut encore sortir de terre pour se battre au soleil.

Les pertes s'annoncent plus lourdes que dans la guerre de position, mais qu'importe si l'on avance en bousculant le boche.

*
* *

La nuit se passe sans incidents. On souffle un peu, on se réorganise.

Les Américains du colonel Dussauge, partis, malgré tous les conseils, en bras de chemise, sans vivres ni couvertures, souffrent du froid et de la faim et il faut les remettre en contact avec ce qui leur manque. Ce n'est pas simple.

A l'aube du 19 juillet, la division doit reprendre l'attaque.

L'action devient très rude. L'ennemi est maintenant en garde.

Il a pu utiliser la nuit et nous attend dans des nids de résistance organisés et tenus par des gens qui sont décidés à se faire tuer en nous retardant le plus possible. Il n'est que juste de rendre hommage à la bravoure avec laquelle, pendant dix jours de bataille, les mitrailleurs allemands firent échec à nos attaques dans tous les points qu'ils avaient mission de tenir, se faisant tuer sur leurs pièces en tirant jusqu'au dernier instant, sans jamais fuir, ni se rendre.

La progression, dès le départ, est arrêtée par un violent barrage qui, tout à coup, est levé, reporté en arrière, puis supprimé.

Les observatoires signalent d'importants mouvements vers l'est. L'ennemi aurait-il déjà cédé et abandonné la lutte ?

Le détachement Kiffer, en liaison intime, à droite, avec la 167ᵉ D.I. au nord-ouest de Licy-Clignon, se porte à l'attaque de la ferme Pétret mais ne peut l'enlever, malgré de coûteux efforts.

Au centre, les Américains, étayés par le bataillon Jenoudet (3ᵉ/152ᵉ) s'usent devant la ferme de la Grenouillère. Pris de flanc par les mitrailleuses de la ferme Pétret, le bataillon Jenoudet ne peut dépasser de plus de 500 mètres la route Priez - Courchamps.

A gauche, le groupement Dussauge est plus heureux. A 10 heures, il tient la route Priez - Courchamps que le 41ᵉ B.C.P. atteint d'un bond malgré de lourdes pertes. Le commandant Masson, blessé, passe le commandement à son adjudant-major qui est blessé à son tour, dans la soirée.

Le 43ᵉ B.C.P., dès le départ, est noyé de gaz asphyxiants. Il enlève Montmenjon et Priez, puis est bloqué devant une position solidement organisée sur la croupe sud-est de Priez. Il réussit à se maintenir toute la journée et, à 19 heures, le commandant Michelin montant une attaque avec un bataillon du 59ᵉ R.I.U.S. et une section de chars d'assaut pousse jusqu'aux lisières ouest de Sommelans.

L'ennemi a tenté, vers 17 heures, une contre-attaque qu'une contre-préparation a dispersée, aussitôt que décelée.

*
* *

Le 20 juillet au matin, la division qui a progressé par sa gauche est donc toujours arrêtée sur son centre et à sa droite.

Il faudrait pour faire tomber la ferme Pétret que la 167ᵉ division progresse vers Monthiers. Mais elle reste fixée au moulin de la Brise qu'elle a atteint le 19.

Dès 6 heures, le 2ᵉ bataillon du 152ᵉ enlevé par son chef le jeune capitaine Piard-Deshayes, prend la Grenouillère et la ferme de la Remise.

Le général a constitué là un groupement central d'attaque avec deux bataillons du 152ᵉ sous le commandement du colonel Meilhan.

A gauche, le groupement Dussauge continue à progresser, malgré une résistance acharnée. Le 59ᵉ B.C.P. a pris à son compte l'attaque du 41ᵉ B.C.P. épuisé. A 17 heures, il est sur la route Sommelans - Bonnes.

Le commandant de Boishue, voulant suivre de près le travail de ses chars d'assaut, se porte en avant et est tué par un obus avec son adjudant-major, le capitaine Hemet. Ce fut une grande perte pour la division que ce superbe chef, à la physionomie de guerrier gaulois, qui était adoré de son bataillon et pouvait lui demander ce qu'il voulait.

Pendant ce temps, le 43ᵉ B.C.P., progressant lentement, livrait un combat de rues dans Sommelans qui lui restait en fin de journée avec des prisonniers et du matériel, dont quatre gros minenwerfer.

L'artillerie est renforcée de deux groupes de l'A.C.D./63 qui sont appliqués sur Sommelans et la ferme de l'Halloudray.

Le général Gaucher porte, à 15 heures, son P.C. à Gandelu.

La 52e division commence à arriver derrière la 164e division qu'elle va relever dans la nuit, dans la moitié gauche de son secteur. La 164e division conservera la zone d'attaque comprise entre l'ancienne limite de droite et la ligne Courchamps - Bonnes.

La relève s'opère dans la nuit par passage de lignes.

Le 133e reste seul en première ligne. Le 152e ira se regrouper au bois Harman, les chasseurs dans le ravin de Vinly.

*
* *

Dans la nuit du 20 au 21 l'ennemi, menacé sur son flanc droit par l'avance des chasseurs, découvert au centre par la prise de la Grenouillère et de la Remise, disparaît.

Le 133e, vigilant, s'aperçoit bientôt que le vide est fait devant lui, occupe la ferme Pétret et, au point du jour, 1er bataillon en tête, reprend la poursuite.

Le régiment avance rapidement à travers les blés mûrs que le boche avait espéré récolter pour lui. Aucune résistance jusqu'à Bonnes. Vers les Vallées, les obus commencent à tomber et quelques éléments de résistance se manifestent. Emporté par son élan, le régiment absorbe tous les obstacles, submerge les points d'où partent des coups de feu et, à onze heures quinze, atteint la route de Soissons à Château-Thierry. L'avant-garde y est accueillie par des feux qui prouvent que le boche a voulu recommencer là le même système de résistance qu'à la ferme Pétret. Le bois du Châtelet, dont la masse sombre masque l'horizon, est garni de mitrailleuses.

Au sud, se dresse le piton de la Maison du Bois flanquant le glacis qui s'étend devant le bois. L'artillerie allemande se montre nombreuse et active ; la position d'arrêt qui nous attend est redoutable.

A ce moment, le commandant Peron, qui n'a pas quitté sa tête d'avant-garde, se porte en avant pour tenter de repérer lui-même les mitrailleuses ennemies. Il tombe, mortellement frappé.

Le colonel Kiffer fait alors donner les chars d'assaut, derrière lesquels le 133ᵉ parvient à occuper le boqueteau de la Canarderie, mais sans pouvoir aborder le bois du Châtelet.

Le régiment est épuisé, démonté de ses cadres. Le général décide qu'il sera dépassé dans la nuit du 21 au 22 par le 152ᵉ.

Les limites de la zone d'action de la division sont prolongées. Limite nord : Bonnes exclu, pointe du V à l'ouest de Charmes, cote 228 incluse, cote 222 exclue, château de la Forêt inclus, Villers-sur-Fère et Petit-Moulin inclus.

Limite sud : Monthiers, le Tartre exclu, la Canarderie, Beuvardelle inclus.

Le général Gaucher porte, à 14 heures, son P.C. à Courchamps.

Le matin, la 167ᵉ division avait occupé Monthiers et poussé sa gauche à la cote 145.

*
* *

Le 22 juillet, à 3 h. 30, le 1ᵉʳ bataillon du 152ᵉ, ayant dépassé les lignes du 133ᵉ R.I., attaque le bois du Châtelet. Le combat se complique de plus en plus. Cette poursuite prolongée a fini par déterminer des flottements dans certaines unités. C'est ainsi que le 320ᵉ R.I., de la 53ᵉ division a traversé la zone d'attaque de la 164ᵉ division et se trouve maintenant en grande partie dans la zone de la 167ᵉ D.I. Le colonel Meilhan, se méfiant des conséquences de cette situation, a prescrit d'attaquer sans action d'artillerie et en se conformant strictement aux ordres de la division, quitte à sacrifier plus ou moins les liaisons. C'est le seul moyen de remettre tout le monde sur son chemin.

Au premier contact, le bois du Châtelet se révèle impénétrable.

Mitrailleuses partout, canons en quantité qui écrasent tout ce qui se risque au delà de la grand'route. Mais le 152ᵉ est en forme et il pousse vigoureusement ses trois bataillons en profondeur.

La compagnie Flottes, laissant autour du bois soixante cadavres, finit par y pénétrer quand, déclanché par le 320ᵉ qui ignore la situation du 152ᵉ, un de nos groupes de 75 ouvre le feu en plein sur elle.... La compagnie Flottes marche toujours.

A 5 h. 15, elle a des éléments à 300 mètres à l'intérieur des lisières. La compagnie de droite, en liaison avec le 409e, de la 167e D.I., s'est attaqué sans succès à la Maison du Bois, où elle a laissé du monde... La ferme est solidement organisée et les flancs du piton sont garnis de mitrailleuses, disséminées dans des trous, sous les arbres fruitiers.

D'après les prisonniers, l'ennemi a amené, la nuit précédente, deux régiments frais dans le bois. A 10 heures, le général Gaucher a porté son poste de commandement à Bonnes, avec poste d'observation à la ferme Plaisance.

Les éléments de la 4e division américaine sont retirés et regroupés en arrière.

*
* *

La journée du 23 se passe en efforts pour enlever le bois du Châtelet, qui résiste toujours. Le 59e B.C.P. a été mis à la disposition du 152e qui commence à se fatiguer.

Il faudrait des pages et des pages pour raconter les actes d'héroïsme qu'accomplirent ces hommes, luttant pied à pied dans les grands bois contre un ennemi invisible, mitraillés de tous les côtés, voulant vaincre quand même. On vit un char de combat, engagé le premier jour en avant des lignes, resté en panne en plein bois, tenir pendant quarante-huit heures sur place, son équipage tirant à bout portant à coups de pistolet sur les boches qui l'entouraient, jusqu'à ce qu'enfin l'infanterie fût arrivée pour le délivrer.

A 3 h. 55, le 59e B.C.P. a attaqué la Maison du Bois, où il s'est brisé.

Le soir, combinant son effort avec ceux du 409e et du 152e, il enlève la ferme.

*
* *

Le 24 au matin, plus un coup de fusil, le boche est parti.

La poursuite recommence. Tout le bois du Châtelet est occupé et nous laissons derrière nous cette sinistre Maison du Bois qui nous a coûté si cher. Sur chaque mitrailleuse, l'équipe est restée. Les bâtiments de la ferme sont pleins de cadavres. Devant la porte charretière, un coup de baïonnette en pleine poitrine, un grand soldat allemand est assis, qui semble demander au visiteur de quel droit il vient troubler le repos de ses camarades.....

A 7 h. 1/2, le 152e atteint la voie ferrée, n'ayant rien trouvé dans le bois que les Allemands ont évacué totalement, personnel et matériel. A la lisière est, il reste une plate-forme d'A.L.V.F. qui doit correspondre à un canon colossal, une des fameuses Berthas probablement. Mais pièce et munitions sont parties et il ne reste que la plate-forme, sorte d'énorme plaque tournante, et quelques accessoires sans intérêt.

Le mouvement continue, direction générale : ferme de l'Espérance.

Le boche a rétabli une ligne d'arrêt sur le ruisseau de Beuvardelle et le 152e ne peut déboucher du bois de Beuvardelle. Il passe là une des plus mauvaises journées qu'il ait connues. Pas le moindre abri, ni le moindre trou. Un marmitage extrêmement violent, prenant par moment l'allure d'un tir d'écrasement. Tous les obus portent, c'est un carnage.

Le colonel Meilhan, en première ligne, assis sous une toile de tente, dicte tranquillement ses ordres.

Ne pouvant rien faire sur son front, sous peine de destruction, gêné sur sa droite par un recul du 409e qui n'a pu tenir devant Beuvardes, le colonel Meilhan cherche à progresser par le bois de la Tournelle avec les régiments de la 52e division.

*
* *

L'attaque ne peut être montée en temps utile, l'entassement des troupes dans ce coin devient dangereux ; finalement le 152e revient à ses positions du bois de Beuvardelle, où il est doublé dans la nuit par le 13e groupe de chasseurs qui prend l'attaque à son compte le 25. Dans la soirée du 25, la relève est terminée et le colonel Dussauge prend la direction du mouvement.

Un bataillon de soutien du 133e et une compagnie d'artillerie d'assaut sont mis à la disposition du groupe de chasseurs. La compagnie d'A. S. n'est pas immédiatement utilisable à cause du ruisseau, sur lequel un passage n'est trouvé que difficilement.

A 14 heures, nous sommes devant les Plâtrières, où l'ennemi

oppose une vive résistance. Le 59ᵉ bataillon progresse péniblement le long de la lisière du bois de la Tournelle.

Les unités de la division devaient être libérées par un glissement de la 52ᵉ division dans la zone de la 164ᵉ division, devenue très étroite. Mais contre-ordre est donné et la division reçoit l'ordre d'attaquer le 26, à 3 heures.

Ce sont les chasseurs qui doivent donner, en partant du bois de la Tournelle, avec les éléments de la 52ᵉ division.

Le 43ᵉ bataillon a relevé le 59ᵉ B.C.P., complètement épuisé et à bout de souffle: 1 compagnie du 41ᵉ B.C.P. est à sa disposition.

*
* *

Le 26, à l'heure dite, les chasseurs partent, mais seuls, car les camarades de gauche ne sont pas sortis. La progression est lente et pénible, sous un feu d'enfer. Le commandant Michelin est toujours là, admirable de bravoure, de moral et de science du combat. Il soutient ses chasseurs, les remonte, les pousse et malgré le feu, malgré la fatigue, malgré la boue, il obtient une belle avance qui porte le front sur la ligne : corne sud-est du bois de la Tournelle, enclos 50 mètres sud des Plâtrières, Four à Verre.

Il est grand temps de relever la division. Les troupes sont épuisées par neuf jours de combats ininterrompus. Elles seront dépassées dans la nuit par la 42ᵉ division américaine.

Toutes les dispositions sont prises et les ordres donnés quand, à 23 heures, arrive à la division l'avis que la relève n'aura pas lieu, les Américains n'étant pas prêts.

Il va falloir rester vingt-quatre heures de plus.

*
* *

La situation est vraiment critique. Les pauvres chasseurs, à bout de forces, ne sont plus capables de tenir si l'envie prend à l'ennemi de faire un retour offensif, et le bataillon de soutien du 133ᵉ est parti vers l'arrière vers 23 heures.

Le général fait remonter immédiatement au bois de Bonnes, en soutien, un bataillon du 133ᵉ descendu la veille des deuxièmes lignes et il donne au colonel Dussauge l'ordre de tenir, sans plus chercher à progresser. Il faut durer.

9

Le 27, au jour, les chasseurs sentent que l'ennemi ne résiste plus sérieusement et laisse voir des indices de repli. Dans un effort suprême, malgré la fatigue, sans cadres, réduits à une poignée d'hommes, ils partent en avant et conservent le contact dans une avance nouvelle de deux kilomètres ! Ils atteignent ainsi la ferme Préaux d'où ils poussent encore une reconnaissance jusqu'au delà du château de la Forêt, à la Folie, où ils sont arrêtés devant des maisons organisées.

C'est là seulement qu'ils sont dépassés par le 166e régiment d'infanterie américaine, pour redescendre à l'arrière dans la région des Vallées.

*
* *

Ainsi finit cette grande bataille où la division avait bien mérité sa part de la reconnaissance de la Patrie.

La libération de la France était commencée. Dans tous les grades et dans toutes les armes, tout ce qui pouvait penser et agir, avait donné tout son cœur, toutes ses forces, souvent même tout son sang à la grande cause.

L'avance furieuse de la division, enfoncée comme un coin dans les lignes allemandes, avait grandement aidé l'action des unités voisines et de l'armée Mangin qui recueillait au nord le fruit de cette menace dans le flanc gauche de l'ennemi.

Son général pouvait être fier d'elle. Il le lui exprima, le 3o juillet, par la voie de l'ordre :

En dix jours de combats ininterrompus, dans un élan superbe, la division a fait une avance de 24 kilomètres. Elle a repris à l'ennemi 12 villages, fait près de 6oo prisonniers, pris 27 canons, 4 minenverfer lourds, de nombreuses mitrailleuses et un important matériel de toute nature abandonné par l'ennemi ; elle a dégagé dans le bois du Châtelet l'emplacement d'une grosse pièce tirant sur Meaux et Coulommiers, peut-être sur Paris.

C'est la 164e division qui a réalisé l'avance la plus considérable. Elle a donc une part importante dans la nouvelle victoire de la Marne.

Tous ont le droit d'en être fiers.

Les corps de toutes armes ont, au même titre, contribué au succès, aidés par les chars d'assaut et les troupes de la 4e D.I. américaine dont le concours nous a été précieux.

Après cet effort, la division a été remise en réserve, elle n'est pas au repos. Elle se reconstitue et doit se tenir prête, au premier signal, à coopérer de nouveau à la défaite du boche.

Dans tous les corps, cette période de répit sera mise à profit pour faire procéder activement à la récolte des moissons que le sacrifice de nos morts a rendues à la France.

*
* *

Après l'effort, vinrent les récompenses :

Le 152ᵉ, premier régiment de l'armée métropolitaine, reçut, avec sa sixième citation, la fourragère rouge.

Le 133ᵉ était cité pour la troisième fois. Les 41ᵉ et 59ᵉ bataillons de chasseurs recevaient la fourragère verte.

Le 43ᵉ B.C.P. et le 232ᵉ R.A.C. étaient cités à l'ordre de l'armée.

XII

DE LA VESLE A BRUXELLES
LA BATAILLE DES FLANDRES
(Carte n° 5 et croquis n°s 10 et 11).

LA VICTOIRE

La division se reposait depuis le 28 juillet dans la région de Neuilly-Saint-Front. Repos médiocre, dans des villages démolis, par mauvais temps, mais repos tout de même, sans mouvements et sans marmites... quand parvient le 7 août un message mettant en route la division pour la zone à l'est de Fismes. Embarquement de l'infanterie en camions dans l'après-midi. Eléments montés en route en même temps vers Fère-en-Tardenois, Coulonges.

Le 8, la division est rassemblée dans la région de Villers-Agron, Goussancourt, Vézilly.

Dans la nuit du 8 au 9, le 133° relève le 120° R.I. dans le sous-secteur de Magneux.

Le général Gaucher prend, à 8 heures, le commandement du secteur : Magneux-Villette, à l'est de Fismes. Il relève le général Goureau, commandant la 4° D.I.

La division est sous les ordres du général commandant le 3° corps d'armée américain (général Bullard).

P.C. de la 164° D.I. : maison forestière des Cinq Piles, à 1 kilomètre est de l'abbaye d'Igny.

Q.G. 2° échelon : Villers-Agron.

Dans la nuit du 9 au 10, le 152° relève à gauche du 133° des éléments américains. Il est en liaison, aux lisières est de Fismes, avec la 28° division américaine. Quelques patrouilles tentent de franchir la Vesle, mais ne peuvent se maintenir. Une forte reconnaissance du 152ᵉ est arrêtée le 12 août par des réseaux de fil de fer. Le Boche tente un coup de main sur la voie ferrée, d'où il est rejeté par une contre-attaque.

*
* *

En manière de repos, la division se promène et relève des divisions fatiguées.

Le 11 août, les 41ᵉ et 59ᵉ B.C.P., avec l'état-major du 13ᵉ groupe, sont enlevés en camions-auto pour aller entrer dans le secteur de la 62ᵉ D.I., région de Mont-Notre-Dame. Ces deux bataillons ont reçu de nouveaux chefs, le commandant Vincendon et le commandant Lempfrit.

Dans la nuit du 13 au 14, la division est relevée dans le secteur de Magneux-Vilette par une brigade de la 28ᵉ D.I.U.S. regroupée dans la région de Villers-Agron et elle repart immédiatement relever la 62ᵉ D. I. dans le secteur de Mont-Notre-Dame.

Le 15 août, le général Gaucher reçoit à Loupeigne du général Girard, le commandement du secteur.

Le Q. G. 2ᵉ échelon reste à Fère-en-Tardenois. Les régiments sont disposés en profondeur. Le secteur est assez calme et le séjour n'y serait pas très pénible si le boche ne l'inondait de gaz de toutes espèces, en particulier d'ypérite qui cause chaque jour des ravages dans nos effectifs, et rend le commandement difficile.

Le colonel Dussauge est très éprouvé dans son P.C. Le commandant Vincendon est devenu couleur de bronze et ne peut plus parler. Tous restent à leur poste. On sent maintenant que la fin est proche, qu'il faut tenir jusqu'au bout et que si l'on est évacué, on n'aura peut-être plus le temps, comme les dernières années, de revenir pour assister à l'hallali.

*
* *

Jusqu'ici, le plan de défense de tout secteur comportait un petit chapitre intitulé : plan de poursuite. On le faisait chaque fois qu'il fallait, comme une corvée, en pensant aux Kriegspiels d'antan. Maintenant ce petit chapitre a pris la place d'honneur. On le retourne passionnément en tous sens, on approvisionne le matériel, on ne veut pas que le boche nous échappe.

Le Dragon a pour mission de surveiller le boche : il veille et ne le lâchera pas.

Pour cela, on fait des coups de main. Les chasseurs en font un le 21 août entre la voie ferrée et la Vesle, nettoient quelques organisations mais ne prennent personne.

Le 152e tente sans succès, le 23 août, d'enlever une mitrailleuse boche. Il recommence le 25 en poussant un coup de sonde jusqu'à la route Soissons - Fismes et ramène trois prisonniers du 107e réserve saxon.

L'ennemi essaye de pénétrer dans nos lignes le 28, vers la droite de la division et en est chassé sur l'heure.

Enfin, le 4 septembre au lever du jour, après une nuit très calme, on voit partout de grosses explosions ; un avion signale que tous les villages sont en feu entre Vesle et Aisne et qu'il n'y a aucune circulation dans cette zone : le Boche, ébranlé par les attaques de la Xe armée, s'est retiré.

Le génie entre en œuvre. Sous la direction du capitaine Cassoly, commandant le génie divisionnaire, dont l'activité et la hardiesse font faire des prodiges à ses compagnies, deux passerelles sont rapidement lancées sur la Vesle, par lesquelles passent deux bataillons du 133e.

L'escadron divisionnaire a déjà franchi la rivière à la nage.

Deux ponts sont construits en quelques heures et l'après-midi, l'artillerie divisionnaire est sur la rive nord.

L'ennemi résiste faiblement. Quelques mitrailleuses et quelques tirailleurs par-ci par-là. On ne commence à recevoir d'obus qu'à la crête, à hauteur de Vauxtin.

Le 5, au lever du jour, les éléments avancés de la division bordent le canal latéral à l'Aisne. Tous les passages sont détruits et la rive nord fortement occupée par l'ennemi avec de nombreuses mitrailleuses.

Dans la nuit, nous tentons sans succès de franchir le canal.

*
* *

A 7 heures, le 6 septembre, le général Gaucher transporte son P.C. à Mont-Notre-Dame, le Q.G. vient à Loupeigne, puis, dans la soirée à **Bruys**.

De l'ensemble des reconnaissances il résulte que, sur le front de la division, on ne peut continuer à tenter le passage du canal sans pertes inutiles. En conséquence, le général prescrit un dispositif en profondeur, prêt à se transformer rapidement en dispositif offensif si les circonstances viennent à s'y prêter.

Mais il ne sera pas donné à la division de repasser l'Aisne, et du 16 au 18 septembre, elle est relevée par la 6ᵉ division.

Les éléments des deux divisions font des reconnaissances communes sur le canal et constatent que l'ennemi n'a pas bougé.

Le général Gaucher passe le 18 septembre, à 10 heures, le commandement du secteur au général Poignon.

*
* *

Le quartier général va à Charly-sur-Marne et les éléments de la division vont par étapes se grouper dans cette région sur la Marne.

L'état-major y débarque d'auto à midi et reçoit une heure après l'ordre d'envoyer un officier à Noisy-le-Sec pour organiser un transport de la division en chemin de fer. La division ne chôme pas. C'est que le boche cède peu à peu sous nos coups, et qu'il faut les redoubler, jusqu'à l'extrême limite de nos forces pour l'achever et le mettre bas !

Le 20 septembre au matin, la division est regroupée, après trois étapes de nuit, autour de Charly et le 21, à 1 heure, commence l'embarquement.

Elle part des gares de Château-Thierry et Mézy pour aller débarquer aux gares de Calais, Mark et Pont-d'Oye, Q. G. à Coulogne.

*
* *

La division stationne dans la zone Sangatte, Calais, Fort-Philippe, Gravelines, Saint-Omer, Cappel, Offekerque, les Attaques, Frethun, Coquelles. Elle est sous les ordres du 7ᵉ C.A. (Q.G. à Pitgam).

L'A. D/164 est mise dès son débarquement à la disposition de l'armée belge.

La division n'a pas le temps de souffler. Par étapes de nuit, elle gagne l'Yser et la zone au sud de Langemarck. Le 26 septembre à Loon-Plage, le 27 à Rexpoede, puis le soir, à West-vleteren.

Le 28, la division est au bivouac dans la région de Nordhoek.

Le 29, avant le jour, elle est rassemblée au sud de Lange-marck, reconquis l'avant-veille par les Belges, et en mesure de continuer vers l'est. Dans l'après-midi, le général porte son P.C. à la ferme des Paratonnerres (1 kil. S. de Lizerne). Le Q. G. est à Wesvleteren, le P. C. du colonel commandant l'I. D. à Pilkem (entre Bœsinghe et Langemarck).

*
* *

Le soir, le général Gaucher, pour orienter ses troupes sur ce qu'on va leur demander, ce dont personne ne sait encore rien, donne un ordre préparatoire, basé sur les indications qui lui ont été données, uniquement de vive voix.

P.C. le 29 septembre 1918 (19 h. 40).

Ordre préparatoire (Carte n° 5).

I. — Le présent ordre est un ordre préparatoire donnant seulement des directives en vue d'opérations pour la journée du 30, au sujet desquelles le général commandant la D.I. n'a reçu que des indications verbales.

II. — D'après les derniers renseignements connus, à l'est et au sud de la forêt d'Houtulst, l'armée belge n'avait pas dépassé une ligne jalonnée par Stadendreet, ouest de Staden, les lisières ouest de Westrooscbeke et Paschendaele.

La 128e D.I. mise à la disposition du groupement du général belge Jacques devait, en fin de journée, attaquer Staden.

III. — A partir de o heures, il doit être formé un groupement sous les ordres du général Massenet comprenant le groupement Jacques (deux divisions) et le 7e C.A. (3 divisions).

Mission : poursuivre l'attaque en direction de la transversale Roulers - Lichtervelde.

IV. — La 128e D.I. doit attaquer au nord d'une ligne passant par Lindecken, la lisière nord de Hooglede - Gitsberg, lisière

ESCAUT
la Pinte
Decrie
Nazareth
Deynze
Nevele
Ryssele de
Ganeguem
Aerseele
Pelenghem
Driesch
LYS
Cruysautem
Lyne
AUDENARDE
Nederzwalm
Berchem
Berchem
Zulte
Vive St Eloi
Waereghem
Worteghem
Arseghem
Casten
Tieghem
THIELT
Denterghem
Warcken
Meulebeke
Ingelmunster
Oostroosbeke
Oygnem
Desselghem
Deeryck
Vichte
Sweveghem
Harlebeke
COURTRAI
Pitthem
Eeghem
Ardoye
Lichtervelde
Goolscamp
ROULERS
Iseghem
Ledeghem
Moorseele
Menin
LYS
Gits
Hooglede
Lindecken
Meiboombroeck
Gemoenhof
De Ruiter Fe
Westroosbeke
Colliemolenhoeck
Passchendaele
Bocelaere
Gheluwe
Zonnebeke
Tarren
Staden
Wfwwege
Spriet
Langemarck
Wallenmollen
Pilkem
DIXMUDE
Woummen
Eessen
Clercken
Poelcapell
Bixschoote
Fiusme
Ypres
YPRES
Oudecapelle
Jos! Iap! Canal
Yser Canal
Loo
Nieuwcapelle
Oostvleteren
Zuydschoote
Boesinghe
Elverdinghe
Poperinghe
Westvleteren
Collipehove
Canal de Loo

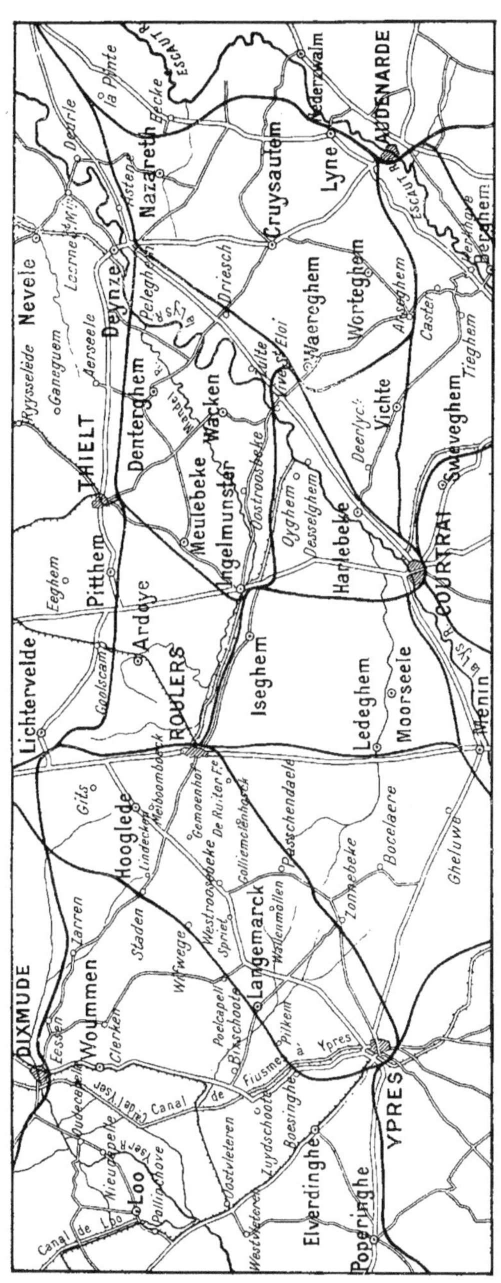

Carte n° 5.

nord de Coolscamp. La 164ᵉ D.I. dépassant les lignes belges à l'endroit où elles se trouveront le 30 au matin, doit attaquer dans un secteur limité au nord par la ligne ci-dessus et au sud par une ligne passant au nord de Westroosebeke et au nord de Roulers. Les forces belges, en direction de Roulers qui est actuellement en flammes sous les coups de l'artillerie anglaise.

41ᵉ division en réserve.

V. — La D.I. attaquera avec deux régiments accolés, 133ᵉ au nord, 152ᵉ au sud.

Le 133ᵉ aura deux bataillons en première ligne ;

Le 152ᵉ, un bataillon.

Dans chaque bataillon de tête, deux compagnies en première ligne.

Le 133ᵉ disposera d'une compagnie de chars d'assaut pour l'attaque de Hooglede qu'il devra s'efforcer de déborder par le sud.

Se reporter pour les lignes de défense allemandes que l'on pourra rencontrer, à la carte de renseignements de l'E.-M. Condé (état-major de la VIᵉ armée), 2ᵉ bureau.

Le général attire l'attention sur la position dite deuxième position des Flandres qui passe à l'ouest d'Hooglede et de Roulers avec une bretelle au sud d'Hooglede.

VI. — L'A. D./164, disposant en outre de toutes les batteries installées dans le secteur d'attaque, dont la situation lui sera fournie cette nuit, appuiera l'attaque de la D. I.

VII. — Le colonel de Combarieu commandera les attaques d'infanterie. Le 13ᵉ groupe de chasseurs suivra le mouvement au centre du dispositif. Un bataillon du 13ᵉ groupe sera à la disposition du commandant de l'I.D. comme réserve particulière, sans autres ordres.

VIII. — L'infanterie devra être prête à se mettre en mouvement le 30 septembre à partir de 5 heures.

IX. — Des renseignements d'aviation font connaître qu'au delà de Roulers on constate de nombreux incendies et des explosions.

X. — L'armée belge aurait pris, dans l'après-midi, au nord de la forêt d'Houtulst, les villages de Dixmude et de Zarren.

. . . .

*
* *

L'ordre du corps d'armée parvient tard ; il crée une situation nouvelle : un groupement est formé, sous les ordres du général Gaucher, comprenant les 128e et 164e divisions. Le général passe le commandement de la 164e division au colonel de Combarieu et dicte son ordre d'attaque :

P.C., le 30 septembre 1918 (2 h. 15),

Ordre général d'opérations n° 121.

I. — ....

II. — Limite entre les zones d'action des 128e et 164e D.I. : la ligne Lindecken, lisière nord de Hooglede, Gitsberg, lisière nord de Coolscamp. Cette ligne à la 164e D.I.

164e D.I. à droite.

128e D.I. à gauche.

III. — Le colonel de Combarieu, commandant l'I.D./164 prendra le commandement de la 164e D.I. avec le lieutenant-colonel Schmidt pour commandant d'A.D.

Le colonel Briard prendra le commandement de l'artillerie du groupement Gaucher.

IV. — Chacune des divisions disposera de l'artillerie qu'elle aura dans sa zone, à charge d'en faire connaître la situation au général Gaucher le plus tôt possible.

V. — Les deux divisions disposent de tous leurs moyens organiques.

VI. — *Mise en place des troupes.* — Les éléments de tête des deux D.I. devront avoir dépassé pour 8 heures la ligne Wifwege Spriet (ouest de Westrosebeke).

VII. — L'heure de l'attaque : neuf heures.

A cette heure, les éléments de tête des deux D.I. dépasseront la ligne belge ou se porteront en avant pour la dépasser si elle est plus avancée qu'actuellement.

VIII. — Une compagnie de chars d'assaut est mise à la disposition de chacune des deux D.I.

Les commandants de ces unités ont été dirigés sur les P.C. des commandants de D.I.

IX. — P.C. du groupement Gaucher : ferme des Paratonnerres (1.000 mètres sud de Lizerne).

P.C. de la 128ᵉ D.I. : cabaret Korteker (nord de Pilkem).

P.C. de la 164ᵉ D.I. : Pilkem.

. . . .

Le groupement Gaucher attaque à neuf heures par dépassement de l'armée belge du général Jacques. Certains éléments touchés trop tard par les ordres ne peuvent se mettre en mouvement qu'à onze heures.

L'ennemi réagit vivement par ses mitrailleuses. Beaucoup des nôtres n'ont pu rejoindre. Nous n'avons pas d'artillerie. Le groupement Gaucher est arrêté dans sa progression devant la deuxième position des Flandres.

La situation est très difficile. Dès le passage de l'Yser par les troupes belges, on a voulu lancer la cavalerie. Elle n'a pas pu avancer et la rive droite de l'Yser est complètement embouteillée. Le corps de cavalerie a fait passer trop tôt ses trains de combat.

Des éléments belges relevés descendent. La circulation n'a pas été réglée d'une façon assez rigoureuse : personne ne peut plus avancer ni reculer. Des voitures restent 36 heures arrêtées sur une route sans pouvoir bouger.

Il en résulte que les ravitaillements et les évacuations sont devenus impossibles. L'artillerie est impuissante faute de munitions. L'infanterie n'a plus à manger. Il a fallu en arriver à jeter aux fantassins des vivres par avion. Le rendement ne fut pas considérable mais permit de durer jusqu'à la remise en mouvement de cette colossale pagaïe.

Le 1ᵉʳ octobre, l'artillerie organique de la division est remise à la disposition du général Gaucher mais elle n'arrive pas, étant embouteillée.

Le colonel Briard est désespéré : l'infanterie va se battre sans lui ! Il est animé du sentiment profond que l'artillerie est au service de l'infanterie et il applique constamment toute son activité et toutes ses forces à établir et resserrer la liaison entre les deux armes. Cette fois, il est impuissant, il n'a ni canons, ni munitions.

Faute d'artillerie, la division cherche à progresser par infiltration.

Elle reste bloquée devant la position des Flandres.

C'est ce jour-là qu'un accident prive la division de son plus jeune commandant de bataillon, le capitaine Piard-Deshayes, officier remarquable, qui allait passer chef de bataillon à 25 ans. Un obus tombe près de Weestroosebeke, sur une baraque où il s'était abrité contre la pluie avec une trentaine d'hommes et où se trouvait un dépôt de grenades.

Tous périssent criblés d'éclats et brûlés.

Le groupement Gaucher est dissous ce même jour et le général Gaucher reprend le commandement de la 164ᵉ D.I.

*
* *

Le 2 octobre, à 4 heures, la division repart à l'attaque, 133ᵉ à gauche devant Hooglede, 152ᵉ à droite.

L'artillerie toujours sans munitions ne peut rien faire. L'ordre est d'attaquer coûte que coûte : on attaque.

L'artillerie allemande est bien pourvue. Les mitrailleuses se multiplient.

Le bataillon Kuhnmunch du 152ᵉ, malgré tous ses efforts ne peut enlever la chapelle de Guemeenhof (2 kilomètres nord-ouest de Roulers).

Le 133ᵉ n'est pas plus heureux sur Hooglede. Une compagnie lancée en reconnaissance s'écrase sur des réseaux de fil de fer épais et intacts. Cette journée lui coûte le commandant Thibaut qui tombe frappé par un obus au carrefour de Sleyhague (2 k. 500 sud-ouest d'Hooglede).

A midi, le général porte son poste de commandement à Langemarck.

La reconnaissance fut simple pour en choisir l'installation : il n'y avait rien.

Du village, il restait un tas de sable représentant l'église et, à quelques centaines de mètres de là, les débris tordus d'une grille de jardin. A perte de vue, une plaine dénudée, faite d'entonnoirs jointifs, plus ou moins pleins d'eau, dans lesquels on découvre parfois des débris humains. A l'horizon, sinistre, la forêt d'Houtulst, représentée par quelques-uns de ces arbres ébranchés auxquels il ne manquait qu'un pendu.........

De ci, de là, un tank anglais désemparé, enlisé depuis un an dans l'océan de sable et de boue.

L'état-major s'installe dans un cube de béton fendu par les obus, ancien blockhaus allemand de l'espèce baptisée par les Anglais « Boîte à pilules ». La pluie et le vent y avaient droit de cité autant que les papiers dans un « hall » de trois mètres sur deux où doivent vivre et travailler le général et six officiers

La chance voulut qu'aucun obus ne trouva jamais la porte.

*
* *

Le lendemain, 3 octobre, l'attaque est reprise. Il ne fallait pas laisser au boche le temps de souffler.

Cette fois l'artillerie qui a reçu quelques munitions peut assurer au moins un tir d'accompagnement.

Les chars d'assaut ont pu rejoindre. La situation s'améliore.

A droite, le 152° réussit, après une progression de 1.500 mètres, à s'installer à l'est et au nord de Reygerie (2 kilomètres sud d'Hooglede).

Le 133° pousse jusque dans le village de Hooglede, malgré une défense acharnée. Pris de flanc par une contre-attaque, il ne peut se maintenir et reste devant les lisières du village, à hauteur de la ferme de Meiboomhoek (1 kilomètre d'Hooglede). La liaison est perdue avec le 152°.

La 2° position des Flandres est violée.

La journée avait été coûteuse. Les pertes étaient considérables.

Des unités avaient perdu tous leurs officiers.

Une des pertes les plus sensibles était au 133° celle du commandant Mermod. Territorial au début de la guerre, passé sur sa demande dans l'armée active comme sous-officier, ce brave entre les braves, chef adoré qui avait conquis tous ses galons sur le champ de bataille tomba grièvement blessé.

Il fut fait officier de la Légion d'honneur.

*
* *

Le 4 octobre, nouvelle attaque. Les chasseurs du 13° groupe sont venus s'intercaler entre les deux régiments.

Le 133° se brise sur Hooglede qui reste impénétrable.

Les chasseurs et le 152ᵉ gagnent environ cinq cents mètres.

Au début de la journée, le commandant Lempfrit, commandant le 59ᵉ bataillon de chasseurs est tué par un obus devant son P.C.

La position est trop dure à prendre avec les moyens dont disposent actuellement les divisions en ligne. Il faut donc stopper jusqu'à l'installation de l'artillerie suffisante que le commandement pousse de l'arrière. Pour conserver le bénéfice des succès acquis, on pressera le Boche sans cesse tout en s'installant avec un dispositif en profondeur.

La division va disposer de 10 groupes de 75 et 3 groupes de 155 C.S.

Un dispositif est réalisé dans la nuit du 4 au 5 consistant en deux régiments en ligne et un régiment en réserve.

Le 8 octobre, le général Gaucher atteint de la grippe qui fait des ravages dans la division depuis quelques jours est forcé de quitter son commandement, qu'il passe au colonel de Combarieu. Le colonel Dussauge prend le commandement de l'I. D.

La situation n'est pas brillante. Le 133ᵉ avait déjà dû laisser en arrière avant de s'engager, une compagnie décimée par la maladie. Les évacuations se multiplient et le bruit se répand que la mortalité est grande. On parle même, à mots couverts, de peste pulmonaire.....

Le P.C. de la division n'y échappe pas. Plusieurs des officiers grelottent la fièvre dans la « boîte à pilules » de Langemarck. Le colonel de Combarieu est un peu touché lui aussi. Il ne faut rien moins que l'entrain inaltérable du commandant Prioux, le chef d'état-major, pour que l'état-major puisse continuer sa mission sans défaillance. Cet homme aimable, qui avait l'art de commander sans faire sentir le poids de son autorité, soutient le moral de tous pendant ces jours pénibles et réussit à garder presque tout son monde pour la reprise des opérations actives.

Nous dûmes cependant évacuer un fidèle et sympathique serviteur de la division, le lieutenant Michel, officier de cavalerie de réserve qui remplissait avec infiniment de tact, depuis deux ans, les délicates fonctions de commandant du quartier général. La grippe le terrassa à son tour. Il fut de ceux, peu nombreux, qui eurent la chance d'en réchapper.

Dans la « boîte à pilules » voisine, l'état-major de l'A. D. tenait aussi. Le colonel Briard, toujours sur la brèche, courait les champs pour visiter ses groupes, cependant que le fidèle capitaine Paulhé préparait des plans d'emploi où l'infanterie trouverait le maximum d'appui.

La division n'était pas destinée à reprendre l'attaque de la crête d'Hooglede. Elle est relevée dans les nuits du 11 au 14 octobre par les 77e et 5e divisions qui prennent à leur compte le secteur d'attaque.

Le 13 au soir, un incident se produit qui montre l'admirable solidarité des troupes de France et le magnifique esprit de camaraderie qui existait au 133e.

Le 3e bataillon devait être relevé par un bataillon du 159e et l'attaque générale était pour le 14 au matin.

Une heure avant l'attaque, le bataillon du 159e n'était pas encore là. Seul, le commandant du bataillon était arrivé : nous ne pouvons pas laisser les camarades attaquer avec un trou dans leurs lignes, lui dit le capitaine Ducrot et, prenant les ordres du 159e, il prépare l'attaque.

La 1re compagnie du bataillon avait déjà exécuté et réussi un coup de main fructueux sur une mitrailleuse boche, quand arrive le bataillon du 159e qui libère celui du 133e.

Les éléments relevés vont se regrouper dans la zone Passchendaele - Mosselmark - Fortuin.

*
* *

Le P.C. est porté le 13 entre Mosselmarkt et Wallemolen (4 kilomètres ouest de Passchendaele) où le général Gaucher vient reprendre son commandement. C'est le même jour que le capitaine de Boisdeffre de l'E.-M. de l'I.D. est tué par un obus en rejoignant, à cheval, le P.C. Brillant cavalier, homme de devoir et de haute conscience dont les qualités de cœur étaient hautement appréciées de tous, c'est une perte cruelle pour la division.

La division est à la disposition du général Biebuyck, commandant le groupement sud belge.

L'artillerie reste à la disposition de la 5e D.I.

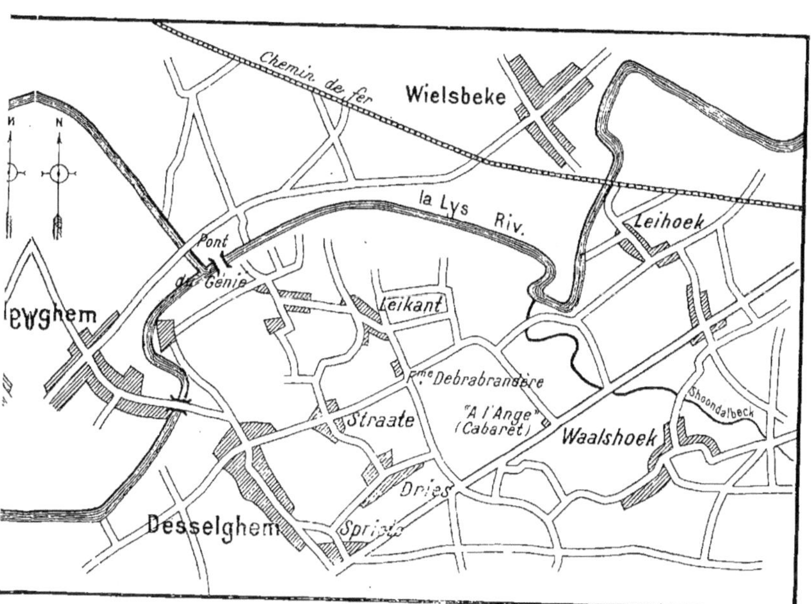

Croquis n° 10. — Le passage de la Lys.

Le 14, attaque générale des armées des Flandres sous le commandement du Roi des Belges.

La division est en réserve du groupement sud prête à se porter en avant. Dans la soirée, elle est échelonnée dans la direction de Roulers, la tête à Colliemolenhoek (6 kilomètres nord-est de Passchendaele).

Le 15, la division est poussée en avant, la tête à la route de Roulers, Menin, puis jusqu'à de Vinke (sud-est de Roulers).

Le général porte son P.C. à de Ruiter (3 kilomètres sud-ouest de Roulers).

Enfin, après tant de jours de paysage chaotique, nous retrouvons la verdure ; c'est la guerre de mouvement.

Le 16, la division prend la direction du nord et pousse sa tête à Ouckène où le P.C. vient le 17.

C'est à Ouckène qu'on apprend la mort, à l'hôpital de Rosendael, d'un des fidèles et plus utiles serviteurs de la division, le capitaine Lasserre, un artilleur de réserve qui, depuis près de deux ans, chargé du 1er bureau de l'état-major de la division, avait, dans les circonstances les plus difficiles, avec une bonne humeur inaltérable et le dévouement le plus absolu, assuré les ravitaillements en vivres et en munitions à la satisfaction de tous. C'était une nature d'élite, un joyeux camarade et un cœur d'or.

Il avait su s'attirer toutes les sympathies. Il avait échappé à tous les dangers et aux suites d'une terrible blessure reçue dans la Somme. Il fut enlevé en trois jours par la grippe, au seuil de la victoire et du retour.

Le lendemain 18, nous devons rentrer en ligne, en dépassant la 6e D.I. belge. Le boche cède peu à peu. On commence à donner aux attaques des objectifs lointains qui ne paraissent plus imaginaires.

De partout, les nouvelles sont bonnes. Chaque jour, quand l'officier radio apporte le communiqué de la tour Eiffel, l'avance est marquée sur la carte du front. On suit passionnément la progression de toutes ces armées qui poussent devant elles le boche vaincu et le chassent à grands pas vers sa tanière. Beaucoup voient avec une émotion poignante la ligne mouvante se rapprocher de régions où ils ont encore leurs biens et leurs familles. Ils vont avoir bientôt la joie de les savoir libérés — mais dans quel état ?

*
* *

Le 17 après-midi, en arrivant à Ouckène, le général donne ses ordres pour le dépassement de la division belge. Direction générale : Ingelmunster, Meulebeke, Denterghem. Objectif, La Lys !

Toute l'artillerie aux ordres du général commandant la 6ᵉ D.I. passe aux ordres du général Gaucher qui installe son P.C., à 8 heures, à Wifwegen, au nord-ouest d'Iseghem.

Au point du jour la division attaque ; chasseurs à droite, 152ᵉ à gauche, 133ᵉ en réserve.

L'attaque se heurte à une ligne organisée avec des mitrailleuses du nord au sud à hauteur d'Ostroosebeke et ne peut progresser que faiblement. La lutte a changé de caractère : aux espaces dévastés, aux paysages lunaires a succédé une campagne riante et verte, toute accueillante. Mais chaque buisson masque une mitrailleuse. De petits paquets restent organisés dans les fermes et les boqueteaux, et la progression est à chaque instant brisée.

Une attaque est montée pour le 19 au matin, mais dans la nuit l'ennemi s'est replié. Les reconnaissances ont éventé son mouvement et la poursuite commence en direction de la Lys.

Dans la nuit, la division étend son front vers la droite en dépassant la 2ᵉ D.I. et prend pour objectif la Lys, entre le confluent du canal de Roulers et Oesselghem.

*
* *

Dans la matinée du 20, la division borde la Lys sur tout son front (Croquis nᵒ 10).

Elle reçoit pour mission de franchir la rivière dont tous les ponts sont sautés et de continuer la poursuite en direction générale d'Audenarde.

En attendant que des ponts puissent être jetés, le général donne l'ordre de faire passer des bataillons du 133ᵉ par les ponts du secteur britannique à droite.

Ici rentre en scène le commandant Cassoly. Sur la Vesle, il avait eu la tâche relativement facile, l'ennemi ne réagissant pas.

Ici, c'est sous le feu qu'il va opérer, à peine couvert par quelques chasseurs passés sur la rive droite. Le 21 octobre aprèsmidi un pont de 9 tonnes est livré à la circulation.

Un bataillon du 133e, bientôt suivi d'un autre et d'une partie du dernier a pu passer par un pont anglais à Oyghem.

Le P.C. et le Q.G. sont portés au château d'Ingelmunster, ancien Q. G. de la 4e armée allemande.

L'A.D./164 rentre à la division.

*
* *

Le 22 octobre, le 133e progresse au sud de la Lys en direction de Waereghem. Il est arrêté devant l'Ange Cabaret et le ruisseau de Schoondalbeck.

Le général donne l'ordre de faire passer les chasseurs derrière le 133e. Le 167e R.I. est mis à la disposition de la D.I. et relève le 152e à gauche.

*
* *

Le 23 au matin, l'ennemi s'est encore replié et la poursuite reprend, pour s'arrêter devant Waereghem, fortement défendu.

L'ennemi tient toujours, à gauche, Zulte et le château de Zulte, et l'on n'a pu, malgré des efforts héroïques, maintenir d'éléments du 152e sur la rive droite de la Lys à cet endroit.

Enfin, dans la journée, le 133e encercle Waereghem à la faveur d'un brouillard épais et s'en empare presque sans coup férir.

La joie des habitants ne dure pas longtemps car les Allemands écrasent la malheureuse petite ville d'obus et l'inondent de gaz. Beaucoup d'habitants sont tués. Il faut évacuer les autres.

En même temps, le 152e, ramené sur la rive droite de la Lys par Vive-Saint-Eloi et Oyghem, a attaqué sans succès sur Zulte.

Les journées qui suivent se passent en tentatives de progression contre un ennemi qui n'est plus en forces mais se cramponne avec des mitrailleuses embusquées dans tous les coins et dispute le terrain pied à pied.

*
* *

Plusieurs attaques générales sont montées et déclanchées sans succès. Seules réussissent, non sans pertes, les actions de

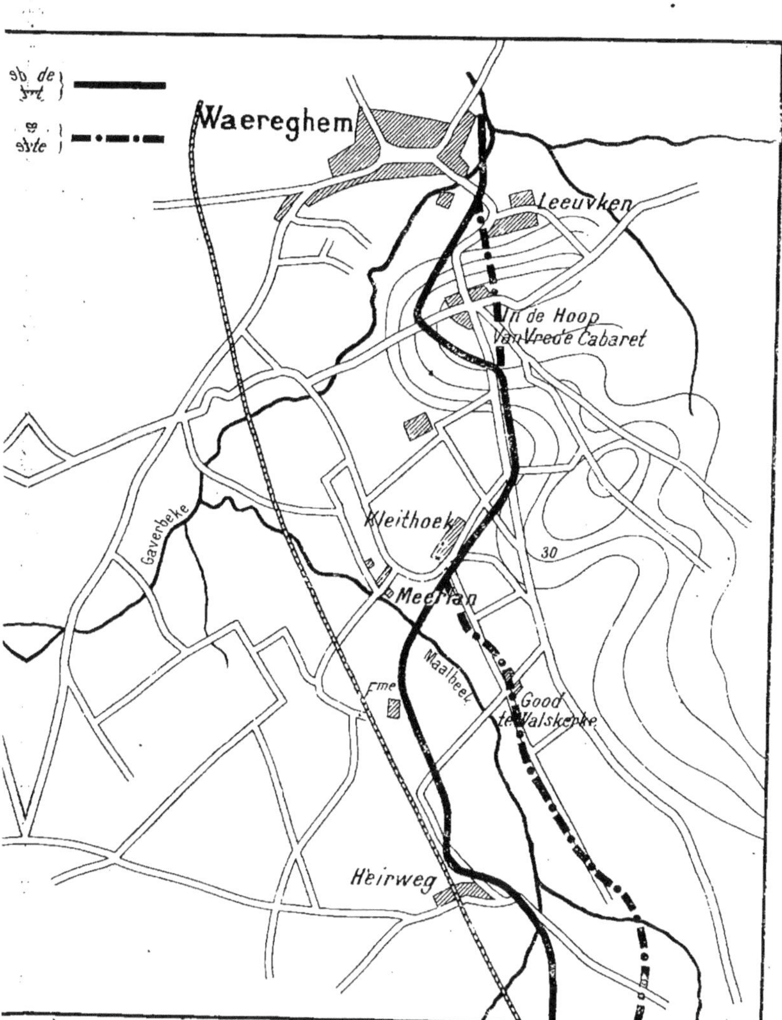

Croquis nº 11. — Les dernières attaques du 29 octobre.

détail qui enlèvent les résistances ferme par ferme. Les chasseurs ont progressé en liaison avec les Anglais et enlèvent la cote 28. Ils ont pris pied sur la route Waereghem - Anseghem, à l'est de la cote 28.

Le 29 octobre, le 133° R.I. et les chasseurs fournissent un effort qui devait être le dernier. La division allait être relevée, mais il fallait livrer à la 91ᵉ division américaine une base de départ solide. C'est le miracle de l'énergie française que des troupes épuisées comme l'étaient celles de la division aient pu encore attaquer et vaincre. Les compagnies étaient en moyenne réduites à quarante ou cinquante combattants. Les hommes ne tenaient plus debout. Un ordre, des chefs comme le colonel Kiffer, le colonel Dussauge, le commandant Vincendon, le commandant Michelin, et ces hommes vont repartir furieusement déloger le boche de ses meilleurs retranchements (croquis n° 11).

A droite, les chasseurs ont pour mission d'enlever les passages du Maalebeck. Il faut opérer dans un terrain marécageux, coupé de fossés, de clôtures en ronces artificielles, semé de maisons et de bouquets d'arbres, de buissons, le tout battu dans tous les sens par des mitrailleuses innombrables. Le 43ᵉ bataillon a devant lui la ferme Good te Walskerke, noyau de la résistance.

Malgré la fatigue, malgré des pertes terribles, les chasseurs à la nuit tombante, après s'être battus toute la journée, ont arraché au boche, morceau par morceau, tout le terrain à prendre et atteint leurs objectifs.

Pendant ce temps, à gauche, les bataillons Blanchard et Abbadie du 133ᵉ attaquent la route Waereghem - Anseghem. La clef de la position c'est, à la bifurcation sud de Waereghem, l'In de Hopp van vrede Cabaret. Le boche s'y cramponne désespérément.

Après un combat acharné, le bataillon Abbadie enlève le Cabaret où le poste allemand qui le tenait est massacré en entier dans un combat corps à corps.

Le bataillon Blanchard, à sa droite, a atteint la route.

En fin de journée, la division a son front sur la route de Waereghem au chemin de Kleithoek, ce chemin et le chemin nord-ouest - sud-est passant par la ferme Good te Walskerke.

Dans la nuit elle est relevée par la 91e D.I.U.S. (général Johnston), la 41e division et des éléments de la 128e division.

Elle se regroupe dans la région d'Ingelmunster - Oostroosebeke.

L'artillerie reste en position.

*
* *

La division se repose jusqu'au 8 novembre. Les nouvelles sont chaque jour meilleures. Les armées françaises avancent victorieusement sur tout le front de l'Aisne à la Somme.

Les Américains enfoncent le front de Verdun et de Wœvre. Les Anglais, à notre droite, ont affaire à un ennemi qui oppose une résistance désespérée, pour gagner le temps nécessaire à sauver ce qu'il pourra. Mais ils progressent chaque jour. Puis ce sont nos antennes, toujours en écoute, qui prennent des radios merveilleux : les boches demandent qu'un armistice leur soit accordé et acceptent nos conditions. Ces conversations diplomatiques sont mêlées de radios révolutionnaires. On sent que c'est la fin.

*
* *

Le 9 novembre, le 152e a fait mouvement pendant la nuit pour aller cantonner dans la région d'Evangelieboom (sud-ouest de Waereghem) d'où il relèvera le lendemain le front de la 41e division sur l'Escaut.

La 41e division attaque au point du jour pour prendre sur la rive droite une tête de pont sur laquelle se fera la relève.

L'ennemi ne résiste pas.

*
* *

Dans la nuit du 9 au 10, la division vient dans la région Desselghem - Evangelieboom. Le général Gaucher porte le 10 son P.C. au château d'Anseghem. En fin de journée, le 152e a dépassé le 23e R.I. et prend la poursuite à son compte. Il est d'ailleurs bientôt arrêté et ne peut déboucher de Segelsem (7 kilomètres est d'Audenade) à l'est duquel l'ennemi résiste sur la route de la crête nord-sud à 1 kilomètre du village.

Une attaque est montée pour enlever cette crête le 11. à 10 heures.

*
* *

Tout le monde sait que les Allemands doivent répondre définitivement dans la nuit aux conditions d'armistice. L'attaque aura-t-elle lieu ?

Quels sont ceux qui vont avoir peut-être les derniers à verser leur sang ?

L'A.C.D./164 est entièrement passée sur la rive droite.

Elle est renforcée de l'A.C.D./128 qui ne peut passer qu'en partie.

A une heure du matin, arrive un ordre du C.A. : en raison d'un retard dans l'arrivée des munitions, l'attaque est retardée.

A 5 h. 38, l'antenne enregistre un message du maréchal commandant en chef les armées alliées. Les hostilités seront suspendues à partir de 11 heures. On s'arrêtera sur la ligne atteinte à ce moment.

Ensuite parvient l'ordre du corps d'armée d'avancer jusqu'à 11 heures, sans attaques de vive force.

La progression reprend sans autres résistances que quelques coups de fusil à l'est.

C'est à ce moment que les avant-gardes du 152e virent arriver une jeune bergère belge, Emilie Loosveld, qui courait avertir nos poilus de l'existence d'une mitrailleuse devant eux. Elle voulut encore retourner voir si la mitrailleuse était bien partie quand la progression reprit. Le général Gaucher récompensa l'héroïque fille en la citant à l'ordre de la division. Il lui remit la Croix de guerre quelques jours après.

A 11 heures, la division s'arrête, installant les avant-postes sur la voie ferrée de Renaix à Gand.

En fin de journée, la division, sauf le groupe de 155, trop lourd pour les ponts existants, est stationnée entre l'Escaut et la voie ferrée Renaix-Gand.

*
* *

La guerre était finie !

La première impression fut la stupeur, presque l'indifférence.

Depuis si longtemps, on était arrivé à se figurer que la vie que l'on menait était normale. On ne pouvait croire qu'un jour viendrait où il serait possible de vivre autrement qu'au milieu de la mort.

Puis la joie vint, mais digne et grave. La France était victorieuse, les morts vengés, mais non oubliés.

Le soir, des fêtes s'organisèrent, les habitants du pays faisaient à nos troupes un accueil enthousiaste.

*
* *

Le 14 novembre, le général Gaucher porte son Q.G. en tête de la division à Michelbeke.

Le 16, il remet la Croix de guerre, au cours d'une prise d'armes à Michelbeke, à la jeune Emilie Loosveld, au lieutenant White, officier de liaison britannique dont le concours avait été précieux à la division pendant ces derniers combats, et à plusieurs conducteurs de la section sanitaire automobile anglaise qui avait servi la division pendant la bataille de Belgique, avec un dévouement et un courage admirables, et qui la quittait. Cette section, composée de volontaires, avait parmi ses conducteurs, un colonel, un acteur célèbre, plusieurs financiers, qui étaient venus, dans un rôle modeste et plus riche en peine qu'en gloire, payer leur quote-part à l'œuvre commune.

*
* *

Le 17, la division fait mouvement sur l'axe Audenarde - Ninove pour aller stationner, la tête à Ninove, la queue à Ophasselt ; Q.G. à Oultre.

Partout, chefs et soldats reçoivent le même accueil, et succombent doucement sous les fleurs et les baisers.

Les caves de nouveau remplies des vins précieux retirés de leurs cachettes s'ouvrent toutes grandes pour nos poilus qui perdent le goût du pinard. On nous offre jusqu'à des cigares bagués à l'effigie du président Poincaré. Dans les fenêtres, apparaissent triomphalement les cuivres et les paquets de laine, objet de la chasse effrénée du Boche et qu'on lui avait si bien dissimulés qu'il n'en avait guère trouvé.

Le 21, la division fait mouvement vers Bruxelles pour aller

cantonner, la tête à Itterbeek, la queue à Okegem. Q. G. à Itterbeek.

Le 22, elle vient se placer au sud de Bruxelles, la tête à Watermael - Boitsfort, la queue à Itterbeek où reste le Q. G.

L'heure du triomphe est venue.

Un détachement d'une compagnie du 133ᵉ et d'une compagnie du 152ᵉ, sous le commandement du colonel Meilhan, avec son drapeau et sa musique renforcée de celle du 26ᵉ R.I. prend part au défilé des troupes alliées pour l'entrée du Roi des Belges à Bruxelles. C'est le colonel Meilhan qui commande l'ensemble des détachements français.

L'enthousiasme est à son comble et confine au délire. Tous les Français qui vont à Bruxelles sont acclamés, ovationnés, embrassés.

Autre source de joie ; la division va continuer sa route vers l'est et aller en pays Rhénans faire de l'occupation. Dans quelques semaines, dans quelques jours, elle verra le Rhin ! Le Rhin, le but final des rêves du soldat français, le grand fleuve qui arrose l'Alsace !

*
* *

Hélas ! Ces grands espoirs sont trop beaux.

Le 23 novembre, la division doit faire mouvement vers l'est : quelques éléments sont déjà sur les routes, quant arrive le contre-ordre, et le lendemain 24, nous reprenons la route de l'ouest avec une amère déception. Nous ne pouvions cependant pas nous plaindre, car nous avions connu à Bruxelles un triomphe qui nous payait de bien des peines.

Le 25 novembre, le Q.G. est à Herzèle, le 26 à Velsique, le 28 à Peteghem, le 29 à Ruysslède.

Le 1ᵉʳ décembre à Roulers, le 3 en France, à Wormhoudt.

Le 5, la division s'installe pour un repos bien gagné de 10 jours dans la région sud de Dunkerque, Q. G. à Bergues.

Au cours de ces étapes, une heureuse nouvelle était parvenue.

Le 133ᵉ était pour la 4ᵉ fois cité à l'ordre de l'armée, ce qui lui donnait droit à la fourragère jaune. Le 43ᵉ B.C.P. recevait, avec sa 2ᵉ citation, la fourragère verte.

Le 13 décembre, dans une cérémonie simple et imposante, le maréchal Pétain remettait à 6 heures du soir, aux lumières, sur la place de Rosendael, la fourragère rouge au 152ᵉ, la fourragère jaune au 133ᵉ, la fourragère verte aux 41ᵉ et 43ᵉ B.C.P.

*
* *

Le 16 décembre, la division reprenait sa marche vers le lieu de sa dissolution par une voie qui fut douloureuse. Il lui fallut faire de longs détours pour éviter des zones anglaises, marcher sous la pluie qui ne cessait pas, n'ayant plus de chaussures, sous les ordres successifs d'armées qui ne la connaissaient plus ou qui ne la connaissaient pas encore.

Par Ardres, Dèvres, Beaurainville, Noyelles, Saint-Valéry-sur-Somme, Eu, Londinières, Forges-les-Eaux, Gournay-en-Bray, elle arriva le 4 janvier 1919 dans la région de Beauvais où après quelques mouvements intérieurs, elle s'installa définitivement dans la zone Beauvais, Tille, Vellennes, Remérangles, Litz, La Neuville-en-Hez, Bailleul-sur-Thérain, Montreuil-sur-Thérain, Warluis, Allonne. Le Q. G. à Beauvais.

Ce fut une période de vrai repos, la première depuis près de deux ans. Dans tous les corps, on s'ingénia à distraire les hommes. Des fêtes, de grandes semaines sportives furent organisées.

*
* *

Le 20 janvier commença le démembrement de la division.

Ce jour-là, le 152ᵉ la quitta pour aller rejoindre une autre division. Puis ce fut le tour du 133ᵉ, qui, bataillon par bataillon, s'embarqua pour aller dans le Jura faire un service de surveillance de frontière.

Les autres corps furent dissous.

Le 25 janvier 1919, par ordre du maréchal commandant en chef des armées françaises, la 164ᵉ division était dissoute.

*
* *

Ainsi finit la division du Dragon.

Son existence n'avait pas été longue, mais toute de gloire.

Jamais elle ne connut une heure de défaillance, même aux époques où les menées sourdes de l'ennemi livrèrent au moral de nos troupes les plus rudes assauts. Jamais elle ne connut la défaite. La Victoire l'a accompagnée. Sa mémoire ne mourra pas. Sous le commandement de son chef, les éléments de première valeur dont elle était composée ont inscrit son nom en lettres ineffaçables sur tous les champs de bataille.

Son général l'a saluée à son dernier jour d'un ordre qui suffit à dire sa glorieuse histoire.

Ordre général n° 263.

Par ordre du maréchal commandant en chef, la 164ᵉ division est dissoute.

Formée en Alsace le 20 novembre 1916, au lendemain de la bataille de la Somme, elle peut, au moment de disparaître, regarder fièrement la route parcourue et la tâche accomplie.

Ses étapes ont été rudes, mais toutes glorieuses ; les récompenses collectives accordées aux corps qui la composent en témoignent.

Partout où elle a été engagée, elle a contribué, par son élan, son esprit de devoir, l'héroïsme de ses soldats à la splendide victoire qui termine la grande guerre.

Saluons ensemble une dernière fois avant de nous séparer ceux de nos camarades tombés en 1916-1917 sur la terre d'Alsace, devant Dannemarie, en 1917 au Chemin des Dames, dans les brillantes attaques du plateau des Casemates, de la grotte du Dragon, du plateau de Craonne, devant Reims, sous Verdun, au bois le Chaume et à Bezonvaux, en 1918 en Lorraine, sur la Vesle et la Marne et dans les Flandres. Que le souvenir de leur sacrifice nous inspire dans la tâche à laquelle nous allons tous nous consacrer pour contribuer au relèvement de la France.

Saluons également les glorieux drapeaux et fanions des corps qui ont composé la 164ᵉ.

Le temps passé à la tête de cette belle division restera le meilleur souvenir de ma carrière militaire.

J'adresse à tous, chefs de corps, états-majors, officiers, sous-officiers, caporaux et soldats mes remerciements pour le concours dévoué qu'ils m'ont donné sans compter aux heures les plus angoissantes que nous avons vécues ensemble, concours qui a singulièrement facilité ma tâche ; je leur en conserve une profonde reconnaissance.

Je ne peux les citer tous, mais je tiens à exprimer ma reconnaissance particulière à ceux qui depuis le début jusqu'à la dernière minute ont été mes collaborateurs immédiats les plus assidus et les plus précieux, le colonel de Combarieu, commandant l'I.D. et le colonel Briard, commandant l'A.D.

A tous, je souhaite prospérité, bonheur et courage, et je demande de conserver le souvenir de la 164ᵉ D.I.

Signé : GAUCHER.

INDEX ALPHABÉTIQUE

des militaires de la Division ou étrangers à la Division
mais ayant combattu avec elle, cités dans l'historique.

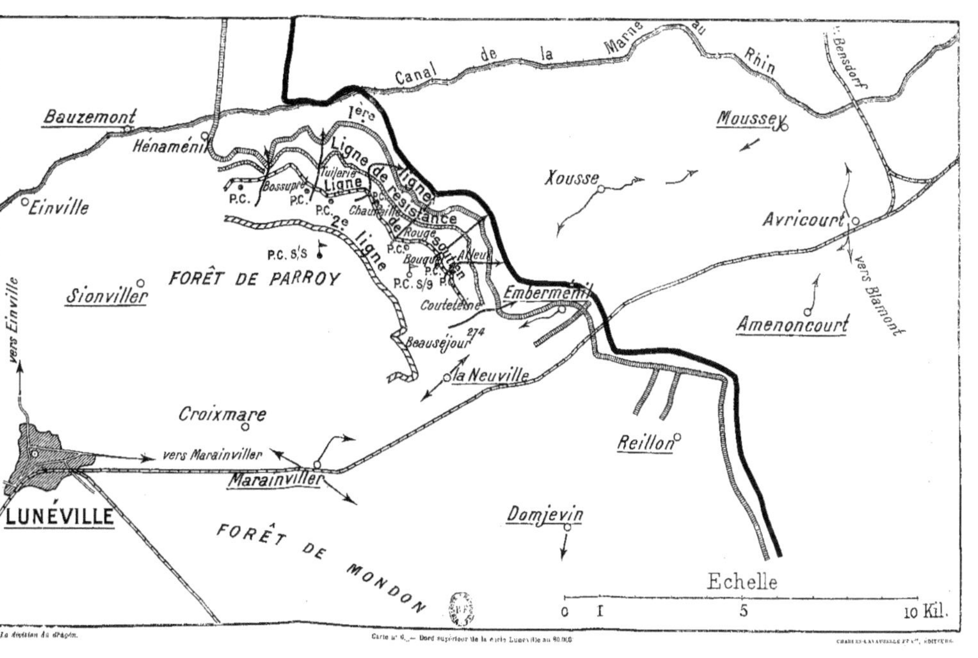
Canal de la Marne au Rhin
Bensdorff
Bauzemont
Hénaménil
Einville
Moussey
Xousse
Avricourt
Bossupré
P.C.
Ligne
Tuilerie
1ère ligne
Ligne de résistance
Chaufour
de Rougemont
P.C.
P.C.
2e ligne
P.C. S/S
Bouquenom
A.Neuf
P.C. S/9 R.
Couteline
Embermenil
Amenoncourt
vers Blamont
FORÊT DE PARROY
Sionviller
Beauséjour
274
la Neuville
vers Einville
Croixmare
Reillon
vers Marainviller
Marainviller
Domjevin
LUNÉVILLE
FORÊT DE MONDON
Echelle
0   1   5   10 Kil.

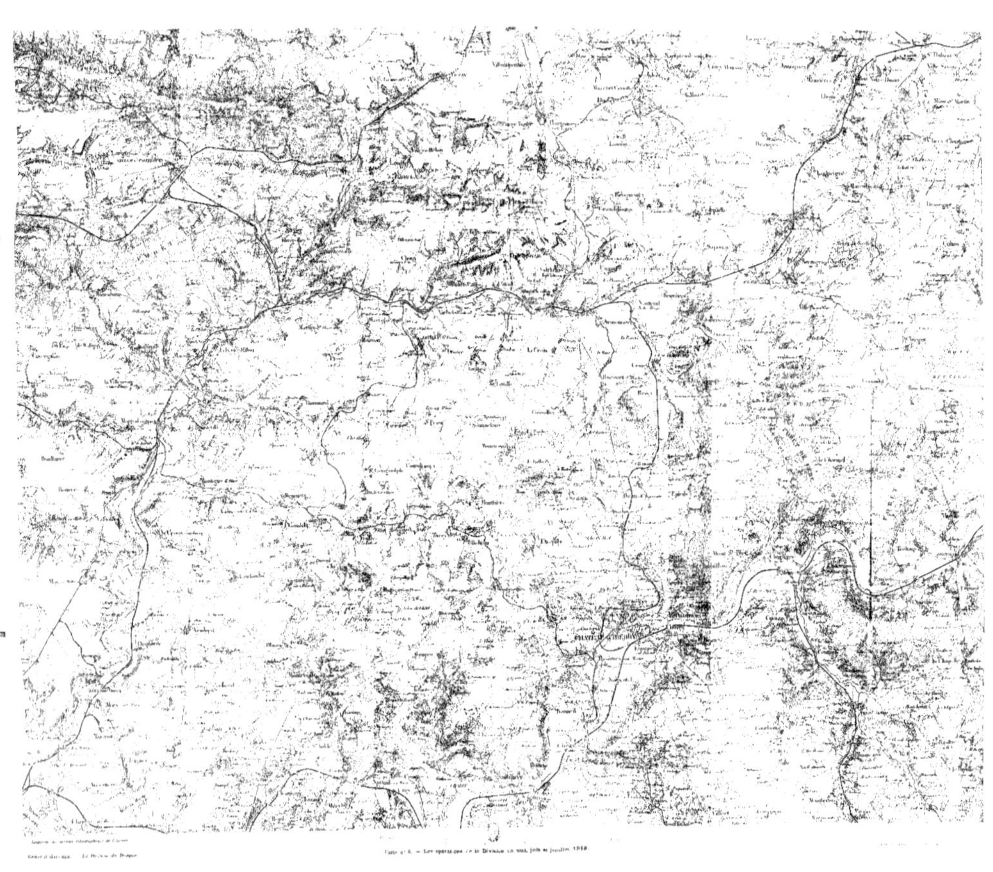

Carte n° 6. — Les opérations de la Division en mai, juin et juillet 1918.

ANNEXES

ANNEXE Nº 1

NOTICE HISTORIQUE publiée par le Grand Quartier Général

DATE de la CRÉATION	INFANTERIE		CAVALERIE	ARTILLERIE			GÉNIE	SERVICE de SANTÉ	PARCS et CONVOIS	DIVERS
	BRIGADE ou I. D.	RÉGIMENTS		de CAMPAGNE	LOURDE COURTE	de TRANCHÉE				
COMPOSITION										
				1916						
Novembre	I. D. 164	152ᵉ, 213ᵉ, 334ᵉ 41ᵉ B. C. P. 43ᵉ B. C. P.	2ᵉ esc. du 14ᵉ chass.	1ᵉʳ gr. du 24ᵉ 1ᵉʳ gr. du 32ᶜ 1ᵉʳ gr. du 38ᵉ	»	111ᵉ et 161ᵉ battⁱᵉˢ du 9ᶜ R. A. C.	Cⁱᵉˢ 9/14 et 9/64	Amb. 10/12 et 2/151 S. H. O. 7/20 G. B. D. 164 S. S. A. 21	P. A. D. 164 C.V.A.D. 164 T. B. 164 Cⁱᶜ 9/23 du génie (parc).	G. E, R.V.F. B/130 D. D. 164
				1917						
13 mars	»	»	»	»	»	La D. I. perd la 161ᶜ battⁱᶜ du 9ᵉ R. A. C.	»	»	»	»
1ᵉʳ avril	»	»	»	232ᶜ R. A. C.	»	101ᶜ battⁱᶜ du 232ᵉ	»	»	»	»
4 avril	»	»	»	»	»	»	»	S. S. 47	»	R. V. F. B/79
12 juin	»	»	2ᶜ esc. du 11ᶜ chass.	»	»	»	»	»	»	»
24 septembre	»	133ᵉ (1)	»	»	»	»	»	»	»	»
16 octobre	»	334ᶜ (2)	»	»	»	»	»	»	»	»
22 octobre	59ᵉ B.C.P.(3)									

22 octobre	I. D. 164	41e, 43e, 59e B. C. P. 13e gr. de B. C. P. 133e, 152e	2e esc. du 11e chass.	232e R.A.C.	»	101e battie du 232e	Cie 9/14 Cie 9/64	G. B. D. 164 Amb. 10/12 Amb. 2/151 S. H. O. 7/20 S. S.	P. A. D. 164 C.V.A.D.164 Cie 9/23 du génie T. B.	G. E. R. V. F. B. 25 C. I. D. 164
1er novembre	»	»	»	»	»	»	»	S. S. U. 16	»	R.V.F.B.105
12 janvier	»	»	»	»	»	»	»	S. S. 49	»	R. V. F. B/39
30 avril	»	»	»	»	»	L'A. T. est supprimée	»	»	»	»
20 mai	»	»	»	»	»	»	»	S. S./117	»	R. V. F. B/40
15 juin	»	»	»	»	VII/107 R. A. L.	»	»	»	»	»
20 août (4)	»	»	»	»	»	»	»	»	»	»
20 septembre	»	»	»	»	»	»	»	Suppression de l'amb. D/12	»	»
17 octobre	»	»	»	»	»	»	»	S. S. A. 10	»	»
11 nov. (5)	I. D. 164	41e, 43e, 59e B. C. P. 133e et 152e	2e esc. du 11e chass.	232e R.A.C.	VII/107 R. A. L	»	Cie 9/14 Cie 9/64	G. B. D. Amb. 2/151 S. H. O. 7/20 S. S. A. 10	P. A. D. C. V. A. D. Cie 9/23 du génie T. B.	G. E. R. V. F. B/40 C. I. D. 164

1918 (entre les lignes du 1er novembre et du 12 janvier)

OBSERVATIONS

(1) En remplacement du 213e dissous.
(2) Quitte la D. I.
(3 Constitution du 1er groupe B. C. P.
(4 La D. I. est dotée d'un bataillon de pionniers (II/21e R. I. T.).
(5) Le IIe bataillon du 21e R. I. T. pionniers quitte la division.

HISTORIQUE

MOUVEMENTS, ENGAGEMENTS, EMPLACEMENTS, etc.	OBSERVATIONS
1916 (Création le 15 novembre 1916) **Alsace.** — 15-27 novembre. — Constitution de la division. Q. G. à Giromagny. 27 novembre à la fin de l'année. — Secteur d'Altkirch à Ammertzviller. Secteur calme. Séries de coups de main français et allemands. Q. G. à Dannemarie.	
1917 **Alsace.** — 1er janvier-13 mars. — Secteur de Dannemarie. 13-16 mars. — Routes de Dannemarie au camp de Vesoul-Villersexel. 16-31 mars. — Instruction au camp de Vesoul. 1er-6 avril. — Transport par chemin de fer de Vesoul à Villers-Cotterêts et route pour rassembler la division au repos dans la région de Pierrefonds. Q. G. à Pierrefonds. 20-23 avril. — Routes de Pierrefonds à Bézu-Saint-Germain. 23 avril-10 mai. — Repos et réserve d'armée. Q. G. à Bézu-Saint-Germain.	**Alsace.** — *Pertes* : Officiers, 10 ; troupes, 222.
Aisne. — 13 mai-1er juin. — Secteur du plateau de Vauclerc. Attaque et prise du plateau des Casemates le 22 mai. P. C. au plateau Triangulaire (sud de Craonnelle). 1er-14 juin. — Demi-repos. Q. G. à Baslieux-les-Fismes. 14 juin-4 juillet. — Secteur de Vauclerc-Hurtebise. Le 25 juin, attaque et prise du Monument d'Hurtebise, de l'Eperon, du Doigt et de la Creute du Dragon. 4-19 juillet. — Repos. Q. G. à Chéry-Chartreuve. 19-25 juillet. — Les troupes de la division, sous les ordres du commandant de la 48e D. I., reprennent le plateau de Craonne. 25 juillet-15 août. — Routes et repos au sud de la Marne. Q. G. à Orbais-l'Abbaye.	**Aisne** (Chemin des Dames). — *Pertes* : Officiers, 86 ; troupes, 3,123.
Reims. — 18 août-16 octobre. — Secteur de Reims, Béthény, Courcy. Série de coups de main français et allemands. Q. G. à Champigny.	**Reims.** — *Pertes* : Officier, 1 ; troupes, 167.

Verdun. — 5 novembre-20 décembre. — Secteur fort de Vaux-bois des Caurières. La division exécute une série de coups de main et repousse de fortes attaques ennemies. Le 133ᵉ R. I., détaché à une D. I. voisine, résiste, le 6 novembre, à une attaque violente sur le bois Le Chaume.

20 décembre 1917-10 janvier 1918. — Routes et transport en chemin de fer dans la zone de Rosières-aux-Salines. Repos. Q. G. à Rosières-aux-Salines.

1918

Lorraine. — 12 janvier-30 avril. — Secteur de Lunéville. Secteur calme. Série de coups de main.

1ᵉʳ au 20 mai. — Repos. Q. G. à Rosières-aux-Salines.

20-27 mai. — Transport par chemin de fer et routes jusqu'à Aumale.

Lunéville. — *Pertes* : Officiers, 17 ; troupes, 835.

Entre Aisne et Marne. — 27 au 29 mai. — Transport par voie ferrée dans la région de Neuilly-Sᵗ-Front.

29 mai-4 juin. — Opérations en retraite au nord et nord-ouest de Château-Thierry.

5-10 juin. — Repos sur la Marne. Q. G. à Saacy.

10 juin-3 juillet. — Travaux d'organisations défensives. Q. G. à la Ferté-sous-Jouarre.

3-17 juillet. — Secteur Vinly-Chézy-en-Orxois (secteur calme). Q. G. à Vendrest.

18-28 juillet. — Offensive qui conduit la division à Villeneuve-sur-Fère (12 villages, 30 canons).

28 juillet-7 août. — Demi-repos à Neuilly-Saint-Front.

8-13 août. — Prise de secteur sur la Vesle, à l'est de Fismes. Secteur très agité.

15 août-4 septembre. — Secteur de Mont-Notre-Dame. Secteur agité. P. C. à Loupeigne.

4-20 septembre. — Repli des Allemands. Franchissement de la Vesle et secteur sur l'Aisne. P. C. à Mont-Notre-Dame.

Aisne (1918) défensive. — *Pertes* : Officiers, 44 ; troupes, 1,898.

Aisne (1918) défensive. — *Pertes* : Officiers, 73 ; troupes, 2.671.

Flandres. — 20-27 septembre. — Transport par chemin de fer et routes jusqu'au front de l'Yser.

27 septembre. — Offensive des Flandres : Roulers, La Lys, l'Escaut.

11 novembre, à 11 heures. — La division a atteint la voie ferrée Renaix-Gand à l'est d'Audenarde.

Retour en France par voie de terre, après l'armistice, de Bruxelles à Beauvais.

Belgique. — *Pertes* : Officiers, 54 ; troupes, 1,357.

Pertes totales de la Division :

Officiers. 318
Troupes. 12,000

Général ayant commandé la division : Général GAUCHER (du 20 novembre 1916 au 25 janvier 1919).

DISSOLUTION : 25 janvier 1919.

ANNEXE Nº 2

AUTORITÉS sous les ordres desquelles est passée la 164ᵉ Division d'Infanterie

DATES	EMPLOI DE LA DIVISION	AUTORITÉ DONT A DÉPENDU LA DIVISION		
		CORPS D'ARMÉE	ARMÉE	GROUPE D'ARMÉE
8-20 novembre 1916	Organisation		7ᵉ Armée	G. A. E.
20 novembre-1ᵉʳ décembre	Id.	34ᵉ C. A.	Id.	Id.
1ᵉʳ décembre 1916-13 mars 1917	Occupation de secteur (Dannemarie)	Id.	Id.	Id.
13-31 mars 1917	Routes et instruction au Camp de Vesoul		Id.	Id.
31 mars-1ᵉʳ avril	Transport par voie ferrée et débarquement dans la région de Villers-Cotterêts		6ᵉ Armée	G. A. R.
1ᵉʳ avril-4 avril			3ᵉ Armée	G. A. N.
4 au 20 avril	En réserve de G. Q. G. (Villers-Cotterêts, puis Pierrefonds)		3ᵉ Armée (1)	
21 avril	Route (Pierrefonds-La Ferté-Milon)			G. A. R.
22-23 avril	Routes (La Ferté-Milon-Bezu-Saint-Germain)	3ᵉ C. A.	10ᵉ Armée	Id.
24 avril-9 mai	Stationnement, région nord de Château-Thierry	Id.	Id.	Id.
9-10 mai	Route vers Glennes-Fismes		10ᵉ Armée	Id.
10-11 mai	Id.　　Id.	18ᵉ C. A.	Id.	Id.
11 mai-1ᵉʳ juin	Occupation de secteur et attaque (Vauclerc-Casemates)	18ᵉ C. A.	Id.	Id.
1ᵉʳ-14 juin	Réserve de C. A. à Baslieux-les-Fismes	Id.	Id.	G. A. N.
14-16 juin	Relève de secteur (Vauclerc-Monument)	Id.	Id.	Id.
16 juin-4 juillet	Occupation de secteur et attaque (Vauclerc-Monument)	9ᵉ C. A.	Id.	Id.
4-19 juillet	Réserve d'armée à Chéry-Chartreuve	Id.　(2)		
19-27 juillet	Occupation de secteur et contre-attaque (Casemates-Craonne)	9ᵉ C. A.	10 Armée	G. A. N.
28-30 juillet	Repos et reconstitution (Igny-le-Jard)		Id.	Id.
30 juillet-15 août	Id.　　(Orbais-l'Abbaye)	7ᵉ C. A.	5ᵉ Armée	G. A. C.
16-18 août	Transport en auto des éléments à pied. Mouvement par voie de terre des éléments montés et des équipages (région Orbais-l'Abbaye à région Champigny)	34ᵉ C. A.	5ᵉ Armée	Id.
19-20 août	Relève de secteur	Id.	Id.	Id.
21 août-11 octobre	Occupation du secteur nord-est de Reims	Id.	Id.	Id.
12-15 octobre	Relève de secteur	Id.	Id.	Id.
16-17 octobre	Mouvement vers région de Damery	Id.	Id.	Id.
18-31 octobre	Repos dans région Damery		Id.	Id.
1ᵉʳ-5 novembre	Transport en auto des éléments à pied. Mouvement par voie de terre des éléments montés et des équipages dans la région de Verdun. Relève de secteur		2ᵉ Armée	G. A. E.
6 novembre-15 décembre	Occupation du secteur de Bezonvaux (à partir du 18 novembre)	2ᵉC.A.C. et 17ᵉC.A.	Id.	Id.
16-19 décembre	Relève de secteur	17ᵉ C. A.	Id.	Id.

28-28 décembre	Transport par voie ferrée dans le rég...			
29 décembre 1917-1er janvier 1918	Réserve d'armée (région de Rosières-aux-Salines)	9° C. A.	Id.	Id.
9-11 janvier	Mouvement par voie de terre et relève de secteur	7e et 9e C. A.	Id.	Id.
12 janvier-30 avril	Occupation du secteur de Lunéville (à partir du 21 janvier)	7e C. A. (3)	Id.	Id.
1er-19 mai	Repos et instruction dans la région de Rosières-aux-Salines	1re C. A. (4)	5e Armée	G. A. R.
20-22 mai	Transport par voie ferrée dans la région de Senantes	Id. (4)	Id.	Id.
23-24 mai	Stationnement région de Senantes	Id. (2-5)	Id.	Id.
25-27 mai	Mouvement par voie de terre vers la région d'Aumale			
28 mai-5 juin	Transport par voie ferrée de la région d'Aumale à la région de Neuilly-Saint-Front. Opérations au nord et à l'ouest de Château-Thierry	21° C. A.	6° Armée	G. A. N.
6-9 juin	Réserve d'armée (région de Saacy-sur-Marne)	Id. (6)	Id.	Id.
10 juin	Mouvement par voie de terre (région La Ferté-sous-Jouarre)	Id. (6)	Id.	Id.
11-30 juin	Réserve d'armée dans la région de La Ferté-sous-Jouarre (7)	Id. (6)	Id.	Id.
1er-3 juillet	Relève de secteur	7e C. A.	Id.	Id.
4-17 juillet	Occupation du secteur de Hautevesnes	Id. (8)	Id.	G. A. C.
18-27 juillet	Opérations offensives au nord-ouest et au nord de Château-Thierry	Id.	Id.	Id-
28 juillet-7 août	Demi-repos, région de Neuilly-Saint-Front	Id.	Id.	Id.
7-14 août	Secteur, front voie ferrée Fismes-Reims, est de Fismes	3° C. A. U. S.	Id.	Id.
15-23 août	Secteur de Loupeigne	11e C. A.	6e Armée	G. A. C.
23 août-4 septembre	Secteur de Loupeigne	3e C. A.	Id.	Id.
5-18 septembre	Avance de la Vesle à l'Aisne. Secteur de Mont-Notre-Dame	Id.	Id.	Id.
18-20 septembre	Relève et regroupement sur la Marne	Id.	5e Armée	Id.
20 septembre-11 novembre	Belgique. Bataille des Flandres	7e C. A.	6e Armée	A.F.B.-G.A.F.
11 novembre 1918	Armistice			
11-23 novembre	Marche vers Bruxelles	Id.	Id.	Id.
23-25 novembre	Routes vers le nord-ouest	Id.	Id.	Id.
25 novembre		30e C. A.	Id.	Id.
25 novembre-27 décembre	Routes par Deynze, Ruysselède, Roulers, Proven, Wormhoudt-Bergues (10 jours de repos), Ardres, Desvres, Beaurainville, Saint-Valéry-sur-Somme, Eu	Id.	Id.	Id.
28 décembre 1918-6 janvier 1919	Routes Londinières, Forges-les-Eaux, Gournay, Beauvais		3e Armée	G. A. Maistre
6-10 janvier 1919	Repos dans la région de Beauvais		Id.	Id.
10-25 janvier	Id. Id.	16e C. A.	Id.	Id.
25 janvier	Dissolution de la 164e division			

OBSERVATIONS

(1) 3e armée pour stationnement et ravitaillement : 1re armée pour instruction, G. Q. G. pour emploi tactique.
(2) 9° C. A. pour stationnement et ravitaillement ; 10e armée pour emploi tactique.
(3) Jusqu'au 11 mai inclus, sauf en ce qui concerne l'emploi.
(4) Sauf en ce qui concerne l'emploi.
(5) Jusqu'au 25 mai inclus.
(6) Pour organisation de la 2e position.
(7) 3e C. A. à partir du 21 juin.
(8) G. A. C. à partir du 6 juillet.
(9) 5° armée à partir du 15 septembre.

ANNEXE Nᵒ 3

ÉTAPES DU QUARTIER GÉNÉRAL
De la 164ᵉ DIVISION

20-27 novembre 1916.	Giromagny.
27 novembre 1916-13 mars 1917.	Dannemarie.
13-14 mars 1917.	Héricourt.
14-15 mars 1917.	Ronchamps.
15-16 mars 1917.	Magny-Vernois.
16-31 mars 1917.	Noroy-le-Bourg.
1ᵉʳ-2 avril 1917	T. C. O.
3-6 avril 1917.	Villers-Cotterêts.
6-20 avril 1917	Pierrefonds.
21-22 avril 1917.	La Ferté-Milon.
22-23 avril 1917.	Neuilly-Saint-Front.
23 avril-10 mai 1917	Bézu-Saint-Germain.
10-11 mai 1917. . . . . 1ᵉʳ échelon. . . .	Baslieux-les-Fismes.
— — . . . . 2ᵉ échelon. . . .	Fère-en-Tardenois.
11-13 mai 1917	Baslieux-les-Fismes.
13 mai-1ᵉʳ juin 1917. . . . . . . 1ᵉʳ échelon. . . .	P.C. Plateau Triangulaire.
— — . . . . 2ᵉ échelon. . . .	Beaurieux.
1ᵉʳ-14 juin 1917.	Baslieux-les-Fisme.
14 juin-4 juillet 1917.	Beaurieux.
4-25 juillet 1917	Chéry-Chartreuve.
25-26 juillet 1917.	Verneuil.
26 juillet-2 août 1917.	Igny-le-Jard.
2-18 août 1917	Orbais-l'Abbaye.
18 août-16 octobre 1917.	Champigny.
16 octobre-1ᵉʳ novembre 1917.	Damery.
1ᵉʳ-4 novembre 1917	Dampierre-le-Château.
4-6 novembre 1917	Haudainville.
6 novembre-19 décembre 1917. . 1ᵉʳ échelon. . . .	P. C. Normandie.
— — . . 2ᵉ échelon. . . .	Haudainville.
20-25 décembre 1917.	Condé.
26 décembre 1917.	T. C. O.
27 décembre 1917-12 janvier 1918.	Rosières-aux-Salines.
12 janvier-30 avril 1918.	Lunéville.
30 avril-20 mai 1918.	Rosières-aux-Salines.
21 mai 1918.	T. C. O.
22-26 mai 1918	Senantes.
26-27 mai 1918	Aumale.
28 mai 1918.	T. C. O.
29-30 mai 1918	Neuilly-Saint-Front.
30 mai 1918 (17 h.) . . . . 1ᵉʳ échelon. . . .	Sommelans.
— — . . . . 2ᵉ échelon. . . .	Chézy-en-Orxois.

31 mai 1918 (12 h.) . . . . 1" échelon. . . . Bussiares.
   —   — . . . . . . 2' échelon. . . . Villers-sur-Marne.
31 mai 1918 (15 h.) . . . . 1" échelon. . . . Crogis.
   —   — . . . . . . 2' échelon. . . . Villers-sur-Marne.
31 mai 1918 (21 h.) . . . . 1" échelon. . . . Ferme La Nouette.
   —   . . . . . . 2' échelon. . . . Villers-sur-Marne.
1"-4 juin 1918. . . . . 1" échelon. . . . Ferme Beaurepaire.
   — . . . . . . 2' échelon. . . . Villers-sur-Marne.
4-5 juin 1918. . . . . 1" échelon. . . . Montreuil-aux-Lions.
   — . . . . . . 2' échelon. . . . Saacy.
5-11 juin 1918. . . . . Saacy.
11 juin-3 juillet 1918. . . . . La Ferté-sous-Jouarre.
3-20 juillet 1918. . . . . Vendrest.
20-21 juillet 1918 . . . . 1" échelon. . . . Gandelu.
   —   — . . . . . 2' échelon. . . . Vendrest.
21-22 juillet 1918. . . . . 1" échelon. . . . Courchamps.
   —   — . . . . . 2' échelon. . . . Gandelu.
22-24 juillet 1918. . . . . 1" échelon. . . . Bonnes.
   —   — . . . . . 2' échelon. . . . Gandelu.
24-28 juillet 1918 . . . . Bonnes.
28 juillet-8 août 1918. . . . . Neuilly-Saint-Front.
8-9 août 1918 . . . . Villers-Agron.
9-14 août 1918. . . . . 1" échelon. . . . Maison forestière des Cinq-Piles.
   — . . . . . . 2' échelon. . . . Villers-Agron.
15 août-6 septembre 1918 . . . . 1" échelon. . . . Loupeigne.
   —   — . . . . 2' échelon. . . . Fère-en-Tardenois.
6-18 septembre 1918. . . . . . . 1" échelon. . . . Mont-Notre-Dame.
   —   — . . . . . . 2' échelon. . . . Bruys.
18-21 septembre 1918 . . . . Charly-sur-Marne.
21-22 septembre 1918 . . . . T. C. O.
22-26 septembre 1918 . . . . Coulogne.
26-27 septembre 1918 . . . . Loon Plage
27 septembre 1918 (9 h. à 22 h.) . . . . Rexpoède.
28-29 septembre 1918 . . . . Westvleteren.
29 septembre-1" octobre 1918 . . 1" échelon. . . . Ferme des Paratonnerres.
   —   —   — . . 2' échelon. . . . Woesten.
1"-13 octobre 1918 . . . . 1" échelon. . . . Langemarck.
   —   — . . . . . . 2' échelon. . . . Woesten.
13-15 octobre 1918. . . . . 1" échelon. . . . Wallemolen.
   —   — . . . . . . 2' échelon. . . . Woesten.
15-17 octobre 1918 . . . . 1" échelon. . . . De Ruiter.
   —   — . . . . . . 2' échelon. . . . Woesten.
17-18 octobre 1918. . . . . 1" échelon. . . . Ouekene.
   —   — . . . . . 2' échelon. . . . De Ruiter.
18-21 octobre 1918 . . . . Wifwegen (Iseghem).
21 octobre-10 novembre 1918 . . . . Ingelmunster
10-14 novembre 1918 . . . . Château d'Anseghem.
14-17 novembre 1918 . . . . Michelbeke.
17-20 novembre 1918 . . . . Oultre.
20-25 novembre 1918 . . . . Itterbeek.
25-26 novembre 1918 . . . . Herzele.
26-28 novembre 1918 . . . . Velsique.
28-29 novembre 1918 . . . . Petegem.

29 novembre-1" décembre 1918. . . . . Ruysselède.
1"- 2 décembre 1918. . . . . Roulers.
2 - 3 décembre 1918. . . . . Proven.
3 - 5 décembre 1918. . . . . Wormhoudt.
5 - 16 décembre 1918. . . . . Bergues.
16-19 décembre 1918 . . . . Ardres.
19-21 décembre 1918. . . . . Desvres.
21-23 décembre 1918. . . . . Beaurainville.
23 décembre 1918 . . . . Noyelles.
23-26 décembre 1918 . . . . Saint-Valéry-sur-Somme.
26-28 décembre 1918 . . . . Eu.
28-30 décembre 1918 . . . . Londinières.
30 décembre 1918-2 janvier 1919 . . . . Forges-les-Eaux.
2-4 janvier 1919. . . . . Gournay.
4-25 janvier 1919 . . . . Beauvais.

ANNEXE N° 4

CITATIONS A L'ORDRE DE L'ARMEE

OBTENUES PAR LES CORPS DE LA 164ᵉ DIVISION

CITATIONS A L'ORDRE DE L'ARMÉE

obtenues par le 152ᵉ régiment d'infanterie.

1° ORDRE DU 25 JANVIER 1915.

« A, sous les ordres du chef de bataillon Jacquemot, fait preuve d'une
« vaillance et d'une endurance au-dessus de tout éloge en conquérant le
« village, de Steinbach après huit jours de lutte héroïque de jour et de
« nuit; s'emparant une à une des maisons fortifiées, répétant les assauts au
« milieu des incendies, se maintenant sous un feu des plus violents dans
« les tranchées remplies d'eau glacée, infligeant à l'ennemi de lourdes
« pertes et lui enlevant une mitrailleuse et de nombreux prisonniers. »

2° ORDRE DU 3 AVRIL 1915.

« Commandé par le lieutenant-colonel Jacquemot, et les ᵉ bataillons de
« chasseurs, ont rivalisé d'énergie et de courage pour se rendre maîtres,
« après plusieurs semaines de lutte pied à pied et une série d'assauts à la
« baïonnette, de tous les retranchements accumulés par l'ennemi sur la
« position de l'Hartmannswillerkopf. »

3° ORDRE DU 4 DÉCEMBRE 1916.

« Sous la direction du lieutenant-colonel Semaire, a enlevé le 15 octobre,
« à la suite d'une lutte acharnée, un village puissamment organisé et s'est
« emparé de deux cents prisonniers et de trois mitrailleuses ; a maintenu
« intacte pendant huit jours l'occupation du terrain conquis, malgré le plus
« intense des bombardements et la violence des contre-attaques ennemies
« qui se sont répétées jusqu'à trois fois le même jour. Avait déjà, le 3 sep-
« tembre, atteint d'un seul élan les objectifs qui lui avaient été assignés et
« fait de nombreux prisonniers. »

4° ORDRE DU 12 JUILLET 1917.

« Sous les ordres du lieutenant-colonel Barrard, a, le 22 mai 1917, enlevé
« d'un seul bond et en quelques minutes, avec deux de ses bataillons, le
« plateau des Casemates et pris une centaine de prisonniers, faisant comme
« toujours preuve du plus bel entrain et de la plus belle énergie. A de
« nouveau, le 25 juin, pris part à l'attaque du plateau d'Hurtebise, attei-
« gnant ses objectifs d'un seul élan et contribuant à la prise d'une grotte
« où l'on a fait plus de 300 prisonniers. »

5° ORDRE DU 30 JUILLET 1918.

« Engagé, le 31 mai 1918, en pleine bataille, après une marche forcée et
« des plus pénibles, a, sous les ordres du commandant du Bourg, en l'ab-
« sence du chef de corps, provisoirement désigné pour exercer le commande-
« ment d'un groupement supérieur, défendu pendant cinq jours de combats
« incessants, avec une ténacité qui ne s'est pas démentie un instant, et en
« faisant subir à l'ennemi de lourdes pertes, le terrain qui lui avait été confié.
« Le cinquième jour de l'engagement, et malgré la fatigue, a exécuté une

« contre-attaque qui a repris la presque totalité du terrain arraché la veille
« par l'ennemi. »

6° Ordre du 30 août 1918.

« Magnifique régiment qui, pendant huit jours de durs combats, du 18 au
« 25 juillet 1918, vient de fournir encore les preuves de ses vertus tradition-
« nelles. Après que ses bataillons, successivement engagés, eurent rivalisé
« d'audace et de ténacité dans la poursuite d'une progression victorieuse,
« chacun atteignant tous ses objectifs, le régiment en entier, regroupé sous
« le commandement de son chef, le lieutenant-colonel Meilhan, s'est porté
« à l'attaque d'un bois à la possession duquel l'ennemi attachait le plus
« grand prix et l'a enlevé de haute lutte, capturant 242 prisonniers, 2 ca-
« nons, 6 minens et un matériel important. »

Par ordre n° 122 « F » du 3 septembre 1918 du général commandant en
chef, le droit au port de la fourragère aux couleurs de la Légion d'honneur
a été conféré au 152° régiment d'infanterie.

CITATIONS A L'ORDRE DE L'ARMÉE
obtenues par le 133° régiment d'infanterie.

1° Ordre du 12 juillet 1915.

« *Le 133° régiment d'infanterie* sous les ordres du lieutenant-colonel
« Baudrand.

« Ce régiment dont deux bataillons, 3 semaines auparavant, avaient été
« cités à l'ordre de l'armée pour avoir enlevé une position puissamment
« fortifiée sur une autre partie du front, a renouvelé cet exploit à la Fon-
« tenelle. Entraîné par son ardeur, il est parti avant la fin de la préparation
« d'artillerie, est arrivé sur les premières tranchées ennemies avec les der-
« niers obus français, a enlevé une position comprenant plusieurs lignes de
« tranchées et de casemates, a fait prisonniers près de 900 Allemands (dont
« 21 officiers) et s'est emparé d'un butin considérable (canons, mitrailleuses,
« lance-bombes, fusils, etc...) S'est installé sur la position conquise et y a
« défié tous les assauts. »

2° Ordre du 1er mai 1917.

Le 133° régiment d'infanterie :

« Les 16 et 18 avril 1917, sous le commandement du lieutenant-colonel
« Baudrand, a enlevé avec un enthousiasme superbe, une position puissam-
« ment fortifiée, un village solidement organisé, et a franchi un canal,
« malgré des feux violents de mitrailleuses de front et d'échappe, atteignant
« ainsi tout l'objectif qui lui était assigné et capturant plus de 1.000 pri-
« sonniers dont 12 officiers, 15 mitrailleuses, 1 minenwerfer et un matériel
« considérable. »

3° Ordre du 4 septembre 1918.

« Le 133° régiment d'infanterie, sous le commandement du lieutenant-
« colonel Kiffer, s'est porté le 18 juillet 1918 à l'attaque dans un élan irré-
« sistible et dès le premier jour de la bataille, a réalisé une avance de
« 4 kilomètres, enlevé deux villages solidement tenus par l'ennemi, pris 22
« canons et plus de 200 prisonniers. Les jours suivants, en dépit des fatigues
« et des pertes, il a maintenu tout le terrain conquis avec une énergie et une
« ténacité inlassables, et reprenant l'attaque, brisant toutes les résistances

« rencontrées, a fait au total une progression de 14 kilomètres, capturant
« 350 prisonniers, 22 canons dont 4 gros minen, 100 mitrailleuses. »

4° Ordre du 27 novembre 1918.

Le 133° régiment d'infanterie :

« Régiment d'élite qui, sous les ordres du lieutenant-colonel Kiffer, a
« attaqué quinze fois, durant un seul mois d'opérations offensives.
« Après plusieurs marches de nuit pénibles, a enlevé d'assaut et conservé
« de haute lutte une position fortement organisée, capturant 120 prison-
« niers, de nombreuses mitrailleuses.
« Malgré une âpre résistance, a forcé le passage d'une rivière et contraint
« l'adversaire au repli.
« Au terme de la poursuite, a harcelé d'attaques quotidiennes l'ennemi
« fixé sur une nouvelle position, lui enlevant, l'un après l'autre, des centres
« de résistance puissamment défendus, avec l'élan le plus intrépide et la
« plus admirable ténacité. »
Par ordre n° 136 « F » du 23 novembre 1918, du maréchal de France
commandant en chef, le droit au port de la fourragère aux couleurs du ruban
Médaille militaire a été conféré au 133° régiment d'infanterie.

CITATIONS A L'ORDRE DE L'ARMÉE

obtenues par le 41ᵉ bataillon de chasseurs à pied.

1° Ordre du 28 aout 1917.

« A, du 1ᵉʳ au 6 mars 1915, repoussé de violentes attaques allemandes à
« la Chapelotte et à la carrière de Bremenil. Le 19 octobre 1916, sous les
« ordres du commandant Leduc, s'est emparé de la tranchée de Batack et
« de la portion nord du village de Sailly, dont il a maintenu intacte l'occu-
« pation, malgré de violents bombardements et des contre-attaques ennemies.
« Dans les combats de l'Aisne, en 1917, a fait preuve de belles qualités
« offensives et d'une belle énergie en coopérant victorieusement, le 22 mai,
« à l'attaque du plateau des Casemates, et le 25 juillet, à celle du plateau
« de Craonne. »

2° Ordre du 4 septembre 1918.

« Le 13ᵉ groupe de bataillons de chasseurs, sous les ordres du lieutenant-
« colonel Dussauge, comprenant le 41ᵉ bataillon de chasseurs, sous les or-
« dres du commandant Masson :

« S'est élancé superbement, le 18 juillet 1918, jour de la bataille, sur un
« terrain qu'il n'avait pu reconnaître ; a progressé de 4 kilomètres, enlevé
« un village, capturé près de 200 prisonniers, 5 canons et un grand nombre
« de mitrailleuses. Repartait à l'attaque le lendemain, sans que la fatigue ou
« les pertes aient diminué son entrain magnifique, prenait trois villages et
« réalisait une nouvelle avance de 3 kilomètres. Engagé une troisième fois,
« parvenait, en trois jours de lutte très dure, à chasser l'ennemi des fortes
« positions où celui-ci résistait avec acharnement. A capturé au total près
« de 300 prisonniers avec 7 canons, 102 mitrailleuses et 33 minen. »

Par ordre n° 122 « F » du 3 septembre 1918, du général commandant en chef, le droit au port de la fourragère aux couleurs de la Croix de guerre a été conféré au 41ᵉ bataillon de chasseurs à pied.

CITATIONS A L'ORDRE DE L'ARMÉE

obtenues par le 43ᵉ bataillon de chasseurs à pied.

1° ORDRE DU 4 SEPTEMBRE 1918.

Le 13ᵉ groupe de bataillons de chasseurs à pied, sous les ordres du lieutenant-colonel Dussauge, comprenant : le 41ᵉ bataillon de chasseurs, sous les ordres du commandant Masson ; le 43ᵉ bataillon de chasseurs, sous les ordres du commandant Michelin ; le 59ᵉ bataillon de chasseurs, sous les ordres du commandant de Boishue :

« S'est élancé superbement, le 18 juillet 1918, jour de la bataille, sur un
« terrain qu'il n'avait pu reconnaître, a progressé de 4 kilomètres, enlevé
« un village, capturé près de 200 prisonniers, 5 canons et un grand nombre
« de mitrailleuses. Repartait à l'attaque le lendemain, sans que la fatigue
« ou les pertes aient diminué son entrain magnifique, prenait trois villages
« et réalisait une nouvelle avance de 3 kilomètres. Engagé une troisième
« fois, parvenait en trois jours de lutte très dure à chasser l'ennemi des
« fortes positions où celui-ci résistait avec acharnement. A capturé au total
« près de 300 prisonniers avec 7 canons, 102 mitrailleuses et 33 minen. »

2° ORDRE DU 27 NOVEMBRE 1918.

Le 43ᵉ bataillon de chasseurs à pied :

« Vaillant bataillon, modèle de discipline, d'allant et de bravoure qui,
« sous les ordres du commandant Michelin, n'a cessé, du 25 septembre au
« 29 octobre 1918, dans les Flandres, de fournir les plus grands efforts.
« A contraint l'ennemi à se replier, et l'a poursuivi avec la dernière éner-
« gie, en atteignant d'un seul bond la rive gauche de la Lys.
« Le 29 octobre, malgré la faiblesse de ses effectifs, a attaqué les positions
« défendues par un ennemi supérieur en nombre ; les a enlevées de haute
« lutte, conquérant tous ses objectifs, capturant des prisonniers et des mi-
« trailleuses. »

Par ordre n° 136 « F » du 23 novembre 1918, du maréchal de France commandant en chef, le droit au port de la fourragère aux couleurs du ruban de la Croix de guerre a été conféré au 43ᵉ bataillon de chasseurs à pied.

CITATIONS A L'ORDRE DE L'ARMÉE

obtenues par le 59ᵉ bataillon de chasseurs à pied.

1° ORDRE DU 25 MARS 1916.

« Le 59ᵉ et le   ᵉ bataillons de chasseurs à pied, sous le commandement
« de chefs tels que le colonel Driant, le commandant Renouard et le capi-
« taine Vincent, ont fait, pendant les combats de fin février 1916, l'admi-
« ration de tous par l'énergie indomptable avec laquelle ils ont lutté pour

« conserver le terrain dont la défense leur avait été confiée ; ne formant
« qu'une seule âme, unis dans la même foi, ils ont montré une fois de plus
« ce qu'on peut attendre de soldats d'élite et ont ajouté une grande et belle
« page à leur histoire. »

2° Ordre du 4 septembre 1918.

Le 13° groupe de bataillons de chasseurs à pied, sous les ordres du lieutenant-colonel Dussauge, comprenant le 59° bataillon de chasseurs, sous les
ordres du commandant de Boishue et le   :

« S'est élancé superbement, le 18 juillet 1918, jour de la bataille, sur un
« terrain qu'il n'avait pu reconnaître ; a progressé de 4 kilomètres, enlevé
« un village, capturé près de 200 prisonniers, 5 canons et un grand nombre
« de mitrailleuses. Repartait à l'attaque le lendemain, sans que la fatigue
« ou les pertes aient diminué son entrain magnifique, prenait trois villages
« et réalisait une nouvelle avance de 3 kilomètres. Engagé une troisième fois,
« parvenait, en trois jours de lutte très dure, à chasser l'ennemi des fortes
« positions où celui-ci résistait avec acharnement. A capturé au total près
« de 300 prisonniers avec 7 canons, 102 mitrailleuses et 33 minen. »
Par ordre n° 122 « F » du 3 septembre 1918 du général commandant en
chef, le droit au port de la fourragère aux couleurs de la Croix de guerre
a été conféré au 59° bataillon de chasseurs à pied.

CITATION A L'ORDRE DE L'ARMÉE
obtenue par le 334° régiment d'infanterie.

Ordre du 29 août 1917.

« Appelé sous les ordres du lieutenant-colonel Belhumeur à occuper, dans
« des circonstances très difficiles, un secteur violemment bombardé, a re-
« marquablement exécuté son mouvement, malgré les efforts répétés de
« l'ennemi. Le 24 juillet 1917, a brillamment attaqué et atteint, après de
« durs combats, la majeure partie de ses objectifs, reprenant la presque
« totalité du terrain enlevé les jours précédents par l'ennemi. A conservé
« les positions conquises, malgré deux violentes contre-attaques ennemies.
« Avait déjà brillamment coopéré à la prise du plateau des Casemates
« (22 mai) et de la grotte du Dragon (25 juin). »

CITATIONS A L'ORDRE DE L'ARMÉE
obtenues par le 232° régiment d'artillerie.

1° Ordre du 14 septembre 1918.

« Régiment animé du plus bel entrain et du dévouement le plus complet
« à son infanterie. S'est particulièrement distingué sous l'habile direction
« de son chef le lieutenant-colonel Schmidt, pendant l'offensive de juillet
« 1918 où il a fait preuve de brillantes qualités manœuvrières, accompagnant
« l'infanterie au plus près.
« S'était déjà fait remarquer partout où il a donné avec la division, no-
« tamment au Chemin des Dames, de mai à juillet 1917, à Bezonvaux en

« novembre et décembre 1917 ainsi que dans les opérations du nord de la
« Marne où il a contribué à arrêter la poussée ennemie.

« A mérité en toutes circonstances les témoignages de reconnaissance de
« l'infanterie. »

2° Ordre du 3 février 1919.

« Pendant l'offensive des Flandres, soit qu'il ait combattu avec sa divi-
« sion, soit qu'il ait renforcé l'artillerie d'autres divisions belges et fran-
« çaises, s'est montré une troupe d'élite tant par son endurance et son
« énergie que par l'habileté de ses tirs.

« Engagé sans arrêt pendant toute cette période, a conservé le moral le
« plus élevé malgré les pertes, les fatigues et les privations, et son dévoue-
« ment à son infanterie lui a valu ce témoignage de blessés revenant de
« l'attaque : « Avec une artillerie comme la nôtre, on passe partout. »

Par ordre n° 147 « F » du maréchal commandant en chef, le droit au
port de la fourragère aux couleurs de la Croix de guerre est conféré au
232e régiment d'artillerie.

ANNEXE N° 5

QUELQUES DÉTAILS
SUR L'ATTAQUE DU 25 JUIN 1917
(GROTTE DU DRAGON)

164ᵉ D. I.

—

ÉTAT-MAJOR

—

3ᵉ Bureau

—

N° 63/S op.

P.C. le 21 juin 1917.

RAPPORT au sujet des opérations prévues pour le jour J.

I. — Lorsque la 164ᵉ division a relevé dans son secteur la 35ᵉ division elle a hérité d'une opération préparée par cette dernière en vue d'augmenter la zone de terrain en avant du Monument, pour donner à la défense de la profondeur et du terrain pour les contre-attaques. (Note de service du général commandant le 18ᵉ corps en date du 2 juin 1917).

But : reporter notre ligne de défense autour du Monument jusqu'à la tranchée Fichou perdue le 20 mai et même un peu plus en avant, de manière à tenir sous notre feu l'entrée de la grotte du Dragon, la zone des abris et à avoir des vues sur les pentes au pied desquelles peuvent se former les lignes d'attaque boches.

Cette opération devait, aux termes d'un compte rendu du général commandant la 35ᵉ division, être prête à se déclancher d'abord pour le 8 juin, puis pour le 12 juin. Finalement la division a été relevée sans que l'opération ait été faite, même sans que la phase des destructions ait été entamée.

On avait envisagé, mais d'une manière assez imprécise, la collaboration des troupes de la 27ᵉ division sur la tranchée d'Heidelberg ; et en outre, une opération de gaz pour nettoyer si possible de ses occupants la creute du Dragon.

Telles sont les conditions dans lesquelles j'ai pris le commandement du secteur, avec mission de reprendre à mon compte l'opération projetée.

II. — L'attaque du 16 juin qui nous a fait perdre l'extrémité du Doigt, l'échec, ou mieux, l'avortement des contre-attaques immédiates, qui m'a obligé à me résoudre à « encaisser » m'ont conduit à vous soumettre le 17 juin, dans mon rapport daté de 2 heures, un projet de combiner une attaque en vue de rentrer en possession du Doigt avec l'opération de donner de l'air à la région du Monument.

Vous avez approuvé ces propositions à la date du 17 juin par votre Ordre particulier n° 631.

But de la nouvelle opération : reprendre la tranchée Fichou et le Doigt et assurer le nettoyage du prolongement de la tranchée Fichou devant le front de la droite du 14ᵉ corps.

J'ai assuré l'entente avec la 27e division pour avoir le concours d'une partie de son artillerie et le droit d'installer la gauche de mon attaque dans ses tranchées.

Vous avez approuvé dans leur ensemble les nouvelles propositions que je vous ai soumises.

En outre, au cours d'une de vos visites, vous m'avez prescrit verbalement d'ajouter à l'opération que j'avais conçue, la prise de possession de l'entrée nord de la grotte du Dragon et l'utilisation du gaz pour agir sur la garnison de cette grotte.

Me conformant à cet ordre, j'ai prévu la constitution d'un détachement spécial chargé de s'emparer de l'entrée nord de la grotte ou tout au moins d'y pratiquer des destructions susceptibles de la rendre inutilisable pour l'ennemi.

III. — Mais après avoir assuré l'exécution de votre ordre plus je serre la question de près, plus m'apparaissent les risques de cette petite opération de détail, et moins j'en vois le profit.

Evidemment, a priori, puisque nous tenons les entrées sud de la Grotte, il est séduisant de considérer les avantages que nous procurerait la possession de l'entrée nord, notamment la suppression du danger que constitue la possession par l'ennemi d'un souterrain sous nos propres lignes.

Mais en dépit des rapports de reconnaissance que j'ai trouvés dans mes dossiers, et dont un certain nombre me paraissent quelque peu fantaisistes, nous ne savons rien d'absolument précis sur l'aménagement intérieur de la grotte. Y a-t-il ou n'y a-t-il pas une cloison ? Cette cloison, mur en ciment ou en sacs à terre est-elle pourvue ou non d'une ouverture ?

Autant de questions auxquelles il est impossible de répondre. Il ne semble guère indiqué d'envoyer dans la Grotte des reconnaissances qui, si cette dernière est occupée, tomberaient dans un traquenard. Des tentatives similaires faites autrefois auraient échoué avec pertes.

L'opération de gaz préparée peut au contraire être considérée comme une reconnaissance. S'il y a un mur de séparation dans la grotte et si dans ce mur il n'y a pas d'ouverture, il y aura retour de gaz, et il suffira de fermer le robinet d'émission et de boucher hermétiquement l'ouverture. S'il y a une ouverture dans le mur ou s'il n'y a pas de mur, le gaz se répandra dans la partie nord et on verra sortir au moment de l'alerte les boches qui n'auront pas subi d'intoxication.

Des mitrailleuses bien placées à l'extrémité nord du boyau d'Ulm assureront le contrôle.

En tout état de cause, la grotte, ou tout au moins la partie située en deçà du mur supposé sera rendue intenable.

Dans ces conditions, pourquoi risquer d'envoyer un détachement occuper la sortie nord ?

Ou cette sortie sera rendue intenable par nos gaz, ou, si elle est indemne, ce détachement se heurtera à une garnison dont l'effectif ne peut être calculé.

En admettant même qu'il réussisse à s'y installer, il ne pourra s'y maintenir. L'entrée nord de la Grotte est à au moins 10 ou 15 mètres au-dessous de la crête suivie par la tranchée Fichou, à proximité de zones d'abris qui sont un repaire de boches.

Elle reste sous le feu de tous les occupants de la tranchée d'Heidelberg en bordure de la cuvette qui abrite la grotte des Saxons, les grottes de Maiwaldhöle, etc...

Tout élément qui descendra dans le fond est voué à la destruction ou à la capture.

C'est ce qui attendrait sans aucun doute le détachement jeté sur l'entrée nord de la grotte du Dragon.

En conséquence, je demande expressément à ne pas exécuter cette partie du programme que je considère comme un aventure.

Si nous prenons possession de la tranchée Fichou et de son prolongement, si surtout nous pouvons assurer un peu en avant de cette tranchée une installation donnant des vues sur l'entrée de la Grotte, nous la tiendrons sous notre feu.

D'autre part, nous serons installés au delà de la Grotte proprement dite et nous pourrons par une galerie partant de l'intérieur de nos lignes démolir la gaine qui, partant de la sortie nord, aboutit à la partie présumée occupable. Nous serions alors maîtres de la totalité de la Grotte : il serait possible de l'assainir et d'y entrer.

En ce qui concerne l'attaque de la tranchée Fichou, j'ai pu faire recueillir auprès du colonel et des officiers du 75ᵉ régiment d'infanterie, qui occupait cette tranchée lors de l'attaque du 20 mai, des renseignements intéressants.

La tranchée Fichou a de très belles vues sur nos lignes : mais occupée par nous face à l'ouest, elle a des vues limitées à 10 ou 12 mètres en avant, jusqu'au changement de pente.

C'est cet inconvénient qui a permis aux boches de sortir de leurs abris, de former leurs vagues d'attaque hors des vues et de se jeter sur la tranchée devant laquelle il n'y avait pas encore de fils de fer, des travaux en vue de pousser des antennes en avant étant en cours.

J'en conclus que le but de l'attaque de la tranchée Fichou doit être de s'emparer de cette tranchée, mais de ne la considérer que comme la ligne de doublement d'une autre ligne poussée un peu plus en avant à la distance voulue, pour avoir des vues sur le fond. C'est cette ligne que doit atteindre, sans la dépasser, une des vagues et s'y installer en se couvrant de défenses accessoires

Le général, commandant la 164ᵉ D.I.

Signé : GAUCHER.

27 juin 1917.

RAPPORT du capitaine de la Hamelinaye, commandant la compagnie 31/4 du génie, sur « l'émission de gaz » faite dans la « Drachenhöhle » le 25 juin 1917. (Voir croquis nº 6.)

Après avoir fait la reconnaissance des entrées de la Drachenhöhle en notre possession, je proposai, au général commandant la 164ᵉ division, d'envoyer des gaz dans cette grotte par les entrées D et B, je prendrais toutes les mesures pour tâcher d'éviter un retour de gaz qui aurait pu incommoder nos troupes. Mon projet fut accepté.

Je fis donc faire en D et B, d'épais barrages en sacs à terre, derrière lesquels furent placées des bouteilles de « Collongite » (18 bouteilles en D et 12 en B.).

J'avais eu soin de faire boucher toutes autres issues de la grotte afin que le gaz ne ressorte pas par là.

Dans la nuit du 24 au 25 juin, mes hommes montèrent les tuyauteries sur les bouteilles et firent passer les tubes d'émission à travers les barrages en sacs à terre. L'heure de l'émission avait été fixée pour 4 heures.

Le 25 juin, vers 3 heures, l'ennemi déclancha un violent tir d'artillerie sur tous les alentours de la Drachenhôhle, mais à 3 h. 45 tout était rentré dans le calme.

En D, la manœuvre était dirigée par le sous-lieutenant Moraine de ma compagnie, en B, par le sergent Godefroid. J'avais fait mettre quelques sapeurs en réserve dans une sape C située près de B, et je me tenais moi-même à l'entrée de B. J'avais avec moi des agents de liaison pour communiquer avec les P.C. d'infanterie.

L'émission se fit normalement. A 5 h. 15 tout était terminé. Il y eut une légère fuite de gaz en B, mais le sergent Godefroid en fut rapidement maître. Deux sapeurs furent légèrement intoxiqués en travaillant à remédier à cet accident.

Il y eut 28 bouteilles d'ouvertes, 2 ne purent pas fonctionner (pointeaux coincés). Comme un litre de Collongite liquide donne 323 litres de gaz et que chaque bouteille contient 22 litres de liquide, j'avais ainsi envoyé dans la grotte 200 mètres cubes de gaz (exactement 198 m3, 968).

A 6 heures je renvoyais mes sapeurs, à l'exception d'hommes de garde laissés en D et B, auprès des bouteilles.

L'attaque d'infanterie devant avoir lieu le 25 juin à 18 h. 5, je revins dans la journée avec une douzaine d'hommes que je voulais avoir là, en réserve, pour le cas où notre progression aurait amené une découverte concernant les gaz et nécessitant l'intervention de sapeurs Z.

A partir de l'heure H (18 h. o5) je me tins au P.C. du colonel, commandant l'infanterie de l'attaque, de façon à être prévenu immédiatement dès qu'il aurait besoin de moi.

Les prisonniers allemands pris dans la Drachenhôhle que j'eus l'occasion d'interroger cette nuit-là, me dirent qu'ils avaient en effet reçu des gaz dans la matinée, qu'ils avaient dû garder leurs masques pendant plusieurs heures, mais qu'à leur connaissance, il n'y avait pas eu d'intoxiqués.

Le 26 juin dans la matinée, à Beaurieux, je pus causer avec un médecin allemand prisonnier qui s'était trouvé le 25 juin dans la Drachenhôhle, et par qui j'eus des renseignements plus précis. Comme les plans que nous possédions le laissaient supposer, l'ennemi avait dans la Drachenhôhle un mur s'élevant jusqu'au plafond et n'habitait que la partie au nord de ce mur. A travers celui-ci étaient percées quelques ouvertures où se tenaient les guetteurs qui avaient donné l'alerte aux gaz. Le gaz n'ayant pu passer que par ces ouvertures, la concentration n'avait, disait-il, pas été suffisante pour qu'il y eût des intoxications, mais néanmoins toute la partie habitée en avait été remplie, les hommes avaient dû mettre leurs masques, et les objets métalliques avaient été attaqués par le chlore.

Comme la progression de notre infanterie nous avait donné une entrée nord de la grotte, le général commandant la 164e D.I. voulant établir la communication entre les deux parties de la grotte, me prescrivit de procéder à l'assainissement de la partie nord. En conséquence, je donnai l'ordre au sous-lieutenant Moraine d'aller dans la journée déboucher l'entrée B, et de faire ensuite la reconnaissance de la grotte en y pénétrant par l'entrée nord. Cet officier fut de retour vers minuit et me fit le compte rendu suivant :

La grotte était dans son ensemble conforme au plan que nous en possédions, l'ennemi avait cependant dû y pratiquer quelques agrandissements. Les renseignements donnés par le médecin allemand étaient exacts, le mur était percé de plusieurs ouvertures d'environ un mètre carré chacune. Les gaz étaient passés par là, mais dans toute la partie nord on n'en sentait plus que vaguement l'odeur. Au sud du mur il y avait encore en plusieurs points une certaine quantité de gaz, on ne pouvait avancer qu'avec le masque. Néanmoins le sous-lieutenant Moraine avait réussi à ressortir par l'entrée B ; au moyen d'une tresse blanche attachée à son point de départ à l'entrée nord, et qui aboutissait en B, il avait jalonné la communication entre les deux parties de la grotte. Il en avait immédiatement rendu compte au colonel commandant l'infanterie de l'attaque.

Le 27 juin dans la matinée, m'étant rendu à la grotte, j'y pénétrai par l'entrée B et allai jusqu'à la sortie nord. Les gaz s'étaient encore un peu dissipés pendant la nuit sous l'action de l'humidité et des courants d'air.

Ayant trouvé deux grandes bouteilles d'oxygène dans un poste de secours allemand situé dans la partie nord de la grotte, je les fis transporter et ouvrir dans la partie sud afin de commencer l'assainissement de l'atmosphère.

D'accord avec le chef de bataillon commandant le 41e B.C.P. j'envoyai là, dans la journée, un sous-officier et quelques hommes pour déboucher l'entrée D et achever d'assainir la grotte en y pratiquant des pulvérisations.

On peut maintenant circuler sans masque dans toute la partie sud, néanmoins, il est prudent de n'y faire habiter personne avant 5 à 6 jours, un peu de gaz pouvant encore séjourner en certains points.

Signé : La Hamelinaye.

164e D. I.

—

ÉTAT-MAJOR

—

2e Bureau

—

N° 2.314/2

P.C. le 30 juin 1917.

RENSEIGNEMENTS SUR LA GROTTE DU DRAGON.

L'attaque de la grotte du Dragon, le 25 juin, a présenté quelques particularités dont la connaissance peut intéresser les troupes.

Avant la guerre, il y avait, à côté de la ferme de la Creute, actuellement détruite, une carrière souterraine très ancienne. Ses pierres servaient à construire les maisons de la région, mais elle était surtout utilisée comme hangar, comme grenier et comme cave par les habitants de la ferme de la Creute.

Cette carrière elle-même s'appelait la Creute, son entrée se trouvait du côté sud, face à la vallée de l'Aisne. A l'intérieur elle comprenait plusieurs grandes galeries, séparées par des piliers naturels, avec des chambres latérales. Le tout avait à peu près 200 mètres de long et 60 mètres de large.

Nous avons occupé la Creute un moment pendant l'hiver 1914-1915 : c'est à ce moment que le génie a pris les plans qui ont servi pour l'attaque. Mais depuis le mois de janvier 1915, les Allemands, maîtres de la Creute, y ont beaucoup travaillé.

Les Allemands ont d'abord percé un long tunnel avec plusieurs sorties de manière à entrer dans la grotte du côté nord, en venant de la vallée de l'Ailette, sans être vus par nous. Ils ont bouché l'ancienne entrée sud que nous connaissions trop bien, à leur gré, et ont creusé de ce côté plusieurs sorties dont l'une donnait dans la tranchée de la Creute et une autre dans le boyau de la Creute. Ils ont construit des puits pour aller directement de la grotte à la partie supérieure du plateau.

C'est tout cet ensemble de salles souterraines, de galeries, d'escaliers, de puits, etc..., organisé en partant de notre ancienne Creute que les Allemands ont appelé la grotte du Dragon (Drachenhöhle).

A l'attaque du 16 avril, nos camarades s'étaient emparés des tranchées du plateau du Monument, mais les Allemands, sortis aussitôt de terre, autour d'eux et derrière eux, les avaient mitraillés de tous côtés ; en sorte que nous n'avions pu conserver que la moitié sud du plateau.

Il y avait là plusieurs entrées que nos camarades des 14e et 18e C.A. ont bouchées avec des pierres et des sacs à terre sans pouvoir pénétrer à l'intérieur.

Quand la division s'est installée le 16 juin, près du Monument, le 43e B.C.P. en même temps qu'il avait les Allemands devant lui, les avait sous lui. Aussi après avoir étudié le terrain, nous nous sommes mis à l'ouvrage pour nous débarrasser de ce voisinage gênant.

Contre les Allemands qui étaient devant nous, nous avons employé le bombardement d'artillerie que tout le monde a vu. Contre ceux qui étaient sous nos pieds, nous avons employé les gaz asphyxiants. Pour cela nous avons débouché en partie deux des sorties sud et installé des réservoirs à gaz. Enfin, au moment de l'attaque, les lance-flammes nous ont servi à réduire les blockhaus trop voisins de nos lignes pour que leur destruction fût confiée à l'artillerie.

Les Allemands, depuis le mois d'avril, avaient organisé dans la partie au sud de la grotte des retranchements en pierre, avec des créneaux, des mitrailleuses et des projecteurs. Quand ils nous ont entendu travailler, ils ont cru que nous allions faire sauter la partie sud et n'y ont laissé que des postes d'écoute. Cette partie sud n'était d'ailleurs guère habitable, parce que l'ébranlement des obus et des torpilles tombant au-dessus d'elle, détachait des blocs de la voûte.

C'est le 1er bataillon du 57e régiment d'infanterie allemand qui occupait à ce moment le Doigt et la Grotte.

Le 23 juin, les Allemands très inquiets pour la grotte en ont retiré deux compagnies qu'ils ont installées entre le Téton et le Doigt. En même temps, le commandant du bataillon jugeait prudent d'abriter sa personne dans une autre grotte située au nord-ouest. Au contraire, le médecin-chef du régiment qui croyait à une attaque par les gaz, s'installait dans la grotte avec le matériel anti-asphyxiant nécessaire.

Le 25 juin, à 4 h. 15 du matin, nous avons envoyé dans la grotte plusieurs centaines de mètres cubes de gaz pur. A l'intérieur, le médecin allemand a aussitôt mis en œuvre tout son matériel pour diminuer l'action des gaz. Comme l'humidité de la grotte absorbait beaucoup de gaz et que la grotte, plus grande que nous le croyions, aurait exigé plus de gaz que nous n'en avions envoyé, les Allemands ont échappé à l'action foudroyante, mais ils ont absorbé assez de gaz pour en souffrir et être incapables de résister à une autre attaque.

Cependant, notre bombardement, continuant, démolissait l'entrée principale au nord et endommageait les autres.

A 18 heures, le bataillon Lacroix du 152e R.I. et le bataillon Moreteau du 334e R. I. attaquent ; les appareils Schilt tentent d'arroser le trou de mitrailleuses situé en avant des lignes allemandes et relié par un escalier à la grotte ; ils sont aussitôt dépassés par la section Cauyette, du 152e, qui marche à peu près au-dessus de l'axe du souterrain conduisant aux entrées nord. Cette section laisse quelques grenadiers au trou de mitrailleuses ; puis, continuant le long du boyau allemand qui mène à ce trou, elle trouve au carrefour de la tranchée Fichou une descente où s'arrêtent, en surveillance, un caporal et quatre hommes; enfin, à 35 mètres à gauche dans la tranchée Fichou, une troisième descente. Dans toutes ces descentes, la section lance des grenades. A la troisième, le sergent Bourgeois qui parle l'allemand, entendant des voix, interpelle les occupants : 22 Allemands en sortent.

Mais le lieutenant Cauyette vient d'être tué par un obus à la deuxième descente. Le sergent y retourne, tandis qu'un officier allemand survenu à la troisième, arrête la sortie de ses hommes que d'ailleurs personne ne presse plus d'en haut.

Alors survient le soldat Plissonnier du 334e qui, remontant de l'entrée principale nord de la grotte, — entrée obstruée par nos obus, — passe devant la troisième descente et entend d'en haut l'officier et les hommes qui causent en bas. Il les interpelle sans succès et appelle des hommes du 152e qui courent chercher le sergent Bourgeois : celui-ci revient.

A ce moment, arrivent de notre tranchée de départ, des brancardiers qui suivent les troupes d'attaque. Des officiers allemands sont au bas des deux descentes empêchant leurs hommes de sortir. Ils savent que deux compagnies sont en réserve au camp de Maegdeloch, entre le Doigt et le Téton, que la 14e D.I. a des troupes en réserve au nord-ouest dans les grottes du Saxon et du Maiwald.

Enfin, c'est le jour de la relève, et le bataillon de relève ne doit pas être loin. Les officiers allemands espèrent donc qu'une contre-attaque va les dégager d'un moment à l'autre. Des discussions s'engagent; à la troisième descente, le sergent Bourgeois menace les Allemands de grenades incendiaires et de gaz asphyxiants; à la deuxième descente, le prêtre infirmier Py essaie des procédés plus doux, sinon plus persuasifs, en montrant sa croix d'aumônier. Les officiers allemands tiennent un conciliabule : leurs médecins ont épuisé leurs moyens de défense contre les gaz et déclarent à leurs camarades qu'une nouvelle émission sera mortelle pour tous les habitants de la grotte.

Finalement, les Allemands acceptent de se rendre, pourvu qu'un officier soit présent. Le médecin Deschamp du 152e arrive, tandis qu'on va prévenir le commandant Lacroix : 6 officiers et 250 hommes sortent par les deux issues; 10 blessés dont un officier sont évacués le lendemain par nos soins.

La grotte est à nous.

Nous avons, depuis, exploré toute cette organisation souterraine, nous y avons trouvé :

a) conduisant du nord dans la grotte, de longues galeries d'accès dont certaines ont trois mètres de large et permettent de rassembler une troupe;

b) dans la partie nord de la grotte : une chambre pour les officiers, couverte en tôle cintrée et ondulée, avec latrines d'officiers dans le voisinage; un poste de secours, avec brancards, médicaments, sérums, matériel anti-asphyxiant, etc... et un chien; un dépôt de fusées, grenades et munitions d'infanterie; un puits avec sa pompe et ses tuyaux; une installation électrique, moteur, dynamo, câbles; des armes, couvertures, toiles de tente en abondance, le tout dans l'état de saleté naturel aux anciens possesseurs.

c) dans la partie sud : des latrines de troupe; un cimetière; un énorme dépôt d'immondices, et la grotte n'a pu être encore déblayée en entier.

L'ensemble de la grotte pouvait abriter deux bataillons; nous savons d'ailleurs par des prisonniers que cet effectif a dû s'y trouver autrefois, avant l'attaque du 16 avril.

Le commandant allemand attachait une grosse importance à la grotte et au plateau du Monument, comme le montre l'ordre suivant de la 14e division allemande, trouvé le 27 juin, dans la grotte :

14ᵉ D. I.   Etat-major de division, le 21 juin 1917.

1/2844-Secret

EXTRAIT DE L'ORDRE DE LA DIVISION

1. — Je viens de prendre le commandement dans le secteur tenu jusqu'ici par la 1ʳᵉ division bavaroise.

2. — La mission de la division est de tenir la position actuelle à tout prix, et de la pousser en avant en quelques endroits afin de la consolider et de l'améliorer.

3. Les nombreuses tentatives d'attaques de l'adversaire dans le secteur Potsdam et les tirs de destruction qu'il y dirige chaque soir, laissent entrevoir, sans aucune équivoque possible, l'intention de reprendre possession de l'Éperon, qui constitue pour lui une position très importante. La coopération de toutes les armes doit empêcher, coûte que coûte, cette éventualité. Par l'intervention en temps voulu du feu de l'artillerie et des minenwerfer, l'attaque doit être écrasée dans l'œuf ; elle doit être à tout le moins suffisamment ébranlée pour venir se briser contre la vaillante résistance de notre vigilante infanterie.

C'est un point d'honneur pour la division, en particulier pour le régiment d'infanterie n° 57, de conserver la possession de l'important avantage conquis par la 1ʳᵉ division d'infanterie bavaroise sur l'Éperon et de pousser une ligne en avant pour consolider et élargir cette conquête.

Signé : Von Versen.

Pour copie conforme, *signé* : Spengler, lieutenant et adjudant-major du régiment.

Destinataires: 1 bataillon et 4 compagnies : 10. — 10 compagnies : 1. — 2 bataillons : 6. — 3 bataillons : 1. — E.-M. de secteur : 1. — E.-M. du détachement de mitrailleurs : 1. — Total : 20.

Cette importance s'explique par le fait que, du Monument, les Allemands voyaient ce qui se passait dans la vallée de l'Aisne. A présent que nous sommes maîtres du plateau, c'est nous, au contraire, qui voyons la vallée de l'Ailette et les entrées des grottes voisines au nord-ouest. Notre artillerie est donc à présent en bonne position pour cogner sur les Allemands et les repousser toujours plus loin.

. . . .

Ces renseignements peuvent intéresser la troupe, — il y a lieu de les lui communiquer.

Le général Gaucher, commandant la 164ᵉ D. I.

P. O. Le chef d'Etat-Major :

164ᵉ DIVISION

ÉTAT-MAJOR

ORDRE DE LA DIVISION N° 60.

Le général commandant la 164ᵉ division est heureux de porter à la connaissance des troupes sous ses ordres, la lettre du général commandant le groupe d'armées du Nord, suivie des transmissions du général commandant la 10ᵉ armée et du général commandant le 9ᵉ C.A.

GROUPE D'ARMÉES
DU NORD

—

ÉTAT-MAJOR
—
3ᵉ Bureau
—
Nᵒ 949

Au Q.G. le 28 juin 1917.

Le général de division Franchet d'Esperey,
commandant le groupe d'armées du Nord
au général commandant la 10ᵉ armée,

« La 10ᵉ armée a exécuté le 25 juin, au nord du monument d'Hurtebise,
« une opération de détail qui a parfaitement réussi.

« Les objectifs fixés, et dont l'occupation devait avoir pour résultat de
« consolider notre situation en cette région de la crête du Chemin des
« Dames, ont été intégralement conquis. Le moral de nos troupes a été
« exalté par le succès. Les pertes ont été faibles, comparativement à celles
« de l'ennemi. De nombreux prisonniers et un butin important sont restés
« entre nos mains.

« Ces résultats montrent ce que l'on peut attendre d'opérations de ce
« genre, lorsqu'elles sont montées minutieusement, et confiées à des trou-
« pes vigoureuses, lorsque le commandement sait mettre au service d'un mi-
« nimum d'infanterie des moyens matériels très puissants et des engins spé-
« ciaux (gaz, Schilt) judicieusement employés.

. « Ils font le plus grand honneur au général commandant la 10ᵉ armée et
« au général commandant le 9ᵉ C.A. qui ont conçu et préparé l'opération,
« et aux belles troupes qui l'ont exécutée. »

Signé : FRANCHET D'ESPEREY.

10ᵉ ARMÉE

—

ÉTAT-MAJOR
—
3ᵉ Bureau
—
Nᵒ 820

Au Q.G. le 29 juin 1917.

Copie conforme notifiée à Monsieur le
général commandant le 9ᵉ C.A.

« Je n'oublie pas l'action du général Gaucher, auquel j'ai adressé verba-
« lement mes félicitations, celle du lieutenant-colonel Barrard, et le courage
« des troupes de la 164ᵉ D.I. »

Signé : DUCHÈNE.

9ᵉ CORPS D'ARMÉE

—

ÉTAT-MAJOR
—
1ᵉʳ Bureau
—
Nᵒ 8.037/C b

« *Transmis à Monsieur le général commandant*
« *la 164ᵉ division avec l'expression renouvelée*
« *de mes félicitations personnelles.* »

Le 30 juin 1917,

Signé : NIESSEL.

Au Q.G., le 1ᵉʳ juillet 1917.

Le général commandant la 164ᵉ D.I.

Signé : GAUCHER.

ANNEXE N° 6

RAPPORT DU GÉNÉRAL GAUCHER

à la suite des engagements du 29 mai au 4 juin 1918 au nord de la Marne.

164e D. I.   Q. G., le

—

ÉTAT-MAJOR

—

3e Bureau   ENSEIGNEMENTS A TIRER DES OPÉRATIONS
                                    du 29 mai au 4 juin 1918.
N°   /S.OP

Cette bataille est, avec des modifications dans l'armement et dans les moyens de liaison, une reprise de la guerre de mouvement dans les conditions de 1914 et notre règlement sur le service des armées en campagne s'y applique en tous points.

A. — *Transport avant l'engagement.* — Les circonstances peuvent faire que le débarquement ait lieu dans le voisinage immédiat de l'ennemi : dans la mesure du possible, organiser l'embarquement de manière à débarquer en tête l'escadron divisionnaire, un bataillon d'infanterie et, de suite, le Q.G.

Pousser rapidement l'artillerie et le G.B.D.

Chercher dès le débarquement le contact avec les troupes voisines dans toutes les directions par des reconnaissances de cavalerie.

Donner une fraction de l'escadron, au moins un 1/2 peloton à chaque régiment d'infanterie, dès son débarquement.

Donner à l'officier d'E.-M. chargé du débarquement des moyens de liaison rapides et suffisamment nombreux pour qu'il puisse reprendre en cours de route des éléments déjà débarqués, si la situation change au cours des débarquements.

B. — *L'engagement.* — Le point le plus important mis en lumière par les derniers engagements est la nécessité, devant une offensive puissante, d'une ligne de repli, même sommairement organisée.

Jeter des renforts sur la ligne de feu ne conduit qu'à rendre le commandement difficile par suite du mélange des unités, sans augmenter la résistance.

L'expérience de ces journées a montré que les renforts arrivant ainsi au contact de troupes qui se replient sont entraînés avec celles-ci, et n'arrêtent pas l'ennemi.

Il vaut mieux sacrifier un peu de terrain et installer les renforts sur une position non encore attaquée, qu'ils commencent à organiser. Quand les éléments en retraite arrivent sur cette position, ils y sont recueillis et arrêtés ; ou bien la traversent et vont se regrouper sur une nouvelle position en arrière des troupes fraîches. L'ennemi se trouvera ainsi devant un obstacle résistant et homogène, et marquera certainement un temps d'arrêt.

C'est ce qui s'est produit sur la position de repli organisée par le 133e R.I. et le 152e R.I. derrière la 43e D.I. : elle a imposé à l'ennemi un ralentissement très marqué dans sa progression et a permis de la caler un certain temps.

Il y a lieu d'organiser en arrière de la zone de feu, un barrage de cavaliers pour arrêter les isolés qui, après avoir quitté la ligne, se répandent dans la campagne, pillent les maisons abandonnées et répandent des bruits alarmants.

C. — *Le combat.* — I. *Infanterie.* — L'ennemi progresse par les ravins, les couloirs, les couverts : donc, tenir les croupes et les glacis découverts par le feu (armes automatiques) et mettre la plus grande densité d'infanterie en travers des cheminements possibles.

L'ennemi masse ses troupes à couvert, tire dans toutes les directions avec toutes ses armes, donnant ainsi l'illusion d'être partout. Il guette la formation d'une trouée dans notre ligne, la signale, s'y jette et prend de flanc et à revers la ligne française avec des mitrailleuses légères.

En présence d'un ennemi qui emploie cette tactique, conserver la liaison entre les unités et tirer beaucoup et de loin, comme il le fait lui-même.

Notre infanterie a perdu l'habitude de se servir de ses armes, surtout aux grandes distances. Le boche ouvre le feu avec ses mitrailleuses et ses fusils à 2.000 mètres, tire mal, mais nous inonde de balles.

Notre infanterie ne tire pas, se laisse approcher et voit tout à coup l'ennemi sur elle et même sur son flanc, si la ligne présente la moindre solution de continuité. A ce moment, il suffit du départ d'un isolé vers l'arrière pour déclancher le repli général. Tel est le mécanisme de « l'infiltration » boche dont on parle tant.

Devant les troupes qui ont tiré de loin et entretenu un feu nourri le boche n'a pas progressé. On a cité de nombreux cas où un simple F.M. a réduit au silence une mitrailleuse allemande. On peut tirer : le ravitaillement en munitions a été facile, en appliquant simplement la méthode règlementaire du jeu des T.C. et de la S.M.I.

Commandement. — Le rôle du colonel est des plus importants. Il commandera au bout de quelques heures un groupement où entreront autant et plus d'éléments étrangers que d'unités de son régiment ; c'est à lui de coordonner leur action et *d'assurer entre eux la liaison.* La liaison par la ligne de feu n'apporte la plupart du temps que de faux renseignements, presque toujours tendant au repli. Il faut que le colonel renseigne à chaque instant chacun de ses bataillons sur ses voisins ; qu'il fasse savoir par exemple au bataillon A que le bataillon B ne se replie pas, mais évacue momentanément 100 mètres de terrain pour échapper aux effets d'un bombardement bien réglé, qu'il reste en liaison et réoccupera sa ligne.

Le colonel doit être assez près de sa ligne pour assurer le fonctionnement de ses liaisons et pour pouvoir intervenir en cas de fluctuation généralisée. Mais il ne doit pas être trop près pour que son déplacement éventuel ne donne pas à la troupe l'idée du repli et pour que les liaisons vers l'arrière soient faciles.

Fatigue. — La fatigue de la troupe est considérable. Ce combat est épuisant surtout à cause du manque de sommeil.

Il faut que le chef de section s'ingénie à faire dormir ses hommes à tour de rôle en les y obligeant au besoin.

Il faut les nourrir abondamment, doubler la ration de sucre et de café, donner de l'eau-de-vie et du vin.

On ne peut faire de relève sur la ligne. Le meilleur moyen de renouveler les troupes engagées en cas de retraite est d'avoir la ligne de repli dont nous avons déjà parlé. La troupe fatiguée la traverse et va se reformer sur une autre ligne derrière la troupe fraîche.

Équipement de l'infanterie. — Le soldat doit avoir son sac constamment avec lui ; l'alléger en supprimant la 2° paire de chaussures, le biscuit et les petits vivres, qu'il jette à la première occasion ; lui donner une ou deux boîtes de conserve comme vivres de réserve. Donner à chaque homme un outil portatif du modèle du génie. On ne peut pas toujours faire venir les voitures d'outils, et les outils portatifs de l'infanterie sont d'un rendement nul.

Armement. — *Le fusil automatique* n'a pas eu grand succès, à cause de son poids.

Le F. M. a eu un rôle considérable. Son fonctionnement a été parfait grâce au temps sec.

La mitrailleuse Hotchkiss a donné toute satisfaction. Les corps demandent tous l'affût berceau Courtiau qui rend la mitrailleuse portative, permet de récupérer un pourvoyeur en laissant l'affût-trépied à l'arrière. L'affût-trépied a son emploi pour les tirs de précision, les tirs à longue portée et les tirs indirects.

Les canons d'accompagnement ont donné aussi de bons résultats. Le Jouhandeau-Deslandres a été facilement transporté et a fourni un barrage nourri et précis. Le ravitaillement en munitions a été difficile. Le personnel de transport du matériel est suffisant, mais il faudrait augmenter le personnel de ravitaillement en munitions.

Le canon de 37 a été employé avec beaucoup plus de succès que dans la guerre de tranchée et, après cette expérience, les corps en demandent. Il permet, dans la guerre de mouvement, de tirer rapidement et avec précision sur des objectifs fugitifs qui se présentent à 2.000 mètres. Son défaut est sa forte flamme qui le fait promptement repérer et contre-battre.

Il faut avoir des grenades, qui sont le meilleur moyen de dispersion de l'ennemi dans beaucoup de cas d'assaut rapproché et des V. B. qui complètent utilement le barrage des canons d'accompagnement.

II. *Artillerie.* — La densité d'artillerie a été faible et son ravitaillement en munitions précaire. Dans ces conditions, il faut l'employer à bon escient. Chercher la liaison intime avec l'infanterie et de bons observatoires.

Ne pas faire de tirs sur zone sous prétexte qu'il y a du boche partout : l'ennemi se masse sous les couverts à 2.000 mètres puis se disperse et approche pour chercher le passage favorable par lequel il s'introduira entre nos éléments.

Il faut que l'artillerie prenne à partie ces couverts, où elle fera du tir à tuer. La destruction rapprochée du boche doit être l'affaire de l'infanterie. Elle doit se suffire à elle-même.

Pas de tirs d'interdiction ou de harcèlement la nuit, tant que la quantité de batteries et d'obus à tirer est trop faible pour pouvoir agir avec certitude sur les communications ennemies encore mal connues, ce sont des munitions perdues.

Au contraire, il y a intérêt à exécuter au point du jour des tirs aussi violents que possible sur toute la première ligne ennemie. Ces tirs paralysent les reconnaissances ennemies, lui font craindre que nous attaquions et peuvent faire avorter des attaques prêtes à se déclancher.

Si l'on a peu d'artillerie — ce qui sera le cas normal dans ce genre d'opérations, où une division sera presque toujours réduite à ses seules ressources, — il faut la répartir entre les groupements d'infanterie qui en disposeront complètement.

III. *Cavalerie.* — La cavalerie divisionnaire a retrouvé son rôle.
Dans ces journées où les liaisons entre les divers échelons et avec l'avia-

tion ne se sont établies que lentement, l'escadron divisionnaire a rendu des services précieux.

Grâce à ses reconnaissances, le général de division a su constamment où se trouvait sa ligne et où était l'ennemi.

En aucun moment, sauf peut-être le 31 mai à Crogis, une surprise n'a été possible. Ce jour-là, la prise de commandement ayant eu lieu en fin de journée, dans un secteur inconnu, avec des troupes inconnues et sans liaison entre elles, l'escadron n'a pu déterminer entièrement les fronts avant la nuit.

Encore, l'activité des reconnaissances de cavalerie a-t-elle probablement empêché l'ennemi de se rendre compte qu'il n'avait personne devant lui, entre le village de Vaux et la Marne.

Les renseignements fournis par la cavalerie ont permis fréquemment de mettre au point, en les réduisant d'ailleurs toujours dans un sens plus favorable, des nouvelles exagérées d'avance de l'ennemi, de repli de nos troupes, de violents bombardements, etc...

Il est nécessaire aussi de donner à chaque régiment d'infanterie à son débarquement au moins un demi-peloton, un peloton si possible, pour le couvrir jusqu'au moment où il prend contact avec l'ennemi.

A ce moment, retirer les pelotons et les regrouper dans la main du général de division pour les reposer, continuer à renseigner sur la situation du front et constituer une réserve que l'on puisse rapidement jeter au combat à pied dans un trou de la ligne.

Il peut être utile cependant de laisser à chaque chef de corps quelques cavaliers pour ses liaisons, l'expérience des derniers combats ayant montré que, dans maintes circonstances, des ordres ont pu être portés à cheval jusqu'en 1re ligne.

Pour assurer un tel service, un escadron devient vite insuffisant ; il faudrait, sous peine de ruiner rapidement les chevaux, doter la division de deux escadrons.

Ces escadrons devraient lui être affectés organiquement, leur rendement étant très supérieur quand ils connaissent la troupe pour laquelle ils travaillent.

IV. *Liaisons.* — *Le téléphone* a parfaitement fonctionné. Les lignes ne sont que rarement coupées. Il faut seulement des quantités considérables de câble, car, dans la manœuvre en retraite, les lignes ne peuvent pas, en général, êtres relevées. Le téléphone a fonctionné jusqu'au bataillon d'une façon constante.

Il faut avoir à chaque instant un réseau d'infanterie jusqu'au bataillon et la liaison directe entre le bataillon et le groupe d'artillerie d'appui direct.

Le câble de campagne toroné à une paire a rendu de grands services. Ce câble posé à terre résiste très bien aux chocs.

T. P. S. — N'a pas été utilisé — matériel lourd, encombrant et délicat.

T. S. F. — A fonctionné d'une manière parfaite. Les messages émis ont toujours été reçus.

A noter le fait suivant : un régiment d'infanterie ayant signalé par T.S.F. à son artillerie deux objectifs importants, le message a été pris par l'artillerie d'une division voisine qui a pu concentrer le feu d'un groupe de 155 C sur chacun de ces objectifs, aidant puissamment l'action de l'artillerie, un peu faible, dont disposait ce régiment.

Les voiturettes porte-bombes ont permis de porter le matériel de T.S.F. de P.C. en P.C. et d'avoir la liaison très rapidement.

Il serait nécessaire de doter d'une de ces voiturettes l'E.-M. de l'I.D. qui est obligé de faire porter son matériel T.S.F. à dos d'homme. Le rendement en serait fort augmenté.

Optique et acoustique. — N'ont pas été employés, le téléphone ayant pu être poussé dans tous les P.C. et les communications ayant résisté.

Coureurs. — Moyen toujours excellent et sûr, mais qui peut être avantageusement suppléé dans ce genre de guerre par des estafettes à cheval.

V. *Ravitaillements et évacuations.* — *Ravitaillement en vivres.* — Il n'y a pas eu de difficulté. Les troupes se sont embarquées avec 4 jours de vivres, pour moins de 24 heures de transport.

Les unités ont vécu sur le pays. Elles avaient sous la main de nombreux dépôts constitués avant l'offensive.

A partir du 3e jour qui a suivi le débarquement, l'armée a adopté le système du R.Q. arrivant à une gare déterminée pour toutes les unités qui en auraient besoin. Un officier gestionnaire de l'armée se présentait aux E.-M. et faisait connaître la présence du train.

Système excellent dans une période où les unités se déplacent sans cesse.

Il y a intérêt à cantonner assez à l'arrière les T.R., groupés sous les ordres du commandant des T.R. de la D.I. et le 2e échelon du Q. G.

L'E.-M. donne directement ses ordres aux T.R., déchargeant ainsi les corps de liaisons lointaines et assurant le fonctionnement du ravitaillement. Les officiers d'approvisionnements n'ont qu'à se tenir en liaison avec leur chef de corps pour avoir les effectifs à ravitailler et le point où diriger le ravitaillement.

Ravitaillement en munitions. — *Munitions d'infanterie.* — S'est effectué normalement par les procédés réglementaires pour les corps munis de leur T.R.

Pour un bataillon amené par camions autos, sans voiture, il a fallu s'ingénier — un ravitaillement en cartouches lui a été fait avec la camionnette de la section télégraphique.

Jamais les troupes n'ont manqué de munitions.

Munitions d'artillerie. — Pendant les premières journées, pas de dépôts de munitions, pas d'arrivages, l'artillerie a brûlé ses approvisionnements et s'est trouvée pendant une journée réduite à un nombre de coups minime.

Quand les munitions ont commencé à arriver, le C.A. a organisé le ravitaillement sur le principe suivant, qui a donné d'excellents résultats : un groupe qui avait besoin de munitions envoyait un guide au dépôt de munitions avec un bon ; le guide ramenait les munitions en camion auto jusqu'aux positions de batterie.

Matériel du génie. — Aucun ravitaillement de cette nature. Aucun dépôt n'existait dans la région. On n'a pu mettre du fil de fer sur un point qui se stabilisait qu'en utilisant un stock de bobines de barbelé découvert aux environs de Meaux et qui a été transporté avec une voiture de R.V.F.

Évacuations. — L'organisation suivante a donné de bons résultats (consacrée par ce fait qu'un petit nombre seulement de blessés est resté entre les mains de l'ennemi) :

Postes de sous-aides-majors près de la ligne de feu pour premiers pansements.

Postes de secours central de régiment en arrière et près de la zone extrême battue par les balles.

Évacuation par autos-sanitaires de ce point à un poste de recueil organisé par une ambulance à une gare d'où les blessés étaient emportés par chemin de fer.

Les débuts ont été pénibles, la S.S. n'étant pas arrivée, ni le G.B.D. Dès qu'ils sont arrivés, les évacuations se sont faites très régulièrement et sans difficulté.

Le général, commandant la 164e division,

Signé : GAUCHER.

Observation générale. — Il faut de toute nécessité que lors d'un embarquement, les embarquements soient faits de manière à assurer, au débarquement, la présence des éléments combattants groupés pour un combat immédiat, avec tous les moyens nécessaires.

Il faut donc que le service des chemins de fer accepte les exigences du commandement pour l'ordre d'urgence et ne subordonne pas, quand c'est possible, l'ordre des embarquements à des exigences techniques contestables, aujourd'hui que tous les trains ont une composition identique.

ANNEXE N° 7

15 août 1918.

RAPPORT du général Gaucher, à la suite de l'attaque du 18 juillet.

En exécution des prescriptions de la note N° 9.817 du 6 août 1918 du G.Q.G., j'ai l'honneur de vous adresser ci-joint l'historique des opérations auxquelles ma division a pris part du 18 juillet au 27 juillet 1918, accompagné des copies des principaux ordres donnés et reçus, de cartes, et de considérations sur les enseignements à tirer de ces journées.

L'effort qui nous était demandé initialement était faible. L'objectif assigné par les ordres reçus était rapproché, les temps d'arrêt à marquer, considérables.

J'ai senti devant moi un ennemi fatigué, et la possibilité de manœuvrer le principal point de résistance de ma zone d'action : j'ai orienté *à priori* mes troupes dans le sens d'une offensive menée vigoureusement et à fond. poussée sans relâche aussi loin que possible.

Le procédé d'attaque imposé, sans préparation d'artillerie, a été accepté par les exécutants parce qu'ils savaient que la division ennemie en face d'eux était fatiguée, qu'il n'y avait pas d'organisations défensives sérieuses et que leur action était encadrée dans une importante offensive, menée sur un grand front. Ce sont là des conditions spéciales dont on a heureusement profité — mais il n'en faudrait pas faire une méthode générale — on risquerait de provoquer de fâcheuses réminiscences d'attaques brisées par des mitrailleuses sur des réseaux de fil de fer.

J'ai obtenu des résultats très appréciables par l'emploi des obus fumigènes avec lesquels j'ai masqué le départ de l'assaut et, en particulier, la sortie des chars d'assaut.

Une compagnie de chars légers avait été mise à ma disposition. Les bataillons de la division avaient, peu de temps avant, manœuvré avec ces chars et savaient combattre avec eux. Le personnel de l'A.S. a été très allant, et l'infanterie a largement profité de son aide pour augmenter sa vitesse de progression et diminuer ses pertes.

Dans la deuxième phase des opérations, lorsque l'ennemi a pu se reprendre, on s'est heurté à des nids de mitrailleuses. L'infanterie, cédant encore à ses tendances habituelles, a perdu du monde et du temps en cherchant à les aborder de front au lieu de les manœuvrer. Il est vrai que la manœuvre était rendue difficile par l'étroitesse du front : dans la seconde partie de l'offensive, la zone d'action de la division avait été réduite à un couloir de 1.200 à 1.500 mètres de largeur. Il ne faudrait pas descendre au-dessous de 2.000 à 3.000 mètres.

Pour que, dans des opérations de ce genre, l'effort donne un rendement maximum, il faudrait que chaque unité ait l'ordre de marcher sans limitation, aussi loin que possible, pour mettre à profit le bénéfice de la surprise et ne pas paralyser les unités voisines.

Dans les premières journées de l'offensive, surtout le 18 juillet, entre une division à ma gauche à qui un ordre imposait un temps d'arrêt de plusieurs heures sur le premier objectif, et une division à ma droite qui avait un objectif très limité qu'elle n'a reçu l'ordre de dépasser que très tardivement, la division s'est trouvée un moment très en pointe avec des flancs complètement découverts. Son avance a été retardée et l'ennemi en a certainement profité pour s'accrocher à des points de résistance qui nous ont ensuite coûté de lourdes pertes.

La fatigue des hommes a été grande, plus que les pertes. Elle a seule pu arrêter la division après une avance qui a été une des plus considérables dans la 6ᵉ armée. Nos fantassins, à bout de fatigue, ont cependant retrouvé tout leur entrain pour poursuivre le boche dès qu'il a cédé de nouveau du terrain à la fin de la période d'opérations.

Des forces de cavalerie importantes (une D.C., avec A.M. et A.C., suivie presque immédiatement d'un C.C.) ont été envoyées derrière l'armée pour exploiter le fléchissement de l'ennemi. Elles sont arrivées trop tard pour bénéficier de la surprise, les Allemands s'étant ressaisis après le deuxième jour de l'offensive, et protégeant alors leur repli par des rideaux de mitrailleuses, et des barrages d'artillerie. J'ai l'impression que quelques escadrons, appuyés par des sections d'A.M.A.C., à pied d'œuvre derrière ma division au premier jour de l'attaque, auraient pu être lancés en avant dès la prise de Courchamps et seconder grandement l'action de l'infanterie en précipitant la retraite de l'ennemi.

13ᵉ GROUPE DE CHASSEURS

RAPPORT sur les opérations du 13ᵉ groupe de chasseurs
pendant la période du 17 au 27 juillet 1918.

Dans la nuit du 16 au 17 juillet, le 13ᵉ groupe de chasseurs vient remplacer le 6ᵉ groupe (47ᵉ D.I.) dans un secteur qui doit lui servir de point de départ d'attaque. Le 43ᵉ B.C.P. s'établit en avant-postes immédiats à l'est de Chézy-en-Orxois, le 41ᵉ et le 59ᵉ en réserve, sur la position dite de résistance.

L'attaque générale est fixée au 18 juillet, à 4 h. 35. La mise en place des unités se fait sous un orage d'une violence extrême. Le 41ᵉ bataillon est disposé à droite, le 43ᵉ à gauche. Ces deux bataillons sont reliés par le 2ᵉ bataillon du 58ᵉ régiment d'infanterie américaine. Le 59ᵉ B.C.P. est en réserve dans une ligne de défense à l'ouest de Chézy-en-Orxois.

A l'heure fixée, le 13ᵉ groupe se porte en avant, sans préparation d'artillerie, sous la protection d'un tir d'artillerie lourde dirigé sur les villages et d'un tir d'artillerie de campagne reporté sur des lignes successives d'objectifs sans affecter l'allure d'un barrage roulant. Liaison à gauche avec la 47ᵉ D.I. (54ᵉ B.C.P.), à droite avec le groupe Kiffer de la 164ᵉ D.I.

Le 41ᵉ B.C.P. avait trois objectifs successifs : 1° mamelon 172 ; 2° bois de l'Orme ; 3° plateau du nord de la côte 184 et chemin Monthiers-Sommelans.

Les objectifs du 2ᵉ bataillon du 58ᵉ R.I.U.S. étaient : 1° Chevillon ; 2° le chemin de Montmenjon - Orme Signal ; 3° la lisière sud de Sommelans.

Les objectifs du 43ᵉ B.C.P. étaient : 1° la route Chevillon - Monnes ; 2° Montmenjon ; 3° Sommelans.

A 7 h. 30, le 41ᵉ bataillon, précédé par une section de chars d'assaut, après avoir dépassé la côte 172, arrive à son deuxième objectif, l'Orme, et pénètre dans le bois fortement défendu par l'ennemi, en gardant sa liaison avec le bataillon Jenoudet, du 152ᵉ R.I. Le 43ᵉ B.C.P. d'un seul bond arrive à l'est de Cointicourt, mais très en avance sur la division de gauche et de plus ayant eu sa section de chars d'assaut mise à peu près tout entière hors de combat, éprouve les plus grandes difficultés à progresser sur la croupe au sud du ru d'Allant. Il réussit quand même, en fin de journée, à s'infiltrer jusqu'à 400 mètres de la lisière ouest de Montmenjon.

Le mouvement des 41e et 43e B.C.P. avait été fortement retardé par une panique du 11/58e américain qui après avoir enlevé brillamment Chevillon avait reflué jusque dans ce village sous un tir d'obus de gros calibre.

19 juillet. — La 164e D.I. ayant donné l'ordre de se maintenir au contact étroit de l'ennemi, les 41e et 43e bataillons, avec le concours des 2e et 3e bataillons du 59e R.I.U.S., ont pour mission de rectifier leur ligne en se portant à l'est des Sept Bois, à 4 h. 30.

Le 59e B.C.P. et le 2e bataillon du 58e R.I.U.S. sont maintenus en réserve pour organiser fortement la cote 172.

Le 41e B.C.P. part sans pouvoir se servir de sa section de chars d'assaut, fait un bond d'un kilomètre et arrive à l'est de la route Priez-Courchamps en subissant de très grosses pertes. Son chef, le commandant Masson, blessé par une balle, au bras droit, vers 8 heures du matin, remet le commandement au capitaine adjudant-major Mondet. Dans la soirée, ce dernier officier est à son tour blessé grièvement et le commandement passe au capitaine Carpentier.

Le 43e B.C.P. doit commencer son mouvement avec le masque, l'ennemi ayant littéralement noyé le ru d'Allant dans les gaz, il enlève Montmenjon et Priez, mais une panique des bataillons américains au centre du dispositif ralentit son avance qui se heurte à une position allemande établie sur la croupe descendant de la cote 184, sur Priez. Malgré de violents bombardements, cramponné au terrain, le 43e bataillon se maintient.

Vers 19 heures, son chef, le commandant Michelin, monte une attaque brusquée avec le concours d'une section de chars d'assaut en disposant ses unités et le 2e bataillon du 59e R.I.U.S. en colonnes doubles de compagnie par demi-sections. Bientôt prises à partie par un tir de barrage de 150, les compagnies continuaient leur marche en serpentant et arrivaient à prendre pied aux lisières ouest de Sommelans et sur les hauteurs qui, au sud, dominent ce village.

20 juillet. — Le 41e bataillon, très éprouvé, n'ayant plus que sept officiers, est relevé dans la nuit du 19 au 20 par le 59e B.C.P. qui reçoit l'ordre d'enlever la cote 184 et la Grenouillère pour se placer sur l'alignement du 43e B.C.P. dont il est séparé par un vide de 2 kilomètres par suite de l'avance du 43e bataillon et des continuels reflux des bataillons américains. Le mouvement commence à 3 h. 30. A 6 heures, l'objectif est atteint. A 17 heures, le commandant de Boishue veut continuer sa progression, il arrive avec le 59e bataillon sur la route Sommelans-Bonnes ; en se portant en avant pour suivre le travail de ses chars d'assaut il est mortellement blessé par un obus qui tue à ses côtés le capitaine adjudant-major Hémet. Le capitaine Brunie prend le commandement et sous la violence du tir de l'artillerie ennemie et des mitrailleuses ramène le bataillon un peu à l'ouest sur un terrain plus favorable.

A gauche, dès le point du jour, le 43e B.C.P. a commencé le nettoyage de Sommelans. La 9e compagnie (capitaine Georges) doit livrer un combat de rues et s'emparer du village, maison par maison. Elle y parvient et le bataillon se maintient pendant tout le jour sous des bombardements et des contre-attaques prolongés jusqu'à la nuit.

21 juillet. — Dans la nuit du 20 au 21 juillet le groupe est dépassé par le 10ᵉ régiment de tirailleurs (52ᵉ D.I.) chargé de continuer la progression, et passe en réserve de D.I. à Bonnes.

22 juillet. — Le groupe est toujours en réserve de D.I. aux alentours de la ferme des Vallées.

Le 22 au soir, le 59ᵉ B.C.P. est alerté pour être mis à la disposition du lieutenant-colonel Meilhan, du 152ᵉ R.I., dont le groupement est arrêté par une forte résistance ennemie au bois du Châtelet.

23 juillet. — En pleine nuit, le capitaine monte une attaque du 59ᵉ bataillon pour s'emparer de la Maison du Bois qui, du haut d'une croupe située à la lisière sud, est une des clefs de voûte de la résistance ennemie au bois du Châtelet. Une première attaque de la 9ᵉ compagnie (capitaine Connault) ; déclanchée à 3 h. 30, arrive à 50 mètres de la Maison du Bois, mais doit refluer sous un feu intense de mitrailleuses. A midi, une nouvelle attaque est aussi infructueuse. Enfin, à 20 heures, après une nouvelle préparation d'artillerie, la 9ᵉ compagnie soutenue par la 7ᵉ donne l'assaut à la baïonnette et enlève la position.

24 juillet. — Le groupe se porte en avant, en soutien du groupement Meilhan.

25 juillet. — Les 41ᵉ et 43ᵉ bataillons avec le 59ᵉ bataillon rendu au groupe, vont relever le 152ᵉ R.I. au bois de Beuvardelle et à la lisière sud du bois de la Tournelle.

Le 59ᵉ bataillon, placé à gauche, fait opérer par sa 8ᵉ compagnie une reconnaissance, destinée à s'emparer de la corne sud-est du bois, se heurte à de fortes résistances et ne peut atteindre son objectif.

26 juillet. — Le 59ᵉ bataillon, très fatigué, est relevé par le 43ᵉ bataillon dans la nuit du 25 au 26.

Le 26, à 3 heures du matin, après une préparation d'artillerie d'un quart d'heure, le 43ᵉ bataillon, renforcé par la 1ʳᵉ compagnie du 41ᵉ bataillon, attaque en partant de la lisière sud du bois de la Tournelle et du ruisseau de Beuvardelle. Sa progression est très ralentie par de véritables concentrations du tir de l'artillerie et des mitrailleuses adverses, car son mouvement est très en flèche.

La division de droite est toujours au sud-est de Beuvardes et le Four à Verre est tenu par des patrouilles allemandes.

Le temps est très mauvais, la pluie tombe à torrents. Le commandant Michelin n'en continue pas moins l'attaque en profitant des premières lueurs du jour pour se faire appuyer par une section de chars d'assaut. Il enlève les vergers et les boqueteaux au nord de Beuvardelle, la corne est du bois de la Tournelle, les Platrières et prend pied dans le bois des Preaux.

27 juillet. — Après une journée passée sous la pluie et sous les bombardements les plus intenses, le groupe, qui n'a cessé de conserver le contact de l'ennemi, s'aperçoit de son décrochage et en profite pour enlever immédiatement la cote 228. Dans l'après-midi, le 43ᵉ bataillon atteint le front, ferme des Preaux - Forêt de Fère. Une section du 41ᵉ bataillon envoyée en reconnaissance dépasse le château de la Forêt et ne se replie à la Folie que devant une ligne de maisons organisées par l'adversaire.

Le groupe est alors dépassé par le 166ᵉ R.I.U. (42ᵉ division américaine) et ramené en réserve dans la région Le Tartre - Les Vallées.

*
* *

Au cours de toute cette offensive, les trois bataillons ont donné les mêmes preuves de bravoure et de dévouement. Les résultats obtenus les 18, 19 et 20 juillet en sont le témoignage.

Malgré la disparition du commandant de Boishue, tué en tête de sa troupe, et du commandant Masson, mis hors de combat, les 59e et 41e bataillons ont montré qu'ils étaient prêts à aller comme leurs chefs jusqu'aux dernières limites du sacrifice. Le 59e a enlevé avec un brio extraordinaire la Maison du Bois et le 41e bataillon s'est maintenu pendant quarante-huit heures sous des bombardements intenses et une de ses compagnies a brillamment coopéré à la poursuite du 27.

Le 43e bataillon, qui a eu la chance de conserver à sa tête le commandant Michelin, un officier supérieur de tout premier ordre, a exécuté une série d'opérations, dont certaines avec coopération de chars d'assaut, qui mériteraient d'être citées comme des modèles de la tactique de détail des champs de bataille.

Les capitaines Brunie et Carpentier, qui ont pris le commandement d'un bataillon sous le feu, ont été très à la hauteur des circonstances.

Parmi les militaires qui se sont le plus distingués, on peut citer, en dehors des commandants Michelin, de Boishue et Masson, dont la conduite a été admirable, les capitaines Mondet, Comte, Jacob, l'adjudant Vauvilliers et le sergent Hugot, du 41e B.C.P. ; les capitaines George et Henry, le lieutenant Westrich, les sergents Barbereau et Baillivert, les caporaux Heymann et Cadet, les chasseurs Bernard et Desnouveaux, du 43e bataillon ; le capitaine Connault, le lieutenant Meau, le sous-aide major Sabot, du 59e bataillon.

Le 28 juillet 1919.

Le lieutenant-colonel, commandant le 13e groupe de chasseurs.

Signé : Dussauge.

ANNEXE N° 8

RAPPORT du commandant du 43ᵉ bataillon de chasseurs
sur l'opération du 29 octobre 1918.

29 octobre. — Le 13ᵉ groupe reçoit l'ordre d'enlever les passages sur le Maalebeck.

En première ligne, 41ᵉ et 43ᵉ bataillons.

En réserve, 59ᵉ bataillon.

Le 43ᵉ bataillon a pour objectif la ferme de Good te Walskerke, le moulin à 200 mètres au nord, lisière sud du bois Rectangulaire à 200 mètres au nord du moulin, le chemin du bois Rectangulaire à Meerlan.

Les 7ᵉ et 8ᵉ compagnies ont pour objectifs :

la 7ᵉ : le moulin et la ferme ; base de départ, la voie ferrée à 400 mètres à l'ouest ;

la 8ᵉ : le bois et le chemin ; base de départ, Meerlan ;

la 9ᵉ est en soutien à Meerlan.

Le terrain d'attaque est difficile, partout marécageux, coupé de ruisseaux larges et profonds. Les fermes et les moulins formant enceinte sont également entourés d'eau et de fossés fortement défendus ? Leurs abords sont des pâturages où les clôtures de ronces artificielles font un véritable lacis.

Tout le terrain et les objectifs sont dominés à courte distance par la route de Waereghem-Anseghem et par la hauteur 30 qui n'est pas attaquée à la même heure.

Dans la nuit du 28 au 29, les dernières reconnaissances de terrain sont soigneusement effectuées, des passerelles sont construites pour le franchissement des ruisseaux.

Le 29, à 8 heures, après une courte préparation d'artillerie, les 7ᵉ et 8ᵉ compagnies attaquent au pas de course, précédées des pionniers qui jettent leurs passerelles.

La 7ᵉ compagnie, en plusieurs groupes, aborde le moulin, malgré le tir des mitrailleuses qui lui fait subir des pertes, se rue sur les défenseurs qu'elle capture. Puis elle attaque la ferme très fortement défendue qui résistera jusqu'à la nuit tombante.

La 8ᵉ compagnie, en un bond rapide, atteint les objectifs malgré le feu des mitrailleuses postées à mi-pente.

A ce moment, il fait plein jour et la situation des assaillants devient critique.

La 8ᵉ compagnie, en terrain découvert, est prise à partie par les mitrailleuses de la côte 30 et de la route, battue par un tir précis de 77, menacée d'une contre-attaque par le bois. Il lui faut s'organiser, se terrer dans le marais, s'abriter dans les ruisseaux pleins d'eau. Le commandant de compagnie est tué

Les sous-officiers, les chasseurs tombent. Les blessés, les brancardiers sont impitoyablement mitraillés par les boches, et la compagnie doit garder les blessés.... ou les emporter par le lit d'un ruisseau, dans l'eau jusqu'au ventre.

Le sous-lieutenant Piton prend le commandement de la 8ᵉ compagnie, complète son organisation, déjoue toutes les tentatives de l'ennemi et conserve tout le terrain conquis. Il perd un tiers de l'effectif engagé.

A la droite, la 7e compagnie est dans le même temps soumise à une rude épreuve. L'ennemi bat furieusement, par les mitrailleuses de la ferme et celles de la route, tous les abords du moulin. Il tire par obus précis et par bombes dans le moulin qu'il incendie. A son tour cette compagnie fait des pertes.

Elle est menacée par la forte garnison de la ferme, par des troupes de contre-attaque qui se massent à l'est du bois Rectangulaire. Aux abords des bâtiments qui flambent, le lieutenant Westrich, commandant de compagnie, organise la résistance. Il tient en respect par ses feux l'ennemi menaçant, jusqu'à la nuit tombante. A ce moment, renforcé par une section de la 8e compagnie, le lieutenant Westrich attaque résolument la ferme d'où l'ennemi s'enfuit en laissant des cadavres sur le terrain.

La 7e compagnie a également perdu un officier blessé : sous-lieutenant Lemoine, et, tant sous-officiers que chasseurs, près du tiers de son effectif.

Par une attaque soudaine, particulièrement audacieuse, par une ténacité superbe, dans des circonstances d'une difficulté extrême, le 43e B.C.P. conquérait de haute lutte et conservait tous ses objectifs. Il faisait 36 prisonniers dont un officier et capturait 4 mitrailleuses.

ANNEXE N° 9

LA LIAISON DES ARMES A LA 164ᵉ DIVISION

Note du Général Gaucher

Le texte de l'historique peut donner l'impression, à première vue, qu'il ne s'agit que de l'histoire de l'infanterie de la division.

Il ne saurait en être autrement.

C'est en effet le succès de l'infanterie qui, seul, affirme la victoire par la conquête et l'occupation du terrain d'où l'ennemi a été chassé.

Mais, ce résultat n'est obtenu que si toutes les armes coopèrent au succès de l'infanterie.

Cette coopération, réglée d'abord par les ordres initiaux du commandement, est assurée au cours du combat soit par de nouveaux ordres, soit par des liaisons directes entre les diverses armes, soit par l'initiative des combattants eux-mêmes parant aux imprévus, dans le souci de réaliser l'idée de manœuvre du chef.

C'est là ce qui constitue la liaison des armes, réalisée par la camaraderie de combat, basée elle-même sur la connaissance des besoins des camarades et des posssibilités techniques d'intervention.

Mais il s'ensuit que dans le récit des faits de guerre le rôle des armes autres que l'infanterie apparaît un peu au second plan.

Il n'en est pas de même dans la réalité où presque toujours l'exactitude du renseignement fourni par l'aviation ou l'observation, l'excellence de l'installation des transmissions, la perfection des tirs de l'artillerie dans la préparation et l'accompagnement, l'activité opportune des chars de combat, de la cavalerie ou du génie ont été les facteurs essentiels rendant possible ou plus aisée la tâche de l'infanterie.

*
* *

C'est un devoir pour celui qui a commandé la 164ᵉ division de rendre hommage à l'esprit de solidarité, à l'intense camaraderie de combat qui régnaient dans tous les corps qui ont composé la division.

De même que tous les services ont eu à cœur de faire passer avant tout les intérêts des combattants, de même toutes les armes ont eu à cœur de faire passer avant tout le succès de l'infanterie en donnant à cette dernière tout leur appui.

*
* *

Mais parmi ces armes, il en est une qui mérite une mention spéciale parce que son action était de tous les instants : l'artillerie.

L'âme de cette artillerie était le colonel Briard qui après avoir formé le 232ᵉ et avoir fait avec des groupes disparates un régiment uni, manœuvrier et cocardier, est devenu en 1917 le commandant de l'artillerie divisionnaire.

Aucun problème, si imprévu fût-il, ne l'a trouvé désemparé.

Plus qu'aucun autre il était convaincu que si les modes d'action de l'infanterie sont *le feu* et *le mouvement*, il faut donner au mot *feu* le sens le plus large en considérant le *feu de l'artillerie* comme un mode d'action de l'infanterie.

Il avait fait passer sa conviction chez tous ses subordonnés.

.*.

Rien, au surplus, ne saurait mieux affirmer la liaison intime qui existait entre l'infanterie et l'artillerie de la division que les témoignages ci-après émanant de l'infanterie elle-même.

I. — *Du colonel de Combarieu, commandant l'I.D.* (à la suite du coup de main du 21 janvier 1917) :

« L'artillerie a pleinement rempli sa mission de destruction et a été en liaison très intime avec l'infanterie. »

Du colonel du 152e (même opération) :

« L'artillerie a parfaitement rempli sa tâche de destruction et de neutralisation et a réalisé surtout une liaison parfaite avec l'infanterie.

« Elle a produit des effets matériels considérables.

« La batterie de tranchée prise à partie par un bombardement de gros calibre n'a pas cessé de couvrir de projectiles les tranchées ennemies. »

Du chef de bataillon chargé du coup de main (même opération) :

« Le tir de l'artillerie obtient de suite une grande efficacité. Cette efficacité sur le premier réseau est contrôlée par une reconnaissance du 334e d'infanterie qui révèle un deuxième réseau sur lequel le tir des batteries de brèche est immédiatement dirigé.

« Les tranchées ennemies, très profondes et soigneusement cloisonnées, sont sur la plus grande partie de leur parcours complètement renversées. Le travail de l'artillerie a donc été très précis. »

II. — *Du général Nudant, commandant le 34e C.A.* à la suite de l'attaque allemande du 6 mars 1917 :

« Au cours des attaques allemandes qui se sont produites dans la région d'Ammertzviller, le 6 mars, le groupe d'artillerie du capitaine de Barbeyrac a apporté à l'infanterie un concours constant et particulièrement efficace, tant dans ses tirs de barrage que dans la neutralisation de l'artillerie ennemie.

« Le commandement de l'infanterie à ses différents échelons n'a eu qu'à se louer de la liaison parfaite qui a toujours existé entre l'infanterie et l'artillerie.

« Le général commandant le 34e C.A. tient à en adresser ses vives félicitations au capitaine de Barbeyrac.

« Il souhaite que l'infanterie soit toujours appuyée dans la bataille par une semblable artillerie. »

III. — *Du colonel du 152e* (attaque du 25 juin 1917) :

« J'ai l'honneur de vous adresser tous mes remerciements pour la façon magistrale dont l'artillerie a fait preuve dans la préparation, dans l'accompagnement et dans la couverture de l'attaque du 25 juin.

« Toujours prêtes à agir, déclanchant leurs tirs presque instantanément au premier signal ou au premier avis, modulant leurs tirs en parfaite harmonie avec les besoins de l'infanterie, l'artillerie de campagne comme l'artillerie lourde et l'artillerie de tranchée ont parfaitement rempli leur tâche, soutenant le moral des exécutants et grandement facilité leur tâche en obligeant la majorité des défenseurs à se terrer dans leurs abris..... »

IV. — *Du colonel commandant l'I.D.* (coup de main du 1ᵉʳ octobre 1917) :

« De l'avis unanime des exécutants qui ont pris part au coup de main du 1ᵉʳ octobre matin, la préparation d'artillerie a été très bien faite : la brèche était complète, les tranchées étaient bouleversées, un abri de mitrailleuses en béton avait été démoli. L'infanterie a pu, grâce au travail de l'artillerie, atteindre les objectifs qui lui étaient assignés.

« Je suis heureux de vous le faire connaître et de vous prier de transmettre aux batteries qui ont pris part à l'opération les félicitations de l'infanterie. »

V. — *Du colonel commandant le 152ᵉ* (coup de main du 24 avril 1918) :

« Il n'y a que des éloges à adresser à l'artillerie, tant pour ses destructions (brèches parfaites, terrain bouleversé complètement par le 155 C) que pour son encagement et pour la contre-batterie qui a dû avoir une part prépondérante dans le presque complet mutisme du canon allemand. »

VI. — *Du colonel du 152ᵉ* (juin 1918) :

« J'ai l'honneur de porter à votre connaissance que le 2ᵉ groupe du 232ᵉ a prêté au groupement que je commandais et en particulier au 152ᵉ, pendant les dures journées des 30 et 31 mai, 1ᵉʳ, 2 et 3 juin 1918, un concours particulièrement efficace et qu'il a eu une bonne part dans le résultat obtenu d'arrêter l'offensive allemande. Malgré des liaisons difficilement réalisables, grâce à l'activité du commandant du groupe et de ses officiers de liaisons qui n'ont jamais ménagé leur peine, le 152ᵉ a pu toujours obtenir du 2ᵉ groupe les tirs qu'il demandait dans des délais souvent très rapides et presques toujours suffisants.....

« Je signale également que le 31 mai, à Bonnes, le commandant du 3ᵉ groupe qui à ce moment n'était pas orienté sur sa mission est venu spontanément mettre son groupe à ma disposition, bien que non placé sous mon commandement. Cela démontre péremptoirement son esprit d'initiative et son désir de s'employer à un moment où l'artillerie en position était loin d'être en toute sécurité. »

VII. — *Du colonel du 133ᵒ* (juin 1918) :

« Pendant les journées du 30 mai au 4 juin, le 1ᵉʳ groupe du 232ᵒ R.A.C. sous les ordres du chef d'escadron de Barbeyrac a prodigué au 133ᵉ le meilleur et le plus efficace appui, lui permettant de briser les attaques violentes de l'ennemi et de maintenir solidement la position.

« D'autre part, ce groupe, qui appuie le régiment depuis janvier 1918, a su réaliser d'une façon constante la liaison la plus étroite avec lui. Il a de ce fait puissamment contribué à accroître le moral des hommes du 133ᵉ qui confondent dans une même pensée l'œuvre du premier groupe et celle de leur propre corps, comme si artilleurs et fantassins ne formaient qu'une seule et même unité. »

VIII. — *Du colonel commandant l'artillerie de la 1ʳᵉ D.I. belge* (octobre 1918) :

« Au moment où l'artillerie de la 164ᵒ division cesse de coopérer immédiatement avec l'armée belge, je suis heureux de pouvoir vous adresser l'expression de la reconnaissance de notre infanterie pour le précieux concours que vos tirs lui ont donné. »

IX. — *Du commandant du 43ᵉ B.C.P.* (29 octobre 1918) :

« La préparation sur les objectifs du bataillon, les encagements, les barrages réclamés au moment des contre-attaques ont été effectués avec une précision qui a fait l'admiration des officiers et des chasseurs.

« Le succès de l'opération est dû pour une grande part à ce tir remarquable. »

*
* *

Tous ces témoignages prouvent quelle confiance réciproque, quelle camaraderie de combat unissaient l'infanterie de la 164ᵉ division à son artillerie.

D'ailleurs, la deuxième citation du 232ᵉ R.A.C. résume bien ce qu'avec leurs chefs en pensaient les simples poilus, ce sont ces paroles prononcées par des fantassins blessés revenant d'une attaque : « *Avec une artillerie comme la nôtre on passe partout* ».

Général GAUCHER.